U0104942

古典文獻研究輯刊

三七編

潘美月・杜潔祥 主編

第 35 冊

曝書亭詩錄箋注（上）

陳 開 林 整理

國家圖書館出版品預行編目資料

曝書亭詩錄箋注（上）／陳開林 整理 -- 初版 -- 新北市：花
木蘭文化事業有限公司，2023〔民 112〕
目 12+168 面；19×26 公分
（古典文獻研究輯刊 三七編；第 35 冊）
ISBN 978-626-344-498-0（精裝）
1.CST：（清）朱彝尊 2.CST：中國詩 3.CST：詩評 4.CST：注釋
011.08   112010533

ISBN-978-626-344-498-0

9 786263 444980

古典文獻研究輯刊
三七編　第三五冊　　　　　ISBN：978-626-344-498-0

曝書亭詩錄箋注（上）

作　　　者　陳開林（整理）
主　　　編　潘美月、杜潔祥
總 編 輯　杜潔祥
副總編輯　楊嘉樂
編輯主任　許郁翎
編　　　輯　張雅淋、潘玟靜　美術編輯　陳逸婷
出　　　版　花木蘭文化事業有限公司
發 行 人　高小娟
聯絡地址　235 新北市中和區中安街七二號十三樓
　　　　　　電話：02-2923-1455／傳真：02-2923-1452
網　　　址　http://www.huamulan.tw 信箱 service@huamulans.com
印　　　刷　普羅文化出版廣告事業
初　　　版　2023 年 9 月
定　　　價　三七編 58 冊（精裝）新台幣 150,000 元　　版權所有‧請勿翻印

曝書亭詩錄箋注（上）

陳開林　整理

作者簡介

陳開林（1985～），湖北麻城人。2009 年畢業於重慶工商大學商務策劃學院，獲管理學學士學位（市場營銷專業商務策劃管理方向）。2012 年畢業於湖北大學文學院，獲文學碩士學位（中國古代文學先秦方向）。2015 年畢業於華中師範大學文學院，獲文學博士學位（中國古代文學元明清方向）。現為鹽城師範學院文學院副教授、江蘇省「青藍工程」優秀青年骨幹教師培養對象。主要研究元明清文學、經學文獻學。完成江蘇高校哲學社會科學基金項目「錢穆佚文輯補與研究」（2017SJB1529），在研國家社科基金後期資助「《古周易訂詁》整理與史源學考辨」（21FZXB017）。出版《〈全元文〉補正》、《劉毓崧文集校證》、《〈周易玩辭困學記〉校證》、《〈純常子枝語〉校證》、《杜詩闡》、《陳玉澍詩文集箋證》、《詩經世本古義》，並在《圖書館雜誌》、《文獻》、《中國典籍與文化》、《古典文獻研究》、《圖書館理論與實踐》、《中國詩學》等刊物發表論文百餘篇，另有「史源學考易」系列、清代別集系列數種等待刊。

提　要

　　兼學者與文人於一身的朱彝尊，無論是學術研究，還是詩古文詞創作，都取得了很高的成就。晚年手定詩文集《曝書亭集》八十卷，其中卷二至卷二十三為詩，按年編次，共收錄自順治二年（1645）至康熙四十八年（1709）六十五年間的古近體詩約二千五百首。隨後，出現了十餘種注釋朱詩之作，其中，以江浩然《曝書亭詩錄箋注》十二卷、楊謙《曝書亭集詩注》二十二卷、孫銀槎《曝書亭集箋注》二十三卷（含賦一卷）最為有名。令人遺憾的是，這幾種注本迄今都沒有整理本。

　　江浩然雖然只選注了《曝書亭集》三分之一的詩作，但注釋精當，楊注、孫注對之多有取資，但未加以標注。職是之故，其學術價值可見一斑。《曝書亭詩錄箋注》有惇裕堂乾隆二十四年（1759）初刻本和乾隆三十年（1764）覆刻本。本次整理，以乾隆三十年惇裕堂刊本為底本，以便參考。

大運河文化帶建設研究院鹽城分院智庫
鹽城地域文化與社會治理研究院智庫
階段性成果
江蘇高校「青藍工程」資助

目

次

整理前言

　　劉世南先生在《清詩流派史》中論及秀水詩派時曾指出：「清詩的一大特色，是學人之詩和詩人之詩的統一。這首先由顧炎武開其端。……真正立意做詩人，自覺地表現這種特色的，是秀水派的創始人朱彝尊。以後影響不斷擴大，他終於成為浙派的祖師。」〔註1〕鑒於朱彝尊詩歌的魅力和成就，特別是「竹垞太史天資高邁，集中驅使典故，未易窺測」（本書凡例），故自《曝書亭集》刊行以來，就不斷有人對其作注，詩注數量頗多。其中，江浩然《曝書亭詩錄箋注》十二卷、楊謙《曝書亭集詩注》二十二卷、孫銀槎《曝書亭集箋注》二十三卷（含賦一卷）三家最為有名。

　　關於江浩然的生平，可資參考的文獻不多。《杜集敘錄》著錄了江浩然《杜詩集說》二十卷，對其生平有所勾稽，稱：

　　　　江浩然（？～1750），字萬原，號孟亭。清嘉興（今屬浙江）人。
　　康熙時諸生。少壯時欲以功名自奮，屢試不遇，棄舉子業，一生未
　　仕，客遊幕府，授館各地，門下士甚多。客居濟南最久，諸貴人爭
　　延之。浩然家貧好讀書，工詩，廣搜博採，轉益多師，而最愛朱彝
　　尊詩，嘗注《曝書亭集》，世推該洽。江氏積學種文，耽於吟詠，其
　　詩「抒詞寄意，皆極深刻」（法式善《梧門詩話》）。著有《北田文略》
　　一卷、《北田詩膌》一卷、《叢殘小語》一卷、《江湖客詞》一卷、《韻
　　府群玉補遺》、《曝書亭詩箋注》、《鴛湖櫂歌箋注》等。江氏尤嗜杜
　　詩，平生寢食，少陵奉為衣缽，口不絕吟，手不停披，屢易寒暑，

〔註1〕劉世南《清詩流派史》，人民文學出版社 2019 年版，第 147 頁。

至其臨終，始成《杜詩集說》二十卷。生平事蹟見鄭方坤《國朝名
家詩鈔小傳》。〔註2〕

據此，可略窺其生平情況。

關於《曝書亭詩錄箋注》的版本，一直以來學界的著錄都較為混亂。對此，
魯夢宇《清詩清注研究——以乾嘉時期重要注本為中心》（西北大學2021年博
士論文）第一章《清詩清注的整體文獻形態與面貌》第六節《江浩然〈曝書亭
詩錄箋注〉及其版本著錄獻疑》之「著錄情況辨析」有詳細考辨，茲錄如下：

> 江注此書版本極為簡單，但清代以來各家著錄情況不甚統一，有重新釐定
> 的必要：

>> 1.《鄭堂讀書記》著錄：《曝書亭詩錄箋注》十二卷，惇裕堂刊
>> 本，國朝江浩然撰；2.《藏園訂補邵亭知見傳本書目》著錄：《曝書
>> 亭詩錄箋注》十二卷，江浩然注，（傅增湘）訂補：乾隆二十四年惇
>> 裕堂刻本；3.《增訂書目答問補正》著錄：《曝書亭詩錄箋注》十二
>> 卷，朱彝尊。楊謙注，孫銀槎注本，不如楊注本，別行，互見，（范
>> 希曾）補正：互見前考訂家集，楊孫前有江浩然注本，不善；4.《清
>> 史〔註3〕稿藝文志補編》著錄：《曝書亭詩鈔箋注》，汪（江）浩然撰。

以上幾種影響頗大的目錄著作大部分作於清末至民國時期，或不著錄版
本，或版本著錄錯誤，或將書名和作者名錄錯，其中張之洞所編《書目答問》
以及范希曾的《補正》斥江浩然注為不善，某種程度上壓低了江注的價值。後
來金開誠、葛兆光《古詩文要籍敘錄》對江浩然注作了較為詳細的介紹，並對
江注價值給予了充分肯定，遺憾的是《敘錄》對江注版本的認識依然沒有揭示
出其真相，其云：

> 江浩然《曝書亭詩錄箋注》十二卷，據沈廷芳序可知在乾隆二
> 十四年已經成書，但一直沒有刻印，不久江浩然去世，其子江壎便
> 加以整理，在乾隆二十七年編成定本，乾隆三十年由惇裕堂精刻問
> 世，這部注本後來未見重刻，現傳只有惇裕堂一種刻本。

《敘錄》利用沈廷芳序推斷成書時間，沈序原文作：「君（江浩然）喆嗣
聲先謀付剞劂，敢拜手而為之序，乾隆己卯清和上浣仁和拙齋學人沈廷芳撰並

〔註2〕張忠綱、趙睿才、綦維、孫微等編著《杜集敘錄》，齊魯書社2008年版，第
370～371頁。
〔註3〕「史」，原誤作「詩」。

書」，確如《敘錄》所考，至少在乾隆二十四年（1759）前後，江注已經完成。又據翁方綱所作序「又不獨孝子之用心，令余不能已於言也，乾隆三十年月正人日大興翁方綱撰」，由此可見江注刻印最早不超過乾隆三十年（1765），至此《敘錄》的說法尚無問題。但關鍵在於乾隆二十四年江浩然之子江壿不僅「謀付剞劂」，而且付諸了行動。據柯愈春《清人詩文集總目提要》著錄：「江浩然有《曝書亭詩錄箋注》十二卷，乾隆二十四年惇裕堂初刻，湖南省圖書館藏」，按，《中國古籍總目》著錄情況相同。此初刻本與乾隆三十年刻本不同，未見翁方綱序，凡例後有徐崇立題識。可見江注在乾隆二十四年書成後曾有初刻本，後來經過江壿整理，加入新體例時已經到乾隆二十七年，即「乾隆二十七年歲次壬午仲春男壿百拜謹識」，俟後江壿又延請翁方綱作序，方有乾隆三十年之刻本。除初刻本和覆刻以外，中國人民大學圖書館藏「乾隆間惇裕堂刻本」（SG48／14-8），線裝，4冊，半頁11行21字，白口，單黑魚尾，四周單邊。內封面鐫「惇裕堂藏版」，各卷首頁版心下鐫「惇裕堂」，鈐「金陵大學中國文化研究所印」，核卷前有翁方綱乾隆三十年序，知亦不出乾隆三十年刻本。是故江浩然《曝書亭詩錄箋注》只有惇裕堂乾隆二十四年（1759）初刻本，和乾隆三十年（1764）覆刻本，更無它種。

《清詩清注研究》一文通過精審的考辨，徹底釐清了《曝書亭詩錄箋注》的版本問題，可為定讞。

《曝書亭詩錄箋注》一書的價值，學界多有論及，可參拙著《〈曝書亭集詩注〉校證》附錄二《〈曝書亭集〉評論選輯》，茲不贅述。

惇裕堂乾隆二十四年初刻本尚未得見，故本書以乾隆三十年覆刻本為底本加以整理，並對部分引文的史源加以考察，對之有所辯證。

凡　例

一、本書對江浩然《曝書亭詩錄箋注》施以新式標點。

二、此書書名有不同說法。刻本封面題作《曝書亭詩錄箋注》，目錄及各卷卷
　　首題作《曝書亭詩錄》，版心題作《曝書亭詩箋注》，今以封面為準。

三、楊謙注對江浩然注多有援引，但未加以注明。拙著《〈曝書亭集詩注〉校
　　證》對於楊注襲自江注的條目，迻探其本源，而非注係引自江注。本書的
　　整理，旨在與《〈曝書亭集詩注〉校證》相輔而行。

四、「胤」迻改「胤」，「玄」迻改「玄」，「邱」迻改「丘」。若「正」改「禎」、
　　「元」改「玄」，則出校說明。

五、腳注所引文字，如文中有小字注文，今改與正文同字號，加〔　〕以示區
　　分。

序〔註1〕

　　詩之有箋，自鄭康成始也。後有作者，注愈繁而詩愈晦。唐宋諸賢詩注無慮數十百家，如施元之之注蘇，盧德水之注杜，顧俠君之注韓，最稱傑出，其他則不無異議。此劍南陸氏所以歎注書之難也。本朝風雅之林，遠軼前代，南朱北王，蔚為首選。《漁洋精華錄》已有注本行世，獨竹垞先生詩集無聞。承學之士手一編而不解其義，逌逌病之。嘉興江君孟亭彊記博聞，讀書務根柢。以先生鄉後進，酷嗜《曝書亭集》，乃錄先生之詩，一一箋疏而發明之。旁搜舊聞，博徵載籍，厥功可謂偉矣。夫詩人之詩，取材富而寓意遠，非淺衷人所能解。君以一人之心力，追作者於數十載之上，豈惟為茲集功臣，將後之為詩者，必於是乎取則焉。昔趙伸符贊善論朱詩有貪多之說，此固非定評，抑亦可見注是詩者之尤難矣。予師初白翁為先生中表弟，詩學亦復相埒。翁之詩集，予竊欲注而未能。茲讀先生詩注，寧弗愾然有愧於中耶！君喆嗣聲先謀付剞劂，敢拜手而為之序。乾隆己卯清和上浣仁和隱拙齋學人沈廷芳譔並書。

　　竹垞先生輯《日下舊聞》，援昔人之說經者曰：「吾之書無一語自己出。」而新城王先生推賞其詩，謂妙在文句之外。將竹垞之詩，其真吐棄一切，以為蛻出風露者邪？昔元遺山之學杜也，曰：「參桂芝術，玉屑丹砂，人皆用之。至於合而成劑，其君臣佐使之妙，使人不復能指其為參為桂為芝術玉屑丹砂也。」黃山谷作《大雅堂記》曰：「偶遇會心處，輒欲箋注數語。」余嘗服膺遺山、山谷之言，以為此已注遍杜詩矣，而世所稱千家者，舉贅設也。去年冬，余按試高州，嘉興江子聲先報其尊甫孟亭所注《曝書亭詩錄》如干卷來謁，乞

―――――――――――
〔註1〕按：此「序」字底本原無。

―7―

一言為之引，且曰：「先子於詩，酷嗜竹垞。凡所用故實，必爬櫛搜剔以求，必得使讀是詩者如繙經義之考而檢曝書之目也。又必逆其志意，疏通暢晰之，毋為使事所概。」此其有合於遺山之學杜者乎？又曰：「先子老矣，尚有未盡甄錄者，故所注止此。」此其有合於山谷之記杜者乎？余嘗謂阮亭之詩有注矣，而目以謂《精華錄》未知所錄果盡其精華也否。而今江君之注，但以錄名，知其意之退讓不居矣，又不獨孝子之用心令余不能已於言也。乾隆三十年月正人日，大興翁方綱撰。

原 序

　　秀水朱文恪公以名德著萬曆中，諸子姓彬彬繼起，號能文章。四十年來，浙西言文獻者，必首朱氏。文恪公之曾孫曰彝尊錫鬯，最晚出，文章之名播海內，一旦出諸父之右。予考唐史，若韋氏、杜氏、蘇氏、崔氏、盧氏之屬，皆累世為公卿。當時史官，至為著《宰相世系》。迄於宋代，則有若邯鄲李氏、魏郡王氏、壽春呂氏、河南韓氏，暨范文正、韓忠獻父子兄弟，其功名率與國運相終始。蓋唐、宋以來，其重世臣如是。錫鬯少逢喪亂，棄制舉，自放於山巔水涯之間。獨肆力古學，研究六藝之旨，於漢、唐諸儒注疏皆務窮其指歸。家苦貧，依人遠遊，南踰五嶺，北出雲朔，東泛滄海，登之罘。所至叢祠荒冢，金石斷缺之文，莫不搜剔考證，與史傳參互同異。其為文章益奇。嗚呼！以文恪公之德、錫鬯之才，不得比於唐、宋之世臣，而老於布衣，僅以文章自見，蓋遇不同矣。是可感也！錫鬯之文，紆餘澄澹，蛻出風露，於辯證尤精。詩則捨筏登岸，務尋古人不傳之意於文句之外。今之作者，未能或之先也。始順治戊戌，予在都下，見錫鬯嶺外詩，嗟異之。康熙甲辰，錫鬯過廣陵，投予歌詩。適予客金陵，不及相見。丁未，始遇於京師。中間聚散者不一。迨今丁巳，予復入京師，而錫鬯又將有金陵之行。回憶予始見錫鬯詩時，忽忽已二十年。兩人論交且十有四年，而錫鬯與予皆非少壯人矣。錫鬯過別予，以所著《竹垞集》屬序。予因述其所有感於中者，而並道予二人離合之情以遺之。錫鬯其亦有感於予言也！濟南王士禛〔註1〕。

　　古今之論，博學者不必工於文，工文者學不博。秀水朱錫鬯幼負異才，為

─────────────────────

〔註1〕「禛」，底本作「正」。

太傅文恪公曾孫。年十七，棄舉子業，學古文，博極群書。既食貧，歷幕府，則之豫章，之粵，之東甌，之燕，之齊，之晉。凡山川碑誌祠廟墓闕之文，無弗觀覽，故所作文，考據古今人物得失為最工，而經傳注疏亦多所發明。然世之博學者，往往其文不工，則何也？《老子》曰：「當其無，有室之用。」天下之理，以實為體，以虛為用。是故風觸於虛而聲作，水激於虛而瀾生。博學者惟思自用其實，故室抑煩懣而無以運之。且夫鵾鵬之神也，水不從南溟，風不搏扶搖九萬里，則不能自運。何者？水狹而風卑，則其虛也無幾何地，而何以運為？然且見聞多則私智勝，又好以其偶合穿鑿傅會古今之事，故其文愈根據而愈畔於道。吾觀錫鬯所論說，競競然必稽於古。古人所無有，弗道也。又必折衷聖賢之理，而載籍所未嘗明言者，每引申觸類，互推而得其說。人之始視之也，若夏雲之起於空中，若城市樓觀臺閣車馬之見於海，惝乎不見其根本。既而求之，則皆有以得其確然之故。而援古喻今，使言者無罪，聞者足戒。是蓋所謂能以虛運其實者，非邪？三吳顧寧人、汪苕文博學窮物理，予最愛其文有根據，而錫鬯皆與為友，虛己以下之，相與切劘，其學又能出新意自見，此其文之日工也夫。**寧都魏禧。**

竹垞先生以名高入史館，刻其詩文數十萬言，既為藝苑職志矣。今年丙寅，復輯其己未以來詩若文，凡若干卷。集成見示，且屬為之序。慎行於先生中表兄弟，然名位文章相去絕遠，何足以知先生。雖然，亦嘗從事於文，欲有所就正於先生久矣。竊謂唐之文奇，宋之文雅；唐文之句短，宋文之句長；唐以詭卓頓挫為工，宋以文從字順為至。昌黎之文，《進學解》自言之矣，《答李翱書》則為人言之矣，李漢、李翰諸人又言之矣，總蘄不蹈襲前人一語。盧陵推論六藝之華，則曰「自能以功業光昭於時，故不一於立言而垂不腐」。而今乃沿襲模擬，以空疏不學之材，強為無本之枝蔓，不幾為古人所笑乎！先生於書無所不窺，搜羅遺佚，爬梳考辨，深得古人之意，而後發而為文，粹然一澤於大雅，固非今之稱文者所敢望矣。其稱詩最早，格亦稍稍變，然終以有唐為宗，語不雅馴者勿道。正始之音，不與人以代興之業。此慎行所竊窺於先生。嘗欲廣諸同好，而因舉私見以質之先生者也。故辱先生之命，輒書此以進之。**海寧查慎行。**

凡例六則

一、竹垞太史天資高邁，集中驅使典故，未易窺測。同邑前輩沈菜畦、周文石諸先生並有注本。先君子旅食歲久，未得優游鄉井，互相商榷，客笥所攜書籍無多，就所見聞，日增月輯，要期觀玩自得，非敢誇多鬪靡。

一、《曝書亭集》為太史晚年定本，先君子性耽吟詠，間有早歲從《文類》《騰笑集》編入者，不忍割愛，一例錄注。

一、是編稿凡屢易，先時分體注錄，後以出處時地不同，先君子苦心酌定，壎謹遵遺命，仍依《曝書亭集》編年，列為一十二卷。

一、注內所引故實，皆歷代經史子集及本朝頒發諸書，間用王阮亭尚書、高江村詹事、劉芳喆中丞、朱長孺、張浦山徵士諸刻，以補前人所未備。此外時下卮言，不敢濫及。

一、秀水鈕膺若文學諱世楷篤性好古，英年早世，曾與先君子相過從，附注數條，採入卷內。凡別為鈕注者，皆不沒人善之意。

一、太史酬倡，簡寄諸公，並名臣大儒與夫高人逸士，非悉其里居出處，則詩中之旨不明；非徧覽國史家乘，則里居出處不著。今皆考據精覈。稍涉疑似者，闕文以俟補注。

乾隆二十七年歲次壬午仲春男壎百拜謹識。

曝書亭詩錄卷之一

嘉興江浩然孟亭箋注

男壎聲先校

漫感

　　淮陰昔未遇，旅食昌亭年。《史記・淮陰侯列傳》：「韓信，淮陰人也。常數從其下鄉南昌亭長寄食，數月，亭長妻患之，乃晨炊蓐食。食時，信往，不為具食。信亦知其意，怒，竟絕去。」王勃詩：「下邑窮交日，昌亭旅食年。」《一統志》：「南昌亭在淮南府城西三十五里。」薄俗愛惜費，《古詩》：「貪財愛惜費。」晨炊固宜焉。哀哉趙元叔，《後漢書・趙壹傳》：「壹字元叔。」日歎囊無錢。趙壹《疾邪詩》：「文籍雖滿腹，不如一囊錢。」又：「哀哉復哀哉，此是命矣夫。」男兒雖落魄，音薄。《漢書・酈食其傳》：「家貧落魄。」《注》：「落魄，失業無次也。」寧受眾目憐。杜甫詩：「不聞八尺軀，常受眾目憐。」相逢遊俠子，白馬黃金鞭。曹植詩：「白馬飾金羈，連翩西北馳。借問誰家子，幽并遊俠兒。」岑參詩：「金鞭白馬紫遊韁。」挹我入酒家，飲我斗十千。曹植詩：「美酒斗十千。」臨觴忽不御，王維詩：「臨觴忽不御，惆悵遠行客。」《正字通》：「御，食也。」拔劍心茫然。李白詩：「停杯投箸不能食，拔劍四顧心茫然。」

捉人行 姜夔《詩說》：「載始末曰引，體如行書曰行，放情曰歌，兼之曰歌行，悲如蛩螿曰吟，通乎俚俗曰謠，委曲盡情曰曲。」

　　步出西郭門，遙望北郭路。謝靈運詩：「步出西城門，遙望城西岑。」《古詩》：「驅車上東門，遙望北郭墓。」里胥來捉人，柳宗元詩：「里胥夜經過，雞黍事筵席。」縣官一何怒。杜甫詩：「吏呼一何怒。」縣官去邊兵，來中流簫鼓。官船開牛羊，橐駝蔽原野。《爾雅翼》：「古語謂之橐駝。」橐，囊也。駝，負也。

今云駱駝，蓋橐音之轉。**天風蓬勃飛塵埃**，王凝之《風賦》：「越四溪而蓬勃。」陳遽菴《韻語》：「《桂枝大風謠》：『大風蓬勃飛塵埃。』」**大船崴崴駐江步**，何景明詩：「大船崴崴繫江岸。」柳宗元《鐵爐步志》：「江之滸，凡舟可縻而上下者曰步。」王阮詩：「江步時時到。」**小船捉人更無數。頹垣古巷無處逃，生死從他向前路。**杜甫詩：「生死向前去，不勞吏怒嗔。」**沿江風急舟行難，身牽百丈腰環環。**《南史·朱超石傳》：「宋武北伐，超石董舟師入河陽，軍人緣河南岸牽百丈，有漂度北岸者。」《演繁露》：「劈竹為瓣，以麻索連貫為牽具，名百丈。」《古樂府》：「我欲上蜀，蜀水難蹋。蹀珂頭，腰環環。」**腰環環，過杭州，千人舉櫂萬人謳。**杜甫《封西嶽賦》：「千人舞，萬人謳。」**老拳毒手爭毆逐**，《晉書·載記》：「石勒引李陽臂，笑曰：』孤往日厭卿老拳，卿亦飽孤毒手。」**慎勿前頭看後頭。**《古樂府》：「前頭看後頭，齊著鐵鉅鉾。」

馬草行

陰風蕭蕭邊馬鳴，《詩》：「蕭蕭馬鳴。」杜甫詩：「馬鳴風蕭蕭。」**健兒十萬來空城。**《古樂府》：「健兒須快馬。」**角聲嗚嗚滿街道**，《音樂旨歸》：「角長五尺，形如竹筒，本細末大。今鹵簿及軍中用之。或以竹木，或以皮為之也。」**縣官張燈征馬草。階前野老七十餘，身上鞭扑無完膚。**杜甫詩：「身上無有完肌膚。」**里胥揚揚出官署，未明已到田家去。橫行叫罵叫盤飧**，《左傳》：「乃饋盤飧。」**闌牢四顧搜雞豚。**《晏子》：「公之牛馬，老於闌牢。」**歸來輸官仍不足**，元稹《田家詞》：「輸官不足歸賣屋。」**揮金夜就倡樓宿。**張協詩：「揮金樂當年。」

雨後即事《列子》：「晝則呻呼即事。」沈約詩：「即事既多美。」《注》：「即事，即此事也。」

一雨平林外，群山倚杖前。鮑照詩：「倚杖牧雞豚。」**蛙聲浮岸草，鳥影度江天。**杜甫詩：「蟬聲集古寺，鳥影度寒塘。」**鳴磬上方寺**，《維摩經》：「汝往上方界，分度四十二恒河沙佛土。」**揚帆何處船。坐疑秋氣近，蕭瑟感流年。**《楚辭》：「悲哉，秋之為氣也！蕭瑟兮，草木搖落而變衰。」

董逃行《樂府解題》：「古《董逃行》詞云：『吾欲上謁從高山，山頭危險道路難』，言五嶽之上，可以求長生不死之術，令天神擁護君上以壽考也。若陸機、謝靈運《董逃行》，但言節物芳華，可及時行樂，無使徂齡坐徒而已。傅休奕《歷九秋篇》十二章，具敘夫婦別離之思，亦題云《董逃行》。」按：《後漢書·五行志》：「靈帝中平中，京

都歌曰：『承樂世，董逃遊四郭。董逃蒙天恩，董逃帶金紫，董逃行謝恩，董逃整車騎，董逃垂欲發，董逃與中辭，董逃出西門，董逃瞻宮殿，董逃望京城，董逃日夜絕，董逃心推傷董逃。』董謂董卓，言雖跋扈，縱其殘暴，終歸逃竄。」此本曲也。後人襲其題而異其指。《宋書·樂志》作「董桃行」，則並異其名矣。

我欲上登崆峒，《史記正義》：「《括地志》云：『空桐山在肅州祿福縣東南。』抱朴子云『黃帝過空桐，從廣成子受自然之理』，即此山。」《括地志》又云：笄頭山，一名崆峒山，在原州平陽縣西百里。《輿地志》云：『或即雞頭山也。』酈元云：『蓋大隴山異名也。』《莊子》云：『廣成子學道崆峒山。』黃帝問道於廣成子蓋此。按：二處崆峒皆云黃帝登之，未詳孰是。」**謁見仙人韓終。**曹植《仙人篇》：「韓終與王喬，要我於天衢。」按：韓終即韓眾。《列仙傳》：「劉根初學道，到華山，見一人乘白鹿，從十餘玉女。根稽首，乞一言。仙人曰：『汝聞有韓眾否？』曰：『聞之。』仙人曰：『我是也。』」**兩驂白鹿雲中**，《古樂府》：「王子喬驂駕白鹿雲中遨。」**輕車超忽西東。**王中《頭陀寺碑》：「千里超忽。」**駕者何人木公**，《仙傳拾遺》：「木公，亦云東王父，亦云東王公。昔漢初，遇四五小兒，路上群戲。一兒曰：『著青裙，入天門。揖金母，拜木公。』時人莫知。張子房曰：『此東王公之玉童也。金母者，西王母也。木公者，東王公也。木公為男仙之主，金母為女仙之宗。長生飛化之士，昇天之初，先覲金母，後謁木公，然後昇三清，朝太上矣。此歌乃玉童教世人拜王公而揖王母也」**旁有千載玉童，耳長覆髮豐茸。**《古樂府》：「仙人騎白鹿，髮短耳何長。」司馬相如《長門賦》：「羅豐茸之遊樹兮。」**天門闔者蘇林**，《列仙傳》：「蘇林，濮陽人。漢元帝神爵二年三月六日，語弟子曰：『我昨被玄洲召為真人，上領太極中候大夫。今別汝矣。』明日，果有雲車羽蓋、驂龍駕虎、侍從數百人迎林。林即日登天，冉冉從西北而去。」**復開閶闔招尋。**《楚辭》：「吾令帝閽開關兮，倚閶闔而望予。」**青藍紫桂成陰**，《拾遺記》：「闇河之北，有紫桂成林，其實如棗，群仙餌焉。故韓終《采藥》詩云：『闇河之桂，實大如棗。得而食之，後天而老。』」**清風細雨吹襟。**魏文帝詩：「清風細雨雜香來。」阮籍詩：「清風吹我襟。」**提壺設席盍簪**，劉伶《酒德頌》：「挈榼提壺。」《詩》：「肆筵設席。」《易》：「朋盍簪。」**蒼龍白虎交臨。**《樂府》：「青龍前鋪席，白虎持榼壺。」**投壺六博無方**，《神異經》：「東荒山中有大石室，東王公居焉，恒與玉女投壺。」《楚辭》：「箟蔽象棋，有六博些。」《注》：「博，著也。《博雅》云：投六著，行六棋，故為六博也。」《古樂府》：「井公能六博，玉女善投壺。」**中筵促坐芝房。**潘岳《笙賦》：「促中筵，攜友生。」許敬宗詩：「芝房夕露清。」**有美一人清揚**，《詩》：「有美一人，清揚婉兮。」**輕軀暢舞洋洋。**《齊

拂舞歌》:「暢飛暢舞氣流芳。」**宛若龍游鵠翔**,傅毅《舞賦》:「體如遊龍。」《晉白紵舞歌》:「輕軀徐起何洋洋,高舉兩手白鵠翔。宛若龍轉乍低昂,凝停善睞容儀光。」**清歌妙曲難忘。四坐歡樂未央**,《晉白紵舞歌》:「舞以盡神安可忘,晉世方昌樂未央。」**曈曈日出**榑俗作「扶」。**桑**。《說文》:「曈曨,日欲明也。」李白詩:「已見日曈曈。」《淮南子》:「日出於暘谷,浴於咸池,拂於扶桑,晨明登於扶桑之上。」《十洲記》:「扶桑在碧海中。樹長數千里,一千餘圍,兩兩同根,更相依倚,故曰扶桑。」

五遊篇曹植有《五遊篇》。《樂府解題》:「《升天行》、《五遊篇》,皆傷人世之不永,俗情險難,當求神仙,翱翔六合之外也。」

崑崙有鳥,自名希有。東覆木公,西藏金母。一解。《山海經》:「崑崙墟在西北方八百里,高萬仞。」《神異經》:「崑崙之山,有銅柱焉。其高入天,所謂天柱也。圍三千里,周圍如削。下有回屋,方百丈,仙人九府治之。上有大鳥,名曰希有。南向張左翼,覆東王公;右翼覆西王母。背上小處無羽。西王母歲登翼上,之東王公也。」《古今樂錄》:「儃歌,以一句為一解,中國以一章為一解。王僧虔啟曰:『古曰章,今曰解,解有多少,當是先詩而後聲。詩敘事,聲成文。必使志盡於詩,音盡於曲。是以作詩有豐約制,解有多少。』」**飄風東來,吹我西征。路從弱水,阿母未經。**二解。《漢書·西域傳》:「安息長老傳聞條支有弱水,西王母亦未嘗見。」《注》:「《玄中記》云:『崑崙之弱水,鴻毛不能起也。』」**雲車隆隆**,《博物志》:「漢武帝好道,西王母七月七日乘紫雲車而來。」杜甫詩:「蓬萊織女回雲車。」《古今注》:「成帝建始四年,天雷如擊連鼓,音可四五刻,隆隆如車聲不能絕。」李賀詩:「馬蹄隱耳聲隆隆。」**土鼓逢逢。**《禮》:「土鼓蕢桴。」《詩》:「鼉鼓逢逢。」**道逢仙人,言葬雷公。**三解。《穆天子傳》曰:「天子升崑崙,封豐隆之葬。」豐隆,雷公也。**河鼓渡河,天孫設食。**《爾雅》:「河鼓謂之牽牛。」《史記·天官書》:「織女,天女孫也。」《續齊諧記》:「桂陽成武丁,有仙道。謂其弟曰:『七月七日,織女當渡河,諸仙悉還宮,吾向已被召,不得停,與爾別矣。』弟問曰:『織女何事渡河?』曰:『織女暫詣牽牛。』明日失武丁,至今云織女嫁牽牛。」**奔星馳驅,不見太白。**四解。《爾雅注》:「太白晨出東方,高三丈,命曰啟明;昏見西方,高三舍,命曰長庚。」**方丈之山,其高五千。**鈕世楷注:「五千里曰五千,古有此體。如宋樂府《襄陽樂》云『江陵三千三』是也。」**群仙往來,不願昇天。**五解。《拾遺記》:「方丈之山,一名巒維,東方龍場。」《十洲記》:「方丈在東海中央,東西南北岸相去正等,方丈面各五千里。上專是群龍所聚,有金玉琉璃之宮,三天司命所治之處,群仙不欲昇天者,皆往來也。」

少年子《樂府遺聲》：「遊俠二十一曲，有《少年子》。」

臂上黑彫弧，張說詩：「彫弧月半上，畫的暈重圓。」腰閒金僕姑。《左傳》：「魯莊公以金僕姑射南宮長萬。」《注》：「金僕姑，矢名也。」突騎五花馬，《楊升庵集》：「唐詩『朝騎五花馬』，又『五花馬，千金裘』；杜詩『蕭蕭千里馬，箇箇五花文』。以馬鬣剪為五花，或三花，皆象天文也。」白樂天詩：「馬鬣剪三花。」《唐六典》云：「外牧歲進良馬，印以三花飛鳳之字。」射殺千年狐。岑參詩：「臘日射殺千年狐。」

雀飛多

雀飛多飲，啄野田裏。奈何卒逢黃鷦子，《莊子》：「澤雉十步一啄，百步一飲。」曹植《野田黃雀行》：「不見籬間雀，見鷂自投羅。」《古樂府》：「蛺蝶之遨戲東園，奈何卒逢三月養子燕。」《古樂府》：「鷦子經天飛，群雀兩向波。」韓愈詩：「魯連細而黠，有似黃鷦子。」誰其救者彈以丸，《古樂府》：「左手持強彈兩丸。」何用報君雙玉環。玉環如可得，不惜黃花與爾食。《續齊諧記》：「弘農楊寶年九歲，至華陰山，見一黃雀為鴟梟所搏，墜於樹下。寶懷之以歸，置巾箱中，啖以黃花。百餘日，毛羽成，乃飛去。其夜有黃衣童子向寶再拜曰：『我西王母使者，昔使蓬萊，為鴟梟所搏，蒙君之仁愛救拯，實感成濟。』以四玉環與之，曰：『令君子孫潔白，位登三事，當如此環矣。』廬山右英夫人詩：「芝草不必得，汝亦不能來。汝來當可得，芝艸與汝食。」

獨不見《樂府遺聲》：「怨思三十五曲，有《獨不見》。」

青樓百尺狹巷旁，曹植詩：「青樓臨大路。」《古樂府》：「長安有狹邪。」中有桂樹臨高堂。啼烏自將八九子，《古樂府》：「烏生八九子，端坐秦氏桂樹間。」杜甫詩：「暫止飛烏將數子。」鳴鶴散立東西廂。《古樂府》：「鶴鳴東西廂。」情人碧玉小家女，孫綽《情人碧玉歌》：「碧玉破瓜時，郎為情顛倒。」梁元帝詩：「碧玉小家女，來嫁汝南王。」快馬郎琊大道王。《古樂府》：「琅琊復琅琊，琅琊大道王。」陽春三月獨不見，《古詩》：「陽春二三月。」夜如何其守空牀。《詩》：「夜如何其？夜未央。」《古詩》：「空牀難獨守。」

靜夜思李白有《靜夜思》。

靜夜涼風天氣清，宋之問詩：「八月涼風天氣清。」開軒白露滋前楹。吳微詩：「躊躇步前楹。」優人佇立愁屏營，《詩》：「佇立以泣。」《國語》：「昔

楚靈王不君，三軍叛王於乾谿。王親獨行，屏營彷徨於山林之中。」《廣雅》:「屏營，怔忪也。」**仰觀北斗懸高城。**蘇頲詩:「城上平臨北斗懸。」**浮雲飄忽蒼煙平。誰家青樓葳蕤鑰，**《述異記》:「葳蕤鏁，金縷相連，屈伸在人。」《古樂府》:「歡下葳蕤籥。」**月寒沉沉夜飛鵲。**《古樂府》:「千門萬戶遞魚鑰，宮中城上飛烏鵲。」

阿那瓌二首《古樂府·阿那瓌》:「聞有匈奴主，雜騎起塵埃。列觀長平阪，驅馬渭橋來。」注:「阿那瓌，蠕蠕國王也。自拓跋初徙雲中，即有種落。後魏太武神䴥虜中強盛，盡有匈奴故地。詞云『匈奴主』，即阿那瓌也。」

黃塵起跐蒲計切。**跋，**《古樂府·折楊柳》:「健兒須快馬，快馬須健兒。跐跋黃塵下，然後別雄雌。」**乃自渭橋過。小袖織錦袍，足踏深雍**上聲。**鞾。**《南史·蠕蠕傳》:「蠕蠕辮髮，衣錦小袖，袍小口，袴深雍鞾。」

問客家何方，揚鞭兩走馬。《古樂府》:「交錢百萬兩走馬。」**四角白虎幡，**《古詩》:「四角龍子幡。」《古今注》:「魏詔西方郡國用白虎幡。」**招搖來闕下。**《禮》:「行前朱雀而後玄武，左青龍而右白虎，招搖在上，急繕其怒。」

那呵灘晉《樂府》有《那呵灘》。

聞歡當遠行，《樂府古題要解》:「濟南人謂情人為歡。」**泣下不可止。大艑開江津，**《古樂府》:「大艑載三千，漸水丈五餘。」**懊惱鐵鹿子。**《古樂府·懊儂歌》:「長檣鐵鹿子，布帆阿那起。詫儂安在問，一去數千里。」

劉生《樂府古題要解》:「劉生，不知何代人。觀齊、梁以來劉生辭者，皆稱其任俠豪放，周遊五陵三秦之地。或云抱劍專征，為符節官，所未詳也。」

京華多俠客，勇略重劉生。徐陵《劉生》詩:「劉生殊倜儻，任俠遍京華。」**一劍酬然諾，**梁元帝《劉生》詩:「任俠有劉生，然諾重西京。」**千金問姓名。歌鐘喧北里，**《史記·殷本紀》:「紂使師涓作新聲，北里之舞，靡靡之樂。」**冠蓋隘東平。**班固《西都賦》:「冠蓋如雲。」《古樂府·劉生歌》:「東平劉生安東子，樹木稀，屋裏無人看阿誰。」**聞道龍城戰，**《漢書·衛青傳》:「拜為車騎將軍，擊匈奴，出上谷，至龍城，斬首虜數百騎。」庾信《華林園馬射賦》:「新回馬邑之兵，始罷龍城之戰。」應劭注:「匈奴單于祭天，大會諸國，名其處為龍城。」**軍前更請纓。**《漢書·終軍傳》:「軍自請:『願受長纓，必羈南越王而致之闕下。』」

當壚曲 梁簡文帝有《當壚曲》。

吳姬春酒解當壚，李白詩：「風吹柳花滿店香，吳姬壓酒使客嘗。」《漢書·司馬相如傳》：「相如之臨邛，盡買其車騎，買一酒舍酤酒，而令文君當壚。」**隨意絲繩瀉玉壺。五馬漫誇秦氏女，**《古樂府·陌上桑》：「使君從南來，五馬立踟躕。使君遣吏往，問是誰家姝。秦氏有好女，自名為羅敷。羅敷年幾何？二十尚不足，十五頗有餘。使君謝羅敷，寧可共載不？羅敷前致辭，使君一何愚！使君自有婦，羅敷自有夫。」**雙鬟愁殺霍家奴。**《古樂府·羽林郎》：「昔有霍家奴，姓馮名子都。依倚將軍勢，調笑酒家胡。胡姬年十五，春日獨當壚。長裾連理帶，廣袖合歡襦。頭上藍田玉，耳後大秦珠。兩鬟何窈窕，一世良所無。一鬟五百萬，兩鬟千萬餘。不意金吾子，娉婷過我廬。銀鞍何煜爚，翠蓋空踟躕。就我求清酒，絲繩提玉壺。就我求珍肴，金盤鱠鯉魚。貽我青銅鏡，結我紅羅裾。不惜紅羅裂，何論輕賤軀。男兒愛後婦，女子重前夫。人生有新故，貴賤不相踰。多謝金吾子，私愛徒區區。」

小長干曲 崔國輔有《小長干曲》。《六朝事蹟》：「長干是秣陵縣東里巷名。江東謂山隴之間曰『干』。建業南五里有山岡，其間平地，庶民雜居。有大長干、小長干、東長干，並是地名。小長干在瓦棺寺南巷，西頭出大江。」

江水東流急，風波正未安。李白詩：「郎今欲渡緣何事，如此風波不可行。」郎今何處去，留妾小長干。

夏至日為屠母壽

臨高臺，將進酒。《古樂府》有《臨高臺》。《古樂府》有《將進酒》。**君提壺，我鼓缶。**《易》：「不鼓缶而歌。」**君子且勿諠，小人鼓缶歌一言。**《淮南子》：「君子有酒，小人鼓缶。雖不見好，亦不見醜。」鮑照詩：「君子且勿喧，賤子歌一言。」**我昔從東海上，親見上元夫人。**李白詩：「吾昔東海上，勞山餐紫霞。親見安期生，食棗大如瓜。」《漢武內傳》：「王母遣侍女邀上元夫人同宴於漢宮。俄而夫人至，服青霜之袍，頭作三髻，餘髮散垂至腰。上殿，王母呼同坐，謂帝曰：『此真元之母，尊貴之神。』帝拜之。」**指爪長長，**李商隱詩：「長長漢殿眉。」**鬒髮翩翩。吹瑤笙，擊石鼓，宴者誰有金母。**見前《董逃行》。**投壺玉女為客豪，**見前《董逃行》。《古樂府》：「為我謂烏，且為客豪。」**青虬白鹿相招邀。**《楚辭》：「駕青虬兮驂白螭。」**鍾山之李綏山桃，**《漢武內傳》：「李少君謂帝云：『鍾山之李大如餅，臣取食之，遂生奇光。』」《列仙傳》：「綏山在峨嵋山西南無極山上，有桃。葛繇者，羌人。一日，牽羊而入西蜀。蜀中王侯貴人追之，上綏山，皆得仙道。故里諺曰：『得綏

山一桃，雖不得仙，亦足以豪。」李如餅，桃如斗，得而食之皆老壽。見前《董逃行》。《古樂府》：「千秋萬歲皆老壽。」今日高堂，上壽稱觴。一年三百六十日，三百五十九日無如此日長。見後《大牆上蒿行》。

夏日閒居二首同范四路作范路，字遵甫，蘭谿人。流寓嘉興。先生《明詩綜》
小序：「周青士云：『遵甫晚開靈蘭館，賣藥長水市，乍愚乍智，人莫測其所詣云。』」

蘭草羅含宅，《豫章舊志》：「羅含在任，有白雀巢於堂宇。及致仕還家，階除忽蘭菊叢生，以為德行之感。」杜甫詩：「庾信羅含俱有宅。」蓬蒿仲蔚園。《世說新語》：「張仲蔚隱居平陵，蓬蒿滿宅，惟開一行徑。」江淹詩：「顧念張仲蔚，蓬蒿滿中園。」李商隱《獻河東公啟》：「羅含蘭菊，仲蔚蓬蒿。」桐陰初覆井，李郢詩：「桐陰覆井月斜明。」瓜蔓漸踰垣。魏明帝詩：「種瓜東井上，冉冉自踰垣。」歸鳥簷前樹，斜陽嶺上村。無家昧生計，漂泊信乾坤。杜甫詩：「艱難昧生理，漂泊到如今。」又：「無家問消息，作客信乾坤。」

草閣親魚鳥，杜甫詩：「五月江深草閣寒。」《後漢書‧逸民傳‧論》：「豈必親魚鳥、樂林草哉，亦云介性所至而已。」江天滿芰荷。行吟多澤畔，《楚辭》：「屈原既放，遊於江潭，行吟澤畔，顏色憔悴，形容枯槁。」晞髮自陽阿。《楚辭》：「與汝沐兮咸池，晞汝髮兮陽之阿。」傍水看垂釣，因風聽伐柯。高陽尋酒伴，杜甫詩：「走覓南鄰愛酒伴。」乘醉亦來過。《晉書‧山簡傳》：「鎮襄陽時，習氏有佳園池。簡每之池上，置酒輒醉，名之曰高陽池。兒童歌曰：『山公出何許，往至高陽池。日夕倒載歸，酩酊無所知。時時能騎馬，倒著白接羅。舉鞭向葛彊：何如并州兒？』彊家在并州，簡愛將也。」

放言五首

長門賣賦司馬，司馬相如《長門賦序》：「孝武皇帝陳皇后時得幸，頗妬。別在長門宮，愁悶悲思。聞蜀郡成都司馬相如天下工為文，奉黃金百斤，為相如、文君取酒，因於解悲愁之辭。而相如為文以悟主上，皇后復得幸。」崔珏詩：「解愛臨邛賣賦郎。」秦市懸書呂韋。《史記‧呂不韋列傳》：「不韋使其客人人著所聞，集論以為八覽、六論、十二紀，二十餘萬言。以為備天地萬物古今之事，號曰《呂氏春秋》。布咸陽市門，懸千金其上，延諸侯遊士賓客有能增損一字者予千金。」吾生恨不能早，手載其金以歸。《楊雄集》：「《呂氏春秋》懸金市門，無能增損。恨不生其時，手載其金以歸。」

步兵真成老卒，《晉書·阮籍傳》：「籍聞步兵營人善釀，有貯酒三百斛，乃求為步兵校尉。」《摭言》：「皇甫湜與李生書：『近風倫薄，進士尤甚。讀詩未有劉長卿一句，已呼阮籍為老兵矣。』」德祖亦是小兒。《後漢書·禰衡傳》：「衡惟善魯國孔融及弘農楊脩，嘗稱曰：『大兒孔文舉，小兒楊德祖。餘子碌碌，莫足數也。』」功名豎子先遂，《戰國策》：「龐涓曰：『遂成豎子之名。』」《晉書·阮籍傳》：「嘗登廣武，觀楚漢戰處，曰：『時無英雄，遂使豎子成名。』」詩賦壯夫不為。《揚子法言》：「或問：『吾子少而好賦？』曰：『然。童子雕蟲篆刻。』俄而曰：『壯夫不為也。』」

高士南州磨鏡，《後漢書·徐穉傳》：「郭林宗曰：『此必南州高士徐孺子也。』」《世說新語》：「徐孺子嘗事江夏黃公，後黃公亡歿，孺子往會葬，無資以自致，齎磨鏡具自隨，所在取直，然後得前。」大夫吳市吹簫。《戰國策》：「伍子胥亡楚，奔至吳，乃被髮佯狂，鼓腹吹簫，乞食於吳市。」男兒不妨混跡，何用匡居寂寥。杜甫詩：「感時鬱鬱匡居略。」

為文思以冢葬，劉蛻《梓州兜率寺文冢銘序》：「文冢者，長沙劉蛻復愚為文，不忍棄其草，聚而封之也。」對客寧將硯焚。陸雲《與兄機書》：「君苗見兄文，輒欲焚筆硯。」當年必無鍾子，《呂氏春秋》：「伯牙善鼓琴，鍾子期聽之。方鼓琴而志在太山，子期曰：『善哉乎鼓琴，巍巍乎若太山。』少選之間，而志在流水，子期又曰：『善哉乎鼓琴，湯湯乎若流水。』鍾子期死，伯牙破琴絕弦，終身不復鼓琴，以為世無足復為鼓琴者。」後世定有揚雲。韓愈《與馮宿論文書》：「昔揚子雲著《太玄》，人皆笑之，子雲之言曰：『世不我知，無害也。後世復有揚子雲，必好之矣。』」

種南山一頃豆，《漢書·楊惲傳》：「酒後耳熱，仰天拊缶而呼烏烏。其詩曰：『田彼南山，蕪穢不治。種一頃豆，落而為萁。人生行樂耳，須富貴何時。』」瞻西疇三徑松。陶潛《歸去來辭》：「三徑就荒，松菊猶存。」又：「農人告余以春及，將有事於西疇。」耕桑若得數畝，吾豈不如老農。

八月十五夜望月懷陳大忱　　陳字用寔。秀水人。

明月生滄海，天橫一氣中。遙憐今夜客，相對與誰同。應有良朋過，銜杯學孟公。何遜詩：「銜杯誰復同。」《漢書·陳遵傳》：「遵字孟公。嗜酒，每大飲，賓客滿堂，輒關門，取客車轄投井中。雖有急，終不得去。」思之不得見，清露小庭空。按：《滄浪詩話》云：「律詩徹首尾不對者，盛唐諸公有此體。如孟浩然『掛席東南望』、『水國無邊際』、太白『牛渚西江夜』，皆文從字順，音韻鏗鏘，八句無對偶。」此蓋倣其體也。

贈諸葛丈

旅館張燈夜未央，高適詩：「高館張燈酒復清。」《詩》：「夜如何其？夜未央。」相逢跋扈少年場。《後漢書·梁冀傳》：「此跋扈將軍也。」《注》：「跋扈，猶強梁也。」《北史·侯景傳》：「常有飛揚跋扈之意。」朱鶴齡《杜詩注》：「《說文》：『扈，尾也。』跋扈，猶大魚之跳跋其尾，強梁之義也。」曹植詩：「結客少年場。」同來大道朱樓上，王褒詩：「青樓臨大道。」馮衍《顯志賦》：「伏朱樓而四望。」並坐佳人錦瑟傍。杜甫詩：「暫醉佳人錦瑟傍。」白首悲歌非往日，青春把酒是他鄉。杜甫詩：「白首放歌須縱酒，青春作伴好還鄉。」襄陽耆舊今寥落，《隋書·經籍志》：「《襄陽耆舊傳》五卷，習鑿齒撰。」乘醉還須問葛彊。見前《夏日閒居》。

春日閒居

幽棲城市隔，謝靈運詩：「資此永幽棲。」好鳥亦來翔。閉戶野橋畔，讀書春草堂。有時敧皂帽，《魏志·管寧傳》：「常著皂帽、布襦袴、布裙，隨時單複。」終日據繩牀。鈕世楷注：「《晉書·佛圖澄傳》：『坐繩牀，燒安息香。』」《演繁露》：「今之交床，始名胡床，隋改為交床，又名繩床。」且貰鄰家酒，《史記·高帝本紀》：「常從王媼、武負貰酒，醉臥。」《注》：「貰，賒也。」狂歌盡一觴。

樹萱篇

朱明四五月，《爾雅》：「夏為朱明。」萱草滿中園。謝惠連《雪賦》：「折園中之萱草。」江淹詩：「蓬蒿滿中園。」花花連枝發，葉葉從風翻。一解。《古樂府》：「花花自相對，葉葉自相當。」移萱南湖濱，見後《鴛鴦湖櫂歌》。樹萱北庭側。《詩》：「焉得諼草，言樹之背。」《注》：「背，北堂也。」亮無同心人，《古詩》：「亮無晨風翼。」馨香詎相識。二解。兔絲自有枝，陸璣《詩疏》：「兔絲蔓生草上，黃赤如金。」《古詩》：「與君為新婚，兔絲附女蘿。」桃葉自有根。王獻之詩：「桃葉復桃葉，桃葉連桃根。相憐兩樂事，獨使我殷勤。」黃花特小草，何用通殷勤。三解。冶容無故懽，《易》：「冶容誨淫。」曹植詩：「新人雖可愛，無若故所懽。」柔條易顛倒。本是忘憂花，嵇康《養生論》：「萱草忘憂。」注：「萱花一名忘憂。」翻成斷腸草。四解。《述異記》：「秦、趙間有相思草，狀如石竹，而節節相續。一名斷腸草。」李白詩：「昔作芙蓉花，今成斷腸草。」

休洗紅李賀《休洗紅》：「休洗紅，洗多紅色淺。卿卿騁少年，昨日殷橋見。封侯早歸來，莫作弦上箭。」

　　休洗紅，洗多紅漸白。人心初不同，愛好非前日。《南史・謝靈運傳》：「名山素所愛好。」紅顏絕世眾所尤，美女入室惡女仇。《史記・外戚世家》：「諺曰：『美女入室，惡女之仇。』」

采蓮曲《樂錄》：「草木二十四曲，有《采蓮曲》。」

　　采蓮女，兩槳橋頭去。《古樂府》：「兩槳橋頭渡。」錦石清江日落時，杜甫詩：「清江錦石傷心麗。」劉方平《采蓮曲》：「落日晴江裏，荊歌艷楚腰。」羅裙玉腕花深處。采蓮童，素舸遊湖中。謝靈運詩：「可憐誰家郎，緣流乘素舸。」江謳越吹歌未歇，王勃《采蓮曲》：「葉嶼花潭極望平，江謳越吹相思苦。」朱脣玉面來相逢。梁簡文帝詩：「朱脣玉面燈前出。」共道江南可采蓮，湖中蓮葉已田田。《古樂府》：「江南可采蓮，蓮葉何田田。」攀花風動飄香袂，梁簡文帝詩：「玉手乍攀花。」鈕世楷注：「李白《采蓮曲》：『日照新粧水底明，風飄香袂空中舉。』」照水萍開整翠鈿。《古樂府》：「樹下即門前，門中露翠鈿。開門郎不至，出門采紅蓮。」李康成《采蓮曲》：「翠鈿紅袖水中央，青荷蓮子雜衣香。」翠鈿香袂逢人少，回看蘭澤多芳草。《古詩》：「涉江采芙蓉，蘭澤多芳草。」青鳥飛來啄紫鱗，左思《蜀都賦》：「鮮以紫鱗。」白蘋斷處生紅蓼。雲起暮流長，飛花鏡裏香。李白詩：「荷花鏡裏香。」雙雙金翡翠，《異物志》：「翡赤而翠青，可以為飾。」一一錦鴛鴦。鴛鴦翡翠飛無數，蘭橈並著輕搖櫓。梁簡文帝《采蓮曲》：「桂楫蘭橈浮碧水。」素藕連根絲更柔，梁簡文帝《七勵》：「擢素藕於石鏡。」紅蓮徹底心偏苦。《古樂府》：「蓮心徹底紅。」《爾雅》：「荷，芙蕖，其華菡萏，其實蓮，其根藕，其荷中的，的中薏。」《注》：「實為蓮房，的謂子，薏謂蓮子中苦心。」誰家年少垂楊下，出入風姿獨妍雅。《世說新語》：「王景文風姿為一時之冠。」《古樂府》：「光門最妍雅。」岸上徘徊七寶鞭，《晉書・明帝紀》：「見逆旅嫗，以七寶鞭與之。」湖邊躑躅千金馬。虞集詩：「賈胡自騎千金馬。」淥江腸斷起歌聲，惆悵方塘一望平。溫庭筠詩：「皎鏡方塘菡萏秋。」水上輕衣吹乍濕，風中細語聽難明。李端詩：「細語人不聞，北風吹裙帶。」沙棠舟繫青絲絆，音昨。梁元帝詩：「沙棠作船桂為楫，夜渡江南採蓮葉。」郎士元詩：「青絲絆引木蘭船。」相邀盡說江南樂，白露初看翠蓋飄。韓愈《詠荷》詩：「翠蓋臨風迥，冰華泡露鮮。」〔註1〕秋風漸

〔註1〕按：非韓愈詩，出朱熹《奉酬圭父白蓮之作》。

見紅衣落，趙嘏詩：「紅衣落盡渚蓮愁。」橫塘燈火采蓮歸，隔浦歌聲聽已希。樂府調名有《隔浦蓮》。雲間月出開煙樹，惟見沙明白鷺飛。

雞鳴《漢樂府》有《雞鳴》。

東方未白雞長鳴，離人束帶步前楹。陶潛詩：「束帶候雞鳴。」吳少微詩：「躑躅步前楹。」中閨切切再三語，徐彥伯詩：「切切夜閨冷，微微孤燭然。」《後漢書·郎顗傳》：「丁寧再三。」曉寒入室燈光清。家童驅雞誤相觸，膠膠膊膊飛上屋。《古樂府》：「膠膠膊膊雞初鳴。」張籍詩：「紫陌旌旛暗相觸，家家雞犬驚上屋。」

讀曲歌《宋樂府》有《讀曲歌》。

素藕生池中，紅荷浮水面。與汝同一身，蘇武詩：「況我連理枝，與子同一身。」本自不相見。按：此歌與下《華山畿》、《未投機》、《長對狼》皆用謎語雙關，從本體也。如《宋樂府·讀曲歌》云「朝看暮牛跡，知是宿蹄痕」、「芙蓉腹裏萎，蓮子從心起」、「石闕生口中、銜碑不得語」、「飛龍落藥店，骨出只為汝」、「朝霜語白日，知我為歡消」、「畫背作天圖，子將負星曆」、「麻紙語三葛，我薄汝籠疏」；《華山畿》云「投壺不得箭，憶歡作嬌時」之類皆然。唐陸龜蒙、皮日休倣為之，謂之風人詩。皮自序曰：「《詩》云：『維南有箕，不可以簸揚。維北有斗，不可以挹酒漿。』近乎戲也。古詩或為之，蓋風俗之言也。古有采詩官，命之曰風人。『圍棊燒敗襖，看子故依然』，由是風人之作興焉。」

華山畿三首《宋樂府》有《華山畿》。

華山畿，弩張不發箭，知子未投機。《尚書大傳》：「捕獸機檻陷。」

兩相望，儂非弧矢星，安能長對狼？《廣韻》：「儂，我也。吳人方言。」《史記·天官書》：「西宮七宿，觜星東有大星曰狼。狼下四星曰弧。弧屬矢，擬射於狼。弧不直狼則盜賊起。」

奈何許，《宋樂府·華山畿》：「奈何許，天下人何限，慊慊只為汝。」安得鳳凰子，《古樂府》：「遠行無他貨，惟有鳳凰子。」迎接儂與汝。王獻之《桃葉歌》：「我自迎接汝。」《列仙傳》：「蕭史善吹簫，作鸞鳳響。秦穆公有女，字弄玉。好之，公遂以妻焉。日教弄玉作鳳鳴，鳳凰來止其屋。公為作鳳臺，夫婦止其上，不下數年。一日，弄玉乘鳳，蕭史乘龍，昇天而去。」

白紵詞二首《晉樂府》有《白紵舞歌》。《宋書·樂志》：「《白紵舞詞》有巾袍之言，紵本吳地所出，疑是吳舞也。」

吳王宮中夜欲闌，秋江露白芙蓉殘。青娥二八羅裳單，趙嘏詩：「今日青娥屬使君。」《楚辭》：「二八侍宿。」江總詩：「三五二八佳少年。」**左鋋右鋋何娑盤**。岑參《田使君美人如蓮花北鋋歌》：「回裙轉袖若飛雪，左鋋右鋋生旋風。」曹植詩：「主人起舞娑盤。」**明星滿天月三五**，《禮》：「月三五而盈。」**城頭坎坎夜擊鼓**。《詩》：「坎其擊鼓。」丁仙芝《餘杭醉歌》：「城頭坎坎鼓聲曙。」**君王既醉不知音，猶向燈前作歌舞**。張籍《吳宮怨》：「吳宮四面秋江水，江清露白芙蓉死。吳王醉後欲更衣，座上美人嬌不起。宮中千門復萬戶，君王反覆誰能數。君心與妾既不同，徒向君前作歌舞。」

天橫北斗夜沉沉，杜甫詩：「春夜沉沉動春酌。」美人並進揚清音。白紵輕衣香氣深，玉釵亂墮無人尋。此時但恐君恩竭，急管繁絃那能歇。白居易詩：「急管停還奏，繁絃慢更張。」明燈忽滅烏夜啼，醉起更衣滿江月。

閒情五首陶潛有《閒情賦》。

邂逅重門露翠鈿，《詩》：「邂逅相遇。」《古樂府》：「門中露翠鈿。」娉婷不嫁惜芳年。杜甫詩：「不嫁惜娉婷。」**徒勞暇日窺香掾**，《世說新語》：「賈充辟韓壽為掾。充女於青璅中窺而說之，遂與通。是時外國進異香，襲衣經月不散。帝以賜充，女竊與壽。充覺而秘之，以女妻壽焉。」**漫想橫陳得小憐**。宋玉《諷賦》：「橫自陳兮君之傍。」《北史·后妃列傳》：「齊馮淑妃名小憐，大穆后從婢也。穆后愛衰，以五月五日進之，號曰『續命』。慧黠能彈琵琶，工歌舞。後主惑之，坐則同席，出則竝馬。」李商隱詩：「小憐玉體橫陳夜。」**洞口桃花何灼灼**，《詩》：「桃之夭夭，灼灼其華。」見後《金華道上》。**江南蓮葉更田田**。見前《采蓮曲》。**輸他三戶人僥倖**，《吳越春秋》：「范蠡乃楚宛三戶人也。」《水經注》：「丹水又東南逕一故城南，名曰三戶城。昔漢祖入關，王陵起兵丹水以歸漢祖，此城疑陵所築也。丹水又逕丹水縣故城西南，縣有密陽鄉，古商密之地，昔楚申息之師所戍，非春秋之三戶矣。」**載上胭脂滙畔船**。自注：「胭脂滙在檇李，相傳范蠡載西施處。」《嘉興府圖記》：「胭脂滙在濮院鎮。」蘇平《胭脂滙》詩：「西子曾經此地過，調脂弄粉染雙蛾。」

生來里是比肩名，見後《鴛鴦湖櫂歌》。兩美須知定合併。《楚辭》：「兩美其必合兮。」王粲詩：「何懼不合併。」**北地佳人矜絕世**，李延年歌：「北方有佳人，絕世而獨立，一顧傾人城，再顧傾人國。不惜傾城與傾國，佳人難再得！」西鄰名士

悅傾城。梁劉緩有《敬酬劉長史詠名士悅傾城詩》。**何緣珠樹成連理**，蘇武詩：「況我連理枝，與子同一身。」白居易詩：「在地願為連理枝。」**便擬香車駕六萌**。鈕世楷注：「《古樂府》：『問君可憐六萌車，迎取窈窕西曲娘。』」**不分秦臺漏消息，玉簫先有鳳凰迎**。見前《華山畿》。

家臨大道不難知，王褒詩：「青樓臨大道。」《古樂府》：「君家新市傍，易知復難忘。」**夾岸楊枝跧**淵上聲。**地垂**。《韻會》：「跧，體屈也。」庾信詩：「河邊楊柳百尺枝，別有長條跧地垂。」劉禹錫詩：「夾岸朱樓隔柳條。」**春水白魚多比目**，《爾雅》：「東方有比目魚焉，不比不行，其名謂之鰈。」**秋風紅豆最相思**。見後《送少詹王先生》。**飛龍藥店虛存骨**，《古樂府》：「自從別郎後，臥宿頭不舉。飛龍落藥店，骨出只為汝。」**走馬章臺埶畫眉**。《漢書·張敞傳》：「敞無威儀，時罷朝會，過走馬章臺街，使御史驅，自以便面拊馬。」又：「為婦畫眉，長安中傳張京兆眉憮。」**多事定情繁主簿**，《典略》：「繁欽，字伯休。為丞相主簿。」**山南山北淚連絲**。繁欽《定情詩》：「與我期何所？乃期山南陽。日中兮不來，飄風吹我裳。」又：「與我期何所？乃期山北岑。日暮兮不來，淒風吹我襟。」又：「自傷失所欲，淚下如連絲。」

蓮花細步上蘭階，《南史·齊東昏侯紀》：「鑿金為蓮花以帖地，令潘妃行其上，曰：『此步步生蓮花也。』」錢翊詩：「身輕願比蘭階蝶。」**徐整同心七寶釵**。《西京雜記》：「趙飛燕為皇后，其女弟在昭陽殿上同心七寶釵。」**入室便應金作屋**，《漢武故事》：「長公主抱女於膝上，與景帝共坐。武帝時尚幼，戲於殿前。上問：『兒欲得婦否？』答曰：『欲得。』主曰：『阿嬌好否？』答曰：『若得阿嬌，當作金屋貯之。』」**當壚須得酒如淮**。見前《當壚曲》。《左傳》：「穆子曰：『有酒如淮，有肉如坻。』」**身前容易風吹袖**，梁簡文帝詩：「風吹鳳凰袖。」**夢裏分明月墮懷**。謝靈運《東陽溪中贈答》詩：「可憐誰家婦，緣流灑素足。明月在雲間，迢迢不可得」；「可憐誰家郎，緣流乘素舸。但問情若為，月就雲中墮。」**五角六張看過了，何愁作事兩難諧**。《嬾真子錄》：「五角六張，古語也。謂五日遇角宿，六日遇張宿。此兩日作事多不成。」

水北花南路不紆，形相色授兩心輸。盧綸詩：「花南水北雨濛濛。」曹唐詩：「心知不敢輒形相。」毛熙震詞：「忍教牽恨暗形相。」司馬相如《上林賦》：「色授魂與。」《注》：「彼色來授，我魂往與接也。」**莫須遠結千絲網**，李商隱詩：「莫將越客千絲網，網得西施別贈人。」**且緩平量十斛珠**。《本事詩》：「喬知之與婢窈

娘詩：『石家金谷重新聲，明珠十斛買娉婷。』曹唐詩：「十斛明珠也是閒。」許渾詩：「十斛明珠量不盡。」**大婦亦憐中婦豔**，陳後主《三婦豔》：「大婦酌金杯，中婦照粧臺。小婦偏妖冶，下砌折新梅。」《妒記》：「桓溫平蜀，以李勢女為妾。郡主凶妒，拔刃往李所，欲斫之。見李在牎梳頭，資貌端麗，徐徐結髮，斂手向主，神色閒正，辭甚悽婉。主於是擲刀，前抱之曰：『阿子，我見汝亦憐，何況老奴！』遂善之。」**新人定與故人殊**。古詩：「新人雖言好，未若故人殊。」**鴛鴦有分成頭白**，李商隱詩：「鴛鴦兩白頭。」**肯許飛還野鴨俱**。《古樂府》：「鴛鴦逐野鴨，恐畏不成雙。」

嫁女詞

嗏嗏重嗏嗏，音霎。張籍《春水曲》：「鴨鴨嘴嗏嗏。」**鴛鴦隨野鴨**。**誰家可憐窈窕孃，容顏精妙難意量。大姑生兒仲姑嫁，小姑獨處猶無郎**。《古樂府》：「開門白水，側近橋樑。小姑所居，獨處無郎。」**媒人登門教裝束**，《古詩》：「媒人下床去。」又：「交語速裝束。」**黃者為金白者玉**。《古樂府》：「黃者金，白者玉。」**阿婆嫁女重錢刀**，《漢書·食貨志》：「貨寶於金，利於刀。」《注》：「有契刀、錯刀，其形如刀，故名曰刀。」卓文君《白頭吟》：「男兒重意氣，何用錢刀為。」**何不東家就食西家宿**。《戰國策》：「齊有一女，二家求之。其母語女曰：『欲東家則左袒，欲西家則右袒。』其女兩袒，曰：『欲東家食而西家宿。』以東家富而醜，西家貧而美也。」

七夕詠牛女 見前《五遊篇》。

浪傳靈匹幾千秋，杜甫詩：「浪傳烏鵲喜。」謝靈運《詠牛女》詩：「雲漢有靈匹。」**天路微茫不易求。今夜白榆連理樹**，《古樂府》：「天上何所有，歷歷種白榆。」《春秋運斗樞》：「玉衡星散為榆。」**明朝銀浦斷腸流**。《白帖》：「天河謂之銀漢，亦曰銀河。」李賀詩：「銀浦流雲學水聲。」

送林佳璣還莆田 王士禎〔註2〕《感舊集》小傳：「佳璣字衡者，莆田人。有《東山詩集》。」

高樓置酒觴今夕，愁聽驪歌送行客。見後《贈鄭簠》。**搖落深知羈旅情**，杜甫詩：「搖落深知宋玉悲。」**飄零況是雲山隔**。孟浩然詩：「雲山從此隔。」**林生磊落無等倫，鳳雛驥子誰能馴**。杜甫詩：「寶侍御，驥之子，鳳之雛。」顏延

〔註2〕「禎」，底本作「正」。

年詩：「龍性誰能馴。」一朝慷慨辭鄉里，幾載飢寒傍路人。平生崔嵬好奇服，《楚辭》：「余幼好此奇服兮，年既老而不衰。帶長鋏之陸離兮，冠切雲之崔嵬。」流離恥作窮途哭。《晉書・阮籍傳》：「時率意獨駕，不由徑路，車跡所窮，輒慟哭而反。」杜甫詩：「舌存恥作窮途哭。」往往詩歌泣鬼神，杜甫詩：「詩成泣鬼神。」時時談笑驚流俗。林生林生骨相奇，韓愈詩：「自歎虞翻骨相屯。」昂藏不異并州兒。李祕詩：「安能不富又不貴，空依昂藏一丈夫。」「并州兒」，見前《夏日閒居》。看君富貴當自有，不合憔悴留天涯。高適詩：「看君不合長數奇。」高秋別我閩中去，《史記・東越傳》：「秦并天下，廢閩越王無諸及越東海王搖為君長，以其地為閩中郡。」行李蕭條慘徒御。《左傳》：「行李之往來，共其困乏。」《詩》：「徒御不驚。」杜甫詩：「徒御慘不悅。」客舍清江萬里船，鄉心紅葉千山樹。九里湖邊倚翠屏，見後《仙遊茅筆歌》。穀城山下俯清泠。《廣輿記》：「穀城山在興化府城東南。」寒風江路兼山路，落日長亭更短亭。庾信《哀江南賦》：「五里十里，長亭短亭。」《白帖》：「十里一長亭，五里一短亭。」嗟予分手天南遠，惆悵河橋送君返。宋之問詩：「河橋不相送，江樹遠含情。」遠客休辭行路難，高堂應念還家晚。岑參詩：「高堂有老親。」

無題二首

織女牽牛匹，見前《五遊篇》。姮音恒。娥后羿妻，王充《論衡》：「羿請不死之藥於西王母，羿妻嫦娥竊以奔月。託身於月，是為蟾蜍。」《正字通》：「嫦與姮同，俗讀若常。」神人猶薄命，《魏樂府》有《妾薄命》。嫁娶不須啼。《古樂府》：「淒淒復淒淒，嫁娶不須啼。」

漢皋珠易失，《列仙傳》：「鄭交甫至漢皋臺下，見二女佩兩珠，大如荊雞卵。二女解與之。既行，反顧二女，不見。珮珠亦失。」洛浦珮難分。李白詩：「洛浦有宓妃。」曹植《洛神賦》：「願誠素之先達兮，解玉珮以要之。」不及閒男女，肩挑六幅裙。楊無咎詞：「掌托鞋兒肩挑裙，子悔不做閒男女。」李群玉詩：「裙拖六幅湘江水。」

偕謝晉吳慶楨〔註3〕登倪尚書衣雲閣謝字無可，晚更名孔淵。會稽人。自注：「閣初成日，倪公讌漳浦黃公於此。」先生《明詩綜》小序：「倪元璐，字玉汝，上虞人。天啟壬戌進士。官至戶部尚書兼禮部尚書。京師陷，自縊死。尚書晚築室於紹興

〔註3〕「楨」，底本作「正」。《曝書亭集》、《曝書亭詩錄》目錄作「楨」，據改。

府城南隅，牕檻法式，皆手自繪畫，巧匠見之束手。既成，始歎其精工。時方患目疾，取程君房、方於魯所製墨塗壁，默坐其中。堂東飛閣三層，扁曰衣雲。憑闌則萬壑千岩，皆在鳥下。適石齋黃公至越，施以錦帷，張燈四照。黃公不怡，謂國步多艱，吾輩不宜宴樂。尚書笑曰：「會與公訣爾。」既北行，遂殉寇難。閣，順治初尚存，曩嘗攜舍弟千里，暇輒登焉。今已鞠為荒草矣。」

飛樓跨百尺，畫棟長氤氳。我來偕客一延佇，《楚辭》：「結幽蘭而延佇。」置身髣髴雲中君。屈原《九歌》有《雲中君》。《注》：「謂雲神也。」憶昔樓成時，尚書歸田里。北海方看尊酒開，《後漢書·孔融傳》：「融舉北海相，拜大中大夫。喜誘益後進。賓客日盈其門。常歎曰：『座上客常滿，尊中酒不空，吾無憂矣。』」東山終為蒼生起。《晉書·謝安傳》：「安年已四十餘，桓溫請為司馬。將發新亭，朝士咸送，中丞高崧戲之曰：『卿累違朝旨，高臥東山，諸人每言：安石不肯出，將如蒼生何！蒼生今亦將如卿何？』溫庭筠詩：『東山終為蒼生起。」自從龍馭歸鼎湖，《拾遺記》：「周穆王巡行天下，馭八龍之駿。」《史記·封禪書》：「黃帝鑄鼎於荊山下。鼎既成，有龍垂鬍髯下迎黃帝。黃帝上騎，群臣後宮從上者七十餘人。餘小臣不得上，乃悉持龍髯。龍髯拔，墮黃帝之弓。百姓乃抱其弓與龍髯號，故後世因名其處曰鼎湖，其弓曰烏號。」公亦仗節死京都。《漢書·蘇武傳》：「單于徙武北海上。武杖漢節牧羊，臥起操持，節旄盡落。」子規燕市尋常見，《蜀記》曰：「昔有人姓杜名宇，王蜀，號曰望帝。宇死，俗說云化為子規。子規，鳥名。蜀人聞子規啼，皆曰望帝也。」杜甫《杜鵑》詩：「我見常再拜，重是古帝魂。」白鶴遼東歲月徂。見後《于忠肅公祠》。十餘年來〔註4〕亭已壞，遊客經過增感慨。噫籲嘻！黃公授命大中橋，《明史·黃道周傳》：「福王監國，拜禮部尚書。明年，南都亡。見唐王聿鍵於衢州，奉表勸進，王以道周為武英殿大學士。道周請自往江西圖恢復，所至遠近皆嚮應，得義旅九千餘人。由廣信出衢州。至婺源，遇大清兵，戰敗被執。至江寧，幽別室中，囚服著書。臨刑，過東華門，坐不起，曰：『此與高皇帝陵寢近，可死矣。』監刑者從之。」大中橋，舊名白下橋，在江寧府治東。魂兮欲歸不可招。千門白下總蕭瑟，班固《西都賦》：「張千門而立萬戶。」《江南通志》：「白下城在江寧府西北一十四里。」《六朝事蹟》：「白下本江乘之白石壘也。齊武帝以其地帶江山，移琅琊居之。唐武德元年，罷金陵縣，築城於此，因其舊名曰白下。」何況尚書一廛室。請君下樓歌莫哀，杜甫詩：「王郎酒酣拔劍斫地歌莫哀。」回首高城月東出。

〔註4〕「來」，《曝書亭集》作「閒」。

謁大禹陵二十韻《一統志》：「夏禹王陵在紹興府會稽山禹廟側。舊志：禹巡狩江南，崩而葬焉。」

夏后巡遊地，茅峰會計時。《史記・夏本紀》：「禹會諸侯江南，計功而崩，因葬焉，命曰會稽。會稽者，會計也。」又，《封禪書》：「禹封泰山，禪會稽。」《注》：「會稽本名茅山。《吳越春秋》云：『禹巡天下，登茅山，以朝群臣，乃大會計，更名茅山為會稽。』」雙圭開日月，《遁甲開山圖》：「禹開宛委山，得赤珪如日，碧珪如月，長一尺二寸，照達幽冥。」四載集輴音春。檋。音累。《書》：「禹曰：『洪水滔天，浩浩懷山襄陵，下民昏墊，予乘四載，隨山刊木。』」《注》：「四載，水乘舟，陸乘車，泥乘輴，山乘檋也。輴以板為之，其狀如箕，擿行泥上。檋以鐵為之，其形如錐，長半寸，施之履下以上山，不蹉跌也。」國有防風戮，《家語》：「孔子曰：『禹致諸侯於會稽之山，防風氏後至，禹殺戮之。』」書仍宛委披。《吳越春秋》：「禹案《黃帝中經》，見聖人所記，曰：『在九疑山東南，曰天柱山，號宛委，承以文玉，覆以磐石，其書金簡青玉為字，編以白銀。』禹乃東巡衡山，殺白馬以祭之。見赤繡文衣男子，自稱玄夷蒼水使者，謂禹曰：『欲得我簡書，知道水之方者，齋於黃帝之嶽。』禹乃齋，登石簣山，果得其文，乃知四瀆之根、百川之理，鑿龍門、伊闕，遂周行天下，使伯益記之，為《山海經》。」貢金三品入，《書・禹貢》：「淮海惟揚州，厥貢惟金三品。」執帛萬方隨。《左傳》：「禹會諸侯於塗山，執玉帛者萬國。」相古洪流割，《書》：「相古先民有夏。」又：「湯湯洪水方割。」欽承帝曰諮。《書》：「舜曰：『諮！四嶽，有能奮庸，熙帝之載，使宅百揆，亮採惠疇？』僉曰：『伯禹作司空。』帝曰：『俞諮！禹，汝平水土，惟時懋哉！』」寸陰輕尺璧，《帝王世紀》：「禹有聖德，堯命以為司空，繼鯀治水。乃勞身涉勤，不重徑尺之璧，而愛日之寸陰。」昆命有元龜。《書・大禹謨》：「昆命於元龜。」自授庚辰籍，《真仙通鑑》：「夏禹治水，老君遣雲華夫人往，陰相之。時禹駐巫山之下，大風卒至，崖谷振隕，力不能制。忽遇雲華夫人，禹拜而求助，夫人即敕侍女授禹策，召鬼神之書，因命其神狂章、虞余、黃魔、大翳、庚辰、童律、巨靈等，助其斬石疏波，決塞道阨。」寧論癸甲期。《書》：「禹曰：『予創若時，娶於塗山，辛、壬、癸、甲。啟呱呱而泣，予弗子，惟荒度土功。』」清都留玉女，《列子》：「清都、紫微、鈞天、廣樂，帝之所居。」《山堂肆考》：「清都即帝居也。」《宋書・符瑞志》：「玉女，天賜妾也。《禮含文嘉》曰：『禹卑宮室，盡力溝洫，百穀用成，神龍女降。』」宋之問《謁禹廟》詩：「玉女侍清都。」惡浪鑠支祁。皇甫松詩：「浪惡罾船半欲沉。」《古岳瀆經》：「禹理水，三至桐柏山，驚風迅雷，石號木鳴。五伯擁川，天老肅嶽，力不能興。禹怒，召集百靈。桐柏千君長稽首請命，

禹因囚鴻蒙氏、商章氏、兜氏、盧氏、黎婁氏。獲淮渦水神，名無支祈。形若猿猴，縮鼻高額，青軀白首，金目雪牙，頸伸百尺，力踰九象。禹授之童力，不能制；授之烏木田，不能制；授之庚辰，能制。乃頸鏁大索，鼻穿金鈴，徙之龜山足下，俾淮水永安流注海也。」**荒度功攸賴，平成理自宜**。《書‧大禹謨》：「地平天成。」**神姦魑魅屏**，《左傳》：「昔夏之方有德也，遠方圖物，貢金九牧，鑄鼎象物，百物而為之備，使民知神姦。故民入川澤山林，不逢不若。魑魅罔兩，莫能逢之。」**典則子孫貽**。《書‧五子之歌》：「明明我祖，萬邦之君。有典有則，貽厥子孫。」**明德由來遠**，《左傳》：「劉子曰：『美哉禹功，明德遠矣！』」**升遐亦在茲**。《禮》：「天王崩，告喪曰天王登假。」《注》：「假音遐。」潘岳《西征賦》：「武王忽其昇遐。」**邱**〔註5〕**林無改列**，《漢書‧劉向傳》：「禹葬會稽，不改其列。」《注》：「不改林木百物之列也。」**弓劍祗同悲**。見上篇。《列仙傳》：「黃帝葬橋山。山崩，柩空，惟劍舄在焉。」牛弘〔註6〕《隋文帝頌》：「慕深考妣，哀纏弓劍。」**回首辭群后，傷心隔九疑**。《山海經》：「南方蒼梧之邱、蒼梧之淵有九疑山，舜所，在長沙零陵界中。」**鳥耘千畝徧**，《水經注》：「大禹東巡狩，崩於會稽，因而葬之。有鳥來為之耘，春拔草根，秋啄其穢。」**龍負一舟移**。《呂氏春秋》：「禹南省，方濟江，黃龍負舟。舟中之人皆失色，禹仰天歎曰：『吾受命於天。生，性也。死，命也。余何憂於龍焉？』龍俯首曳尾而逝。」宋之問《謁禹廟》詩：「舟遷龍負壑，田變鳥芸蕪。」**斷草山阿井**，陶潛詩：「死去何所道，託體同山阿。」《一統志》：「禹井在會稽山。《水經注》云：『山南〔註7〕有硎，去廟七里，謂之禹井。』」宋之問《謁禹廟》詩：「山阿井詎枯。」**空亭嶽麓碑**。《浙江通志》：「禹碑亭在禹廟旁。明嘉靖中，張季文守長沙，從嶽麓書院攜碑文歸，知府張明道刻入石。字奇古難辨，成都楊慎譯之曰：『承帝曰嗟，翼輔佐卿。洲渚與登，鳥獸之門。參身洪流，明發爾興。久旅忘家，宿嶽麓庭。智營形折，心罔勿辰。往求平定，華嶽泰衡。宗疏事衰，勞餘伸禋。鬱塞昏徙，南瀆衍亨。永制食備，萬國其寧，竄舞永奔。』」**芒芒懷舊跡**，《左傳》：「虞人之箴曰：『芒芒禹跡，畫為九州。』」**蕭蕭禮荒祠。黃屋神如在**，宋之問《謁禹廟》詩：「旋聞厭黃屋，更道出蒼梧。」**桐棺記有之**。《墨子》：「禹葬會稽，衣裘三領，桐棺三寸。」《吳越春秋》：「禹命群臣曰：『吾百年之後，葬我會稽之山，葦槨桐棺，穿壙七尺，下無及泉，墳高三尺，土階三等。葬之後，田無改畝。』」**筵誰包橘柚**，《書‧禹貢》：「厥包橘柚錫

〔註5〕「邱」，《曝書亭集》作「丘」。
〔註6〕「弘」，底本原作「宏」。
〔註7〕「南」，《水經注》卷四十、《大清一統志》卷一百六作「東」。

貢。」**隧或守熊羆**。杜甫《重經昭陵》詩：「陵寢盤空曲，熊羆守翠微。」注：「熊羆謂護陵之軍。」**共訝梅梁失**，《一統志》：「按《四明圖經》：『鄞縣大梅山頂有梅木，伐為會稽禹廟之梁。張僧繇畫龍於其上，夜或風雨，飛入鏡湖與龍鬥。後人見梁上水淋漓，始駭異之，以鐵索鎖於柱。』然今所在乃他木，猶絆以鐵索，存故事耳。」**因探窆石遺**。《嘉泰志》：「是山之東，有壟，隱若劍脊。西向而下，下有窆石，或云此正葬處。」先生《會稽山禹廟窆石題字跋》：「窆石之制，不載於聶崇義《三禮圖》，惟《周官》『冢人之職』：及竁，共喪之窆器。及窆，執斧以涖。鄭康成以為下棺豐碑之屬。《圖經》：『禹葬於會稽，取石為窆。』石本無字。迨漢永建元年五月，始有題字刻於石，此王厚之《復齋碑錄》定以為漢刻，殆不誣矣。石崇五尺，在今禹廟東南小阜，覆之以亭，相傳千夫不能撼。噫！谷林之陽，蒼梧之野，已無陳跡可求。而岣嶁有碑，啟母廟有闕，會稽有窆石，益以徵神禹明德之遠也夫。」**竭來憑弔處**，胡震亨《唐音癸籤》：「唐人詩多用『竭來』二字。《楚辭》：『車既駕兮竭而歸，不得見兮心傷悲。』《韻書》：『竭，卻也，去也。』又發語辭。張衡『回志竭來從玄謀』、劉向『竭來歸耕永自疏』與《楚辭》所用之『竭』皆去字之義。顏延年《秋胡》詩：『竭來空復辭』，兼發語辭用。後人入詩，多從顏作虛字。」**拜手獨陳辭**。《楚辭》：「就重華而陳辭。」

南鎮《周禮》：「東南曰揚州，其山鎮曰會稽。」王十鵬《會稽風俗賦》：「八山中藏，千峯周回。巨者南鎮，是為會稽。」《一統志》：「南鎮廟在紹興府城南一十三里，祀南鎮會稽山之神。」

　　稽山形勝鬱岧嶤，潘岳詩：「修芒鬱岧嶤。」**南鎮封壇世代遙**。《浙江通志》：「唐開元十四年，封四鎮山為公，會稽曰永興公，有南鎮永興公祠。」**絕壁暗愁風雨至，陰崖深護鬼神朝**。沈佺期詩：「暗谷疑風雨，陰崖若鬼神。」沈約詩：「坐對百神廟。」張才詩：「夜深疑有鬼神朝。」**雲雷古洞藏金簡**，《廣輿記》：「紹興府宛委山，與會稽山相接。相傳禹治水畢，藏金簡玉字於此。」**燈火春祠奏玉簫。千載六陵餘劍舄**，《浙江通志》：「宋攢宮諸陵俱在會稽寶山，今名攢宮山。元至元中，西僧楊璉真珈奏發諸陵。宋遺民山陰唐珏潛易以偽骨，取真者瘞之山陰天章寺前，六陵各為一函，獨理宗顱巨，恐易之事泄，不敢易。楊璉真珈遂築白塔於錢塘，藉以諸帝骨，而以理宗顱為飲器。楊髡發冢時，又有太學生林德陽，故為丐者，背一籮，手持竹夾，遇物挾之，投籮中。又鑄小銀牌，置腰間，賄西僧，求得高、孝兩帝骨。僧左右之，果得骨，歸葬東嘉。與唐珏事略異，今竝存之。明洪武二年，詔下北平，

返理宗顱，歸舊陵。冬青穴在府城西南三十里天章寺前，宋唐、林二義士埋宋陵骸骨處也。六陵各為穴，上植冬青樹六根云。」劍舃，見上篇。**帝鄉魂斷不堪招。**

岳忠武王墓《杭州府志》：「忠烈廟祀宋少保鄂國忠武王岳飛。王誣死，後孝宗為雪其冤，改葬於棲霞嶺，復官，賜諡。廢智果院為祠，賜額曰褒忠衍福寺。寶慶二年，改諡忠武。嘉定四年，追封鄂王。」

宋室偏安日，諸葛亮《出師表》：「王業不偏安。」**真忘帝業艱。但愁諸將在，不計兩宮還。**《宋史·高宗本紀·贊》：「當其初立，因四方勤王之師，內相李綱，外任宗澤，天下事宜無不可為者。顧乃播遷窮僻，重以苗、劉群盜之亂，權宜立國，確乎艱哉！其始惑於汪、黃，其終制於奸檜，恬墮猥懦，坐失事機。甚而趙鼎、張浚相繼竄斥，岳飛父子竟死於大功垂成之秋。一時有志之士，為之扼腕切齒。帝方偷安忍恥，匿怨忘親，卒不免於來世之誚。悲夫！」**鄂國英雄士，淮陰伯仲間。**按《飛傳》：「河北招討使張所待以國士」，故以淮陰為比。魏文帝《典論》：「傅毅之於班固，伯仲之間耳。」杜甫詩：「伯仲之間見伊呂。」**策名先部曲，**《左傳》：「委質策名。」《漢書·百官表》：「將軍領軍皆有部曲。大將軍營五部，部校尉一人。部有曲，曲有軍侯一人。」《綱目》：「靖康元年，康王至相。相州人岳飛少負氣節，有神力。劉韐宣撫真定，募取戰士，飛與焉，屢擒劇賊。至是，因劉浩以見王，以為承信郎。」**薄伐自江關。**《詩》：「薄伐玁狁。」**赤縣期全復，**《史記·孟子列傳》：「中國名曰赤縣神州。」**黃河度幾灣。龍庭生馬角，**《後漢書·竇憲傳》：「躡冒頓之區落，焚老上之龍庭。」《注》：「冒頓子稽粥，號老上單于。匈奴五月大會龍庭，祭其先天地鬼神，今皆焚蕩之。」《博物志》：「燕太子丹質於秦，欲歸，請於秦王。王不聽，謬言曰：『令烏頭白，馬生角，乃可。』丹仰天歎，烏即頭白；俯而嗟，馬即生角。秦王不得已而遣之。」**雪窖視刀鐶。**《漢書·蘇武傳》：「單于幽武，置大窖中，絕不飲食。天雨雪，武臥齧雪，與旃毛並咽之。」《古樂府》：「槁砧今何在，山上復有山。何當大刀頭，破鏡飛上天。」吳兢《樂府解題》：「槁砧，夫也。重山，出也。刀頭有環，環，還也。『破鏡飛上天』，言月半缺當還也。」**城下盟何急，**《左傳》：「為城下之盟而還。」《注》：「城下盟，諸侯所深恥。」**師中詔已頒。**《宋史·岳飛傳》：「兀朮欲簽軍以抗飛，河北無一人從者。乃歎曰：『自我起北方以來，未有今日之挫衄。』金帥烏陵思謀素號桀黠，亦不能制其下，但諭之曰：『毋輕動，俟岳家軍來即降。』金統制王鎮、統領崔慶、將官李覬、崔虎、葉旺等皆率所部降，以至禁衛龍虎大王下忔查、千戶高勇之屬，皆密受飛旗牓，自北

方來降。金將軍韓常欲以五萬眾內附。飛大喜，語其下曰：『直抵黃龍府，與諸君痛飲爾。』方指日渡河，而檜欲畫淮以北棄之，風臺臣請班師。飛奏：『金人銳氣沮喪，盡棄輜重，疾走渡河，豪傑向風，士卒用命，時不再來，機難輕失。』檜知飛志銳不可回，乃先請張浚、楊沂中等歸，而後言飛孤軍不可久留，乞令班師。一日奉十二金字牌，飛憤惋泣下，東向再拜曰：『十年之力，廢於一旦。』」**盈庭尊獄吏，**《漢書‧周勃傳》：「吾嘗將百萬軍，安知獄吏之貴也！」蘇軾詩：「一見刺史天，稍忘獄吏尊。」**囊木謝朝班。**《後漢書‧范滂傳》：「皆三木囊頭，暴於階下。」《注》：「三木，項及手足皆有械，更以物蒙覆其頭也。」**相狡妻兼煽，**《詩》：「豔妻煽方處。」《岳鄂王精忠類編》：「秦檜妻王氏，素陰險，出檜上。歲方暮，王誣獄不成。檜自都堂出，獨坐煖閣，默默不樂。適與王氏向火東窗下，侍兒偶傳柑。檜取柑一枚，爪其皮幾盡，若有思者。王氏問之，檜語之故。王氏笑曰：『縛虎易，縱虎難。』檜意遂決。手書小紙，令老吏赴獄中，遂報王死。」**和成主愈孱。**《史記‧張耳列傳》：「趙相貫高曰：『吾王孱王也。』」**長城隳道濟，**《宋史‧岳飛傳‧論》：「昔劉宋殺檀道濟，道濟下獄，嗔目曰：『自壞汝萬里長城！』高宗忍自棄其中原，故忍殺飛。嗚呼冤哉！」**大勇喪成覵。**《廣韻》：「覵，人名，出《孟子》，齊景公勇臣成覵。」《岳飛傳》：「兀朮遺檜書曰：『汝朝夕以和請，而岳飛方為河北圖，必殺飛，始可和。』檜亦以飛不死，終梗和議，己必及禍，故力謀殺之。以諫議大夫万俟卨與飛有怨，風卨劾飛，又風中丞何鑄、侍御史羅汝楫交章彈論。檜遣使捕飛父子。命万俟卨鞫之。誣獄不成，檜手書小紙付獄，即報飛死。」**舊井銀缾失，**《西湖志》：「銀缾娘子，鄂王季女。聞王下獄，抱銀缾投井死。」**高墳石虎閒。**潘昂霄《金石例》：「《事庭廣記》云：『炙轂子曰：秦、漢以來，帝王陵寢有石麟辟邪兕馬之屬，人臣墓有石人羊虎柱之類，皆表飾墳壠，如生前儀衛。』」。**銘功存版碣，鑄像列神奸。**《浙江通志》：「明正德八年，都指揮李隆鑄鐵為秦檜、檜妻王氏、万俟卨，反接跪露臺。」**曠世心猶感，**韓愈《祭田橫墓文》：「事有曠百世而相感者，余不自知其何心。」**經過淚獨潸。傳聞從父老，流恨滿湖山。**杜甫詩：「流恨滿山隅。」**朔騎頻來牧，南枝尚可攀。**《一統志》：「岳飛墓上古木枝皆南向，識者謂其忠義所感云。」**墓門人寂寞，江樹鳥緡蠻。宿草經時綠，**《禮》：「朋友之墓，有宿草而不哭焉。」**秋花滿目斑。依然潭水月，**《浙江通志》：「西湖十景，一曰三潭印月。」**終古照潺湲。**謝靈運詩：「乘月弄潺湲。」

山陰道歌送沈十二進　沈字山子，嘉興人。

我從山陰來，卻憶山陰道。《世說新語》：「王子敬云：『從山陰道上行，山川自相映發，使人應接不暇。』」客舍高歌一送君，江南愁思盈芳草。賈至詩：「江南芳草初冪冪，愁殺江南獨行客。」芳草碧迢迢，離人千里遙。青山謝公屐，《宋書‧謝靈運傳》：「尋山陟嶺，必造幽峻。常著木屐，上山則去前齒，下山則去後齒。」白馬伍胥潮。《錢塘志》：「伍子胥死，浮於江中，因流揚波。或見乘白馬素車在潮頭，因為立廟。每歲仲秋既望，潮水極大，杭人以旗鼓迓之。」潮來潮去春江路，行車遠發西陵渡。張籍詩：「年年道上隨行車。」《一統志》：「西興渡在紹興府蕭山縣一十二里，本名西陵。五代錢鏐以非吉語，改之。」雲暗清溪梅市空，《一統志》：「梅市在紹興府城西三十里，相傳以梅福得名。」風吹修竹柯亭暮。伏滔《長笛賦序》：「余同僚桓子野有故長笛，蔡邕伯喈所製也。初，邕避難江南，宿於柯亭之館，以竹為椽。邕仰眄之，曰：『良竹也。』取以為笛，音聲獨絕，歷代傳之至於今。」《浙江通志》：「柯山在紹興府城西南三十里。」迤音以。邐音裏。鏡湖邊，《一統志》：「鏡湖在山陰縣城南三里。」《爾雅》：「迤邐，旁行也。」中流記采蓮。樵風空舊跡，《輿地記勝》：「樵風涇在會稽東南一十五里。鄭弘少採薪，得一遺箭。頃之，有人覓箭。問何所欲，弘知其神人，答曰：『常患若耶溪載薪為難，願朝南風，暮北風。』後果然。因號樵風涇。」沉釀自成川。《浙江通志》：「沉釀川在會稽縣若耶溪東。」《十道志》云：『鄭弘舉送赴洛親友，餞於此，以錢投水，依價量水飲之，各醉而去。』」誰家青翰長相見，《說苑》：「鄂君乘青翰之舟，張翠羽之蓋，會鍾鼓之音。越人擁楫而歌，曰：『今夕何夕兮，搴舟中流。今日何日兮，得與王子同舟。山有木兮木有枝，心悅君兮君不知。』於是鄂君子揄袂而擁之，舉繡被而覆之。」何處紅妝不可憐。溪風橋，雲門寺，《浙江通志》：「雲門山在會稽縣城南三十里。晉義熙二年，中書令王獻之居此，有五色雲見，詔建雲門寺。」流泉淙淙石齒齒。高適詩：「石泉淙淙若風雨。」韓愈《柳州羅池廟碑辭》：「桂樹團團兮白石齒齒。」我昔愛奇未到此，送君遠遊從此始，直上秦山望海水。《浙江通志》：「秦望山在紹興府城南四十里，秦始皇登之，以望東海。」

秣陵《江南通志》：「江寧府，戰國屬楚。威王因其地有王氣，故置邑，名金陵。秦改秣陵。」

秣陵城闕暮雲封，估客帆檣落日逢。劉禹錫詩：「連檣估客吹羌笛。」萬里星霜沙塞雁，《夢溪筆談》：「北方有白雁，似雁而小，色白。秋深則來。白雁至

則霜降，河北人謂之霜信。杜甫詩云『故國霜前白鴈來』，即此也。」**五更風雨掖門松。**《江南通志》：「吳都城宮城在江寧府淮水之北五里，有八門，前五門曰公車，曰昇賢，曰明陽，曰左掖，曰右掖。」李夢陽詩：「退朝曾對掖門松。」**長江鐵鎖空千尺，**《晉書·王濬傳》：「濬發自成都，攻吳丹楊，尅之。吳人於江險磧要害之處，並以鐵鎖橫絕之。濬作火炬，長十餘丈，大數十圍，灌以麻油，在船前，遇鎖，然炬燒之。須臾，融液斷絕，於是船無所礙，順流鼓棹，徑造三山。」劉禹錫《金陵懷古》：「千尋鐵鎖沉江底。」**大道朱樓定幾重。**見前《贈諸葛丈》。**此夕愁人聽鼓角，驚心不似景陽鐘。**《南史·齊武帝紀》：「以內深隱，不聞端門鼓漏，置鐘景陽樓上，應五鼓及三鼓。宮人聞鐘聲，早起粧飾。」《江寧府志》：「景陽樓在法寶寺西南。」

度大庾嶺《南康記》：「漢兵擊呂嘉，眾潰，有神將戍是嶺。以其姓庾，因名大庾嶺。」《一統志》：「大庾嶺在廣東南雄府城北八十里。」

雄關直上嶺雲孤，《一統志》：「梅關在大庾嶺上，兩岸壁立，最高且險。」顧祖禹《方輿紀要》：「梅關嘗為天下必爭之處，有驛路在石壁間，相傳唐開元中張九齡所鑿。宋嘉祐中復修廣之。」**驛路梅花歲月徂。**吳震方《嶺南雜記》：「庾嶺，又名梅嶺，以漢庾勝、梅鋗得名。然庾嶺多梅，古昔已然。自有『折梅逢驛使，淚盡北枝花』之句，而好事者往往增植之。自宋迄明，往來遊宦者多有補種。」**丞相祠堂虛寂寞，**《一統志》：「張文獻祠在大庾嶺雲封寺前，祀唐宰相張九成。」**越王城闕總荒蕪。**見後《越王臺》。**自來北至無鴻鴈，**按：庾嶺亦有回雁峰，雁至此不向南。所產鷓鴣，亦不向北。**從此南飛有鷓鴣。**《文選注》：「鷓鴣如鷄，黑色，其鳴自呼。或言此鳥常南飛，不北。豫章已南諸郡處處有之。」**鄉國不堪重佇望，亂山落日滿長途。**

羊城客舍同萬泰嚴煒陳子升薛始亨醉賦萬字履安，鄞縣人。崇禎〔註8〕丙子舉人。嚴字伯玉，常熟人。陳字喬生，南海人。薛字岡生，順德人。《一統志》：「廣東，春秋為南越地。舊稱羊城。秦置南海郡。」

客舍所居堂，杜甫詩：「客居所居堂。」**勝侶時相求。**江總《棲霞寺碑頌》：「勝侶薰修。」**興來攜手一展眺，悅如孫楚之酒樓。**李白《玩月金陵城西孫楚酒樓》詩：「朝沽金陵酒，歌吹孫楚樓。」**樓頭取酒忩驪謔，遠勝十千宴平樂。**曹植詩：「歸來宴平樂，美酒斗十千。」《注》：「平樂，觀名。」李白詩：「陳王昔時宴

〔註8〕「禎」，底本原作「正」。

平樂，斗酒十千恣歡謔。」**海寺鐘聲風末聞，江城帆影樽前落**。米芾詩：「三峽江聲流筆底，六朝帆影落樽前。」揭傒斯詩：「鐘聲衡嶽曙，帆影洞庭秋。」**夕陽飄忽晴滿林，須臾急雨來庭陰。蠻天五月不知暑，座客相看寒已深。我本蘆中人**，見後《秋日登霄山》。**易下新亭淚**。《晉書·王導傳》：「過江人士，每至暇日，相邀出新亭飲宴。周顗中坐而歎曰：『風景不殊，舉目有江山之異。』皆相視流涕。惟導愀然變色曰：『當共戮力王室，克復神州，何至作楚囚相對泣耶！』眾收淚而謝之。」**莫辭魯酒薄**，《淮南子》：「楚會諸侯，魯、趙皆獻酒於楚王。主酒吏求酒於趙，趙不與，吏怒，乃以趙厚酒易魯薄者，奏之楚王。以趙酒薄，遂圍邯鄲。」**拚作高陽醉**。見前《夏日閒居》。**出亦復苦愁，入亦復苦愁**。《古樂府》：「秋風蕭蕭愁殺人，出亦愁，入亦愁。座中何人，誰不懷憂？」甄皇后詩：「出亦復苦愁，入亦復苦愁。」**黃河之清不可俟**，《左傳》：「周詩有之：『俟河之清，人壽幾何！』」《拾遺記》：「黃河千年一清，聖人之大瑞也。」**何用長懷千載憂**。張衡《思玄賦》：「俟河之清祇懷憂。」《古詩》：「生年不滿百，長懷千歲憂。」**陳拾遺**，《唐書·陳子昂傳》：「拜麟臺正字，再轉右拾遺。」**嚴夫子**，《漢書·司馬相如傳》：「梁孝王來朝，從游說之士，齊人鄒陽、淮陰枚乘、吳嚴忌夫子之徒，相如見而悅之。」《注》：「嚴忌當時尊尚，號曰夫子。」**羅浮四明兩道士**，見後《喜羅浮屈五過訪》。羅浮謂薛，四明謂萬。**意氣寧從杯酒生。文章本是千秋事**，杜甫詩：「文章千古事。」**況今生涯羈旅中**，杜甫詩：「生涯能幾何，常在羈旅中。」**時危得不悲途窮**。見前《送林佳璣》。**丈夫三十不自立，一身漂泊隨秋蓬**，杜甫詩：「此身飄泊苦西東。」《商子》：「飛蓬遇飄風而行千里。」李賀詩：「龐眉書客感秋蓬。」**雖未白頭成老翁**。魏文帝《與吳質書》：「已成老翁，但未白頭耳。」**當前有酒且痛飲，明朝岐路仍西東**。

越王臺懷古《一統志》：「越秀山在廣州府城內稍北，上有越王臺故址，昔趙佗因山為之。」

　　君不見越山高高越臺古，複道逶迤接南武。顧祖禹《方輿紀要》：「廣州城，今府城也。舊圖經云：廣州州城始築自越人公師隅，號曰南武。《吳越春秋》云：『闔廬子孫避越嶺外，築西武城。後楚滅越，越王子孫避入始興，令師隅修吳故南武城』是也。」《說文》：「逶迤，衺去貌。」**北望山頭徧白雲**，《一統志》：「白雲山在廣州府城北二十里，常有白雲覆其上。」**西臨城下環珠浦**。《一統志》：「珠母海在廉州府巨海中，有平江、楊梅、青嬰三池，中出大蚌，剖而得珠，即古合浦也。」**由**

來形勝盡高邱〔註9〕，萬里天南此壯遊。驚濤暗向扶胥落，見後《送少詹王先生》。佳氣晴連鬱水浮。《水經注》：「『鬱水即夜郎豚水也。』《山海經》曰：『鬱水出象郡，而西南注南海，入項陵東南』者也。」憶昔中原逐秦鹿，《史記·淮陰侯列傳》：「秦失其鹿，天下共逐之。」魏徵詩：「中原還逐鹿。」五軍失利屠睢音雖。戮。《淮南子》：「秦皇利越之犀角、象齒、翡翠、珠璣，乃使尉屠睢發卒五十萬為五軍，與越人戰。越人皆入叢薄中，與禽獸處，莫肯為秦虜。相置桀駿以為將，而夜攻秦人，大破之，殺尉屠睢。」番君一出王衡山，戶將從征入函谷。《漢書·吳芮傳》：「芮，番陽令也，甚得江湖間民心，號曰番君。率越人舉兵以應諸侯。沛公攻南陽，乃遇芮。芮將梅鋗，與偕攻析、酈，降之。及項羽相王，以芮率百越佐諸侯，從入關，故立芮為衡山王，都邾。」「函谷」，見後《顯皇帝大閱圖》。天教霸象開南溟，宵分東井聚五星。《南越志》：「秦二世，五星會於南斗牛。南海尉任囂知其偏霸之氣，遂有志焉。」《漢書·天文志》：「五星聚於東井。」《綱目集覽》：「五星，木、火、土、金、水，緯星也。東井，經星，在秦分。」龍川縣令起嶺表，被書移檄馳邊庭。聲言三關盜兵至，一時按法誅秦吏。《漢書·南越王傳》：「南海尉任囂病且死，召龍川令趙佗語曰：『聞陳勝等作亂，豪傑叛秦相立，此亦一州之主，可為國。』即被佗書，行南海尉。囂死，佗即移檄告橫浦、陽山、湟谿關曰：『盜兵且至，急絕道聚兵自守！』因稍以法誅秦所置吏，以其黨為守。假秦已滅，佗即自立為南粵武王。」萬人既築滇陽城，《一統志》：「滇山在韶州府英德縣北四十里，滇水所出，尉佗作萬人城於此。」千里還開雒王地。《水經注》：「《外域記》曰：『交阯者，昔未有郡縣時，土地有雒田，其田從潮水上下。民墾食其田，因名為雒民。設雒王、雒侯主諸郡縣，縣多為雒將。後蜀王子將兵三萬來討雒王、雒侯，服諸雒將。蜀王子因稱為安陽王，後南越王尉陀舉眾攻安陽王。安陽王有神人，名皋通，為王治神弩一張，一發殺三百人。南越王知不可戰，卻軍，遣太子名始降服安陽王。安陽王不知通神，遇之無道，通便去。安陽王有女，名眉珠，與始通。始令取父弩視之。始見弩，便盜以鋸截弩。訖便歸，報越王。進兵攻之。安陽王發弩，弩折，遂敗。下船逕出於海。』」漢帝當年為剖符，《南粵王傳》：「高帝已定天下，遣陸賈立佗為南粵王，與剖符通使，使和輯百粵，毋為南邊害。」陸生燕喜出西都。潘岳《西征賦》：「陸賈之優遊燕喜。」劉峻《廣絕交論》：「陸大夫燕喜西都。」《注》：「西都，長安也。」冠裳魋結須臾變，《漢書·陸賈傳》：「高祖使賈賜佗印，為南粵王。賈至，尉佗魋結箕踞見賈。賈因說佗曰：『足下中國人，親戚昆弟墳墓在真定。今足下反天性，棄冠帶，欲以

〔註9〕「邱」，《曝書亭集》作「丘」。

區區之越與天子抗衡為敵國，禍且及身矣。』於是佗乃蹶然起坐，謝賈曰：『居蠻夷中久，殊失禮義。』**文錦蒲桃絕世無**。《西京雜記》：「尉佗獻高祖鮫魚荔枝，高祖報以蒲桃錦四匹。」**番音潘。禺之交一都會**，《南越志》：「番禺縣有番、禺二山，因以為名。」《史記·貨殖傳》：「番禺亦其一都會也。」**因山築臺落天外**。李白詩：「三山半落青天外。」**百丈回盤信壯觀，三時朔望長陛拜**。《水經注》：「尉佗因岡作臺，北面朝漢。圓基千步，直峭百尺，複道迴環，逶迤曲折。朔望陛拜，號為朝臺。」《輿地紀勝》：「朝臺在番禺縣西五里。」**自古羈縻稱外藩**，《漢書·蕭望之傳》：「外夷稽首稱藩，中國讓而不臣，此則羈縻之誼，謙亨之福也。」**誰令市鐵禁關門。不見鮫魚重入貢，旋看黃屋自言尊**。《南粵王傳》：「高后時，有司請禁南粵關市鐵器。佗曰：『高皇帝立我，通使物。今高后聽讒臣，別異蠻夷，隔絕器物，此必長沙王計，欲倚中國擊滅南越而並王之，自為功也。』於是佗乃自尊號為南武帝，乘黃屋，左纛稱制，與中國侔。」《古樂府》：「淮南王自言尊。」**漢使陳餚更行樂，紫貝明犀雙孔雀**。《南粵王傳》：「文帝元年，初鎮撫天下。詔丞相平舉可使粵者，平言陸賈先帝時使粵。上召賈為太中大夫，謁者一人為副使，賜佗書。佗亦再拜上書。獻白璧一雙、翠鳥千、犀角十、紫貝五百、桂蠹一器、生翠四十雙、孔雀二雙。」**重來錦石已成山**，《一統志》：「錦石山在肇慶府德慶州西五十里。漢陸賈使南越時，設錦繡帷帳於此，因名。」**歸去黃金遂盈橐**。《陸賈傳》：「佗賜賈橐中裝，值千金。他送亦千金。」**一從蒟音舉。醬啟唐蒙**，《史記·西南夷列傳》：「建元六年，大行王恢擊東越，東越殺王郢以報。恢因兵威，使番陽令唐蒙風指曉南越。南越食蒙蜀蒟醬，蒙問所從來，曰：『道西北牂柯，牂柯江廣數里，出番禺城下。』蒙歸至長安，問蜀賈人。賈人曰：『獨蜀出蒟醬，多持竊出市夜郎。夜郎者，臨牂柯江，江廣百餘步，足以行船。』蒙乃上書說上曰：『南越王黃屋左纛，地東西萬餘里，名為外臣，實一州主也。今以長沙、豫章往，水道多絕，難行。竊聞夜郎所有精兵可得十萬，浮船牂柯，出其不意，此制越一奇也。誠以漢之強，巴、蜀之饒，通夜郎道，為置吏，甚易。』上許之。」《南方草木狀》：「蒟醬，蓽茇也。生於蕃國者，大而紫，謂之蓽茇。生於番禺者，小而青，謂之蒟焉。可以為食，故謂之醬。」**越騎校尉甘泉中**。《漢書·百官表》：「屯兵越騎校尉。」《注》：「越人內附，以為騎也。」《關輔記》：「甘泉宮在今池陽縣西甘泉山，本秦造，漢武建元中增廣之。」劉灣《出塞曲》：「羽書如流星，飛入甘泉宮。」蘇軾詩：「捷書夜到甘泉宮。」**是誰僇殺棄繻者**，《漢書·終軍傳》：「初，軍從濟南當詣博士，步入關，關吏與軍繻。軍問：『以此何為？』吏曰：『為復傳，還當以合符。』軍曰：『大丈夫西遊，終不復傳還。』棄繻而去。軍為謁者，使行

郡國，建節東出關，關吏識之，曰：『此使者乃前棄繻生也。』後南越與漢和親，軍往說越王，越王聽許。越相呂嘉不欲內屬，發兵攻殺其王及漢使者，皆死。」**江淮巴蜀紛來攻。伏波下瀨軍三面，樓船戈船齊教戰。**《南粵王傳》：「元鼎四年，呂嘉反，立明王長男粵妻子術陽侯建德為王。武帝令粵人及江淮以南樓船十萬師往討之。五年秋，衛尉路博德為伏波將軍，出桂陽，下湟水；主爵都尉楊僕為樓船將軍，出豫章，下橫浦；故歸義粵侯二人為戈船、下瀨將軍，出零陵，或下離水，或抵蒼梧；使馳義侯因巴蜀罪人，發夜郎兵，下牂柯江：咸會番禺。六年冬，樓船居東南面，伏波居西北面。攻敗越人。戈船、下瀨將軍兵及馳義侯所發夜郎兵未下，南越已平。遂以其地為儋耳、珠崖、南海、蒼梧、鬱林、合浦、交阯、九真、日南九郡。」**合浦珠崖隸海隅，**《一統志》：「廉州府，秦為象郡地。漢武平南越，置合浦郡。」「又：「瓊州府，漢武平南越，置珠崖、儋耳二郡。」**山薑扶荔移深殿。**《西京雜記》：「元鼎六年，破南越，起扶荔宮，以植所得奇草異木，菖蒲、山薑、桂、龍眼、荔枝、檳榔、橄欖、甘橘之類。」《南方草木狀》：「山薑花莖葉即薑也，根不堪食，於葉間吐花作穗如麥粒，紅色。」又：「破南越，建扶荔宮。扶荔者，以荔枝得名也。」**尉佗城圮夕陽原，**《一統志》：「趙佗城在廣州府城西二十七里，即佗都城也。」**建德園荒秋樹根。**吳萊《南海山水人物古蹟記》：「南越王弟建德故宅，在西城內。吳虞翻移交州時有園池。」杜甫詩：「讀書秋樹根。」**虛傳避暑遊宮闕，**未詳。**幾見浮杯出石門。**《太平御覽》：「《郡國志》曰：『廣州越井岡，一云越王井，言趙佗誤墜酒杯於井，遂浮出石門。故諺曰石門通越井也。』」《元和郡縣志》：「石門水一名貪泉，出廣州南海縣西。」**木棉花開山雨積，**《丹鉛錄》：「南中木棉樹大盈抱，花紅似山茶而蕊黃，花片極厚，實如酒杯，口有綿，可作布。即今之斑枝花。」〔註10〕王士禛〔註11〕《漁洋詩話》：「越王臺枕廣州北城女牆間，皆木棉，花時紅照天外，亦奇觀也。」**鷓鴣啼處蠻煙碧。舊井潛移郭璞城，**未詳。**離宮半入虞翻宅。**《廣東通志》：「光孝寺本越王建德故宅。三國吳虞翻居此以為圃，多植蘋婆、訶子樹，名曰虞苑。」**人事消沉洵可哀，千秋朝漢餘高臺。漢家遺跡不可問，吁嗟乎歌風柏梁安在哉！**《一統志》：「歌風臺在沛縣，漢高帝宴父老於此。」又：「柏梁臺在漢未央宮北闕。」

〔註10〕按：《丹鉛續錄》卷八《木綿》：
 唐李商隱詩：「木綿花發鷓鴣飛。」又，王睿詩：「紙錢飛出木綿花。」南中木綿樹大盈抱，花紅似山茶而蕊黃，花片極厚，非江南所藝者。張勃《吳錄》云：「交阯安定縣有木綿樹，實如酒杯，口有綿，可作布。」案：此即今之斑枝花。雲南阿迷州有之嶺南尤多。汪廣洋有《斑枝花曲》。
〔註11〕「禛」，底本作「正」。

贈張山人穆張字穆之，東莞人，別號鐵橋道人。有《鐵橋山人稿》。

鐵橋山人逸興長，草堂卜築東溪傍。彈棊擊劍有奇術，傅玄《彈棋賦序》：「漢成帝好蹴鞠，劉向以謂勞人體，竭人力，非至尊所宜御，乃因其體作彈棋。今觀其道，蹴鞠道也。」《夢溪筆談》：「彈碁，今人罕為之。有譜一卷，蓋唐人所為。碁局方二尺，中心高如覆盂，其巔為小壺，四角隆起。李商隱詩：『莫近彈碁局，中心最不平』，謂其中高也。白樂天詩：『彈碁局上事，最妙是長斜』，長斜謂抹角斜彈，一發過半局。今譜中具有此法。柳子厚《敘碁》『用二十四棋』者，即此戲也。」飲酒賦詩多樂方。傅毅《舞賦》：「抗音高歌，為樂之方。」逢人豈憚霸陵尉，《漢書·李廣傳》：「嘗夜從一騎出，從人田間飲。還至亭，霸陵尉醉，呵止廣。廣騎曰：『故李將軍。』尉曰：『今將軍尚不得夜行，何故也！』」畫馬不數江都王。《名畫記》：「江都王緒霍，王元軌之子，太宗皇帝猶子也。多才藝，善書畫。鞍馬擅名。」杜甫詩：「國初已來畫鞍馬，神妙獨數江都王。」韓純玉《題張鐵橋畫馬》詩：「鐵橋年已七十五，醉裏踉蹌拔劍舞。餘勇猶令筆墨飛，迅掃驊騮力如虎。」莫道雄心今老去，猶能結客少年場。曹植詩：「結客少年場，報怨洛北邙。」

曝書亭詩錄卷之一終

曝書亭詩錄卷之二〔註1〕

嘉興江浩然孟亭箋注

男壎聲先校

七星巖水月宮《高要舊志》：「七星岩，在瀝湖中，一曰岡台山，一曰圓屋。二十餘里若貫珠引繩，璇璣迴轉。」王士禛〔註2〕《北歸志》：「水月宮在寶陀岩下，中奉摩利支天象。」

　　晨策遵北渚，謝靈運詩：「晨策尋絕屋。」《注》：「策，策杖也。」《詩》：「鴻飛遵渚。」**初暾麗陽崖**。《楚辭》：「暾將出兮東方。」顏混詩：「新興麗初暾。」謝靈運詩：「朝旦發陽崖。」**淒清曾颷發，鬱述素雲霾**。曹植詩：「素雲從北來，鬱述西南征。」鮑照詩：「淒風夏起素雲回。」**橫術越故蹊**，《廣韻》：「術，道也。」《漢書·燕剌王傳》：「橫術何廣廣兮，固知國中之無人。」謝靈運詩：「來人忘新術，去子感故蹊。」**交林冠高齋。蒼煙秀松果**，韓愈詩：「松果連南亭。」**白石崇基階**。謝靈運詩：「積石擁基階。」**以茲清曠地**，《後漢書·仲長統傳》：「欲卜居清曠，以樂其志。」**結念澄中懷**。《南史·宗少文傳》：「名山恐難遍覩，惟澄懷觀道，臥以遊之。」**瑤琴雖無音**，江淹詩：「瑤琴詎能開。」**山水調長諧。何必答歡歌，魚鳥即朋儕**。左思詩：「非必絲與竹，山水有清音。何事待歡歌，灌木自悲吟。」**懷新意猶眷**，謝靈運詩：「懷新道轉回。」**撫往跡誠乖。即事非浮歡**，沈約詩：「即事既多美。」謝靈運詩：「浮歡昧眼前。」**真樂亮難偕**。

入景福洞登璇璣臺王士禛〔註3〕《北歸志》：「七星岩各自離立。出北郭，行七八里，至石室岩，漸入穹窿，如十間屋，天光穿漏，石級斜上，曰璇璣臺。石壁上多唐、

〔註1〕「二」，底本作「一」。
〔註2〕「禛」，底本原作「正」。
〔註3〕「禛」，底本作「正」。

宋人題字，半不可辨。惟東壁『景福』二大字，李北海書。洞門之右，又有北海《石室記》。」

　　紺宇陟既窮，劉長卿詩：「紺宇焚香淨。」**靈域探未竭**。謝靈運詩：「靈域久韜隱。」**援蘿巡傾崖**，謝靈運詩：「援蘿聆青崖。」**窺巖辨修碭**。謝靈運詩：「窺巖不覩景。」**滅跡超重深**，謝靈運詩：「滅跡入雲峰。」張載詩：「願因流波超重深。」**拂衣避硑**論入聲。矼。音兀。《左傳》：「叔向拂衣從之。」郭璞《江賦》：「巨石硑矼以前卻。」《注》：「硑矼，石轉動貌。」**入窞驚坎窖**，《易》：「習坎，入於坎窞。」**出泉自蒙發**。《易》：「山下出泉，蒙。」又：「初六：發蒙。」**洩雲晴未歸**，左思《魏都賦》：「窮岫洩雲。」杜甫詩：「洩雲蒙清晨。」**石火寒不伐**。未詳。**吹萬聆天風**，《莊子》：「夫大塊噫氣，其名為風。吹萬不同，而使其自己也。咸其自取，怒者其誰耶？」**明兩見日月**。《易》：「明兩作離。」**芳塵凝花堂**，謝靈運詩：「芳塵凝瑤席。」**象緯逼金闕**。杜甫詩：「天闕象緯逼。」**陰澗待息心，陽阿足晞髮**。《楚辭》：「晞汝髮兮陽之阿」。**歲晏當來遊，毋令蕙草歇**。《爾雅翼》：「一幹一花而香有餘者，蘭。一幹數花而香不足者，蕙。」耿湋詩：「蕙草芳菲歇。」

峽山飛來寺《一統志》：「峽山在廣州府清遠縣東三十里。舊傳皇帝二庶子採崑崙竹為黃鐘之管，隱於此山。」又：「峽山廣慶寺，一名飛來寺。相傳寺自舒州飛至此。唐有孫恪者，納袁氏女為室。後至峽山寺，袁持一碧玉環獻老僧，僧初不曉，尋有野猿數十捫蘿而躍，袁乃命筆題詩，裂衣化猿而去。老僧方悟昔為沙門時所養者，玉環則胡人施以繫頸者也。」

　　花宮蕭瑟暮雲間，《白帖》：「佛寺曰蓮界花宮。」**絕磴藤蘿迥莫攀**。楊萬里詩：「曉攀絕磴更禁當。」**一自高風留帝子，至今修竹滿空山。澄潭犀去沉金鎖**，《一統志》：「金鎖潭在清遠縣東三十里。相傳秦時崑崙貢犀牛，帶金鎖，走入潭中。晉時有羅公者，釣潭中，收綸得金索，曳之，有犀牛出，掣斷其索，得一尺許。」**古洞猿歸帶玉環**。**此夕登艫渾不寐**，鮑照詩：「登艫眺淮甸。」**更教沿月弄潺湲**。謝靈運詩：「乘月弄潺湲。」

楊歷巖觀瀑布水先生《楊歷巖題名》：「楊歷巖去南雄府治二十里，嵌龍祠於崖半，瀑短而流長，石黝而沙白，有灌木，無穠花，以是遊人罕有過者。」

　　瞻塗越修畛，謝靈運詩：「瞻塗意少惊。」又：「含酸赴修畛。」**遵渚拂芸苔**。《詩》：「苕之華，芸其黃矣。」**駕言陶嘉月**，《詩》：「駕言出遊。」《楚辭》：「陶嘉月兮總駕。」謝惠連詩：「漾舟陶嘉月。」《注》：「陶，樂也。嘉月，謂春月也。」**采**

隱淪氛氲。王季友詩：「采山仍采隱，在山不在深。」**舍車循曲汜**，謝惠連詩：「曲汜薄停旅。」**捫葛升陵喬**。謝靈運詩：「葛弱豈可捫。」沈岳詩〔註4〕：「飛莖秀陵喬。」**柔荑挺英蕊**，《詩》：「手如柔荑。」劉琨詩：「英蕊夏落。」**灌木蔚豐條**。《詩》：「集于灌木。」陸機詩：「豐條並春盛。」**仰沾潺湲沫**，郭璞《江賦》：「揮弄灑珠，拊拂瀑沫。」**俯聆載道飇**。潘岳詩：「瞥若載道飇。」**逝者如斯夫，洊至非崇朝**。《易》：「水洊至，習坎。」**靜觀群化遷，始悟萬象超。一鼓丘中琴**，左思詩：「丘中有鳴琴。」**清響流山椒**。嵇康《琴賦》：「激清響以赴會。」《漢書》：「李夫人歌：『釋予馬於山椒。』」《注》：「椒，巓也。」**鳴鳥聲相求**，《詩》：「嚶其鳴矣，求其友聲。」**潛虬德彌劭**。杜甫詩：「光射潛虬動。」《揚子法言》：「年彌高而德彌劭者，是孔子之徒與？」注：「劭，美也，亦高也。」**願言縶白駒，於焉久逍遙**。《詩》：「皎皎白駒，食我場苗。縶之維之，以永今朝。所謂伊人，於焉逍遙。」

庾嶺三首已見。

不隨野雀棲，《古樂府》：「饑不從猛虎食，暮不從野雀棲。野雀安無巢，遊子為誰驕。」**不挹斜階流**。《一統志》：「斜階水，在南雄府始興縣南一百三十里。」《南史·范雲傳》：「雲為始興守，至修仁水，酌而飲之，賦詩曰：『三楓何習習，五渡何悠悠。且飲修仁水，不挹斜階流。』」**顧茲非我鄉，胡然久滯留**。魏文帝詩：「吳會非我鄉，安得久留滯。」**侵星陟長阜**，鮑照詩：「侵星赴早路。」嵇康詩：「南陵長阜。」**亭午次崇丘**。孫綽《遊天台山賦》：「爾乃羲和亭午。」《注》：「亭，至也。」梁元帝《纂要》：「日在午曰亭午。」**丸丸青松偃**，《詩》：「松柏丸丸。」**鬱鬱玄雲浮**。陸機詩：「玄雲拖朱閣。」**有渰自東來**，《詩》：「有渰萋萋，興雨祁祁。」**畢景忽西遒**。鮑照詩：「畢景逐前儔。」《注》：「畢景，盡日之影也。」《楚辭》：「歲忽忽而遒盡。」**征夫念獨宿，徒御方相尤**。《詩》：「徒御不驚。」顏延之詩：「隱惻徒御悲。」

相尤夫何為，獨宿在車下。《詩》：「敦彼獨宿，亦在車下。」**往矣歲聿除**，《詩》：「昔我往矣，日月方除。曷云其還，歲聿云莫。」**來思月惟夏**。《詩》：「今我來思。」又：「四月惟夏。」**大儀互迴遊**，張華詩：「大儀斡運，天迴地遊。」**芳華兩徂謝**。**迴車感長途，如歲匪遙夜**。謝靈運詩：「孟夏非長夜，晦明如歲隔。」**我馬既已瘏**，《詩》：「我馬瘏矣。」**征夫本靡暇**。**曰旦候雞鳴**，《詩》：「女曰雞鳴，士曰昧旦。」**嚴程起夙駕**。杜甫詩：「嚴程須早到。」《詩》：「星言夙駕。」

〔註4〕按：出潘岳《河陽縣作詩二首》其一。

夙駕踰秦嶺，按：庾嶺在南雄府。南雄，秦屬南海郡。連岡勢透迤。一為愁霖唱，謝瞻詩：「忽獲愁霖唱。」慨彼東山詩。《詩》：「我徂東山，滔滔不歸。我來自東，零雨其濛。」沾我征衣裳，素絲以為緇。陸機詩：「京洛多風塵，素衣化為緇。」不愁裳衣濕，所嗟徒御飢。薄寒忽中人，《楚辭》：「憯悽增欷兮，薄寒之中人。」不異三秋期。言旋雖云樂，翻使我心悲。

喜羅浮屈五過訪《廣東通志》：「羅浮山乃羅山、浮山合體，謂之羅浮。在增城、博羅二縣之境。」

春風蝴蝶飛，綠草南園遍。張協詩：「蝴蝶飛南園。」李白詩：「南園綠草飛蝴蝶。」知是麻姑五色裙，羅浮山下曾相見。《羅浮志》：「仙蝶，仙人綵衣所化，大如盤而五色。」白居易詩：「霞爛麻姑裙。」王士禛〔註5〕《皇華紀聞》：「羅浮蝶，或言鮑姑裙所化。」開門一笑逢故人，遠來問我桃花津。見後《送喬舍人》。若非綠玉杖，李白詩：「手持綠玉杖。」定跨黃麒麟。黃佐《羅浮山圖經》：「麻姑峰，女仙之所集也。有獸焉，麕身狼尾，馬足而黃色，名曰麒麟。或降於麻姑臺。」不然出入京雒一萬里，何為布素無緇塵。見上篇。李益詩：「少游京洛共緇塵。」相知樂莫樂，《楚辭》：「樂莫樂兮新相知。」不用金箱圖五嶽。《漢武內傳》：「帝見西王母巾器中有一卷小黃書，問何書。王母曰：『《五嶽真形圖》也。』其文秘禁。即命女宋靈賓更取一圖以與帝。」又：「帝以王母所授《五真圖》、《靈光經》，及上元夫人所授六甲靈飛十二事，自撰集為一卷，皆奉以黃金之箱，封以白玉之函。」王勃詩：「玉笈三山記，金箱五嶽圖。」況今天地多戰爭，赤城華頂風煙驚。《一統志》：「華頂峰在天台縣東北六十里，高萬丈，絕頂東望滄海，俗稱望海尖。」「赤城」，見後《金華道上》。山陰道士不得見，《法書要錄》：「王羲之性好鵝。山陰曇礦村有道士養好者十餘，王往，求市易。道士言府君若書《道德經》，便合群以奉。羲之為寫畢，籠鵝而歸。」四明狂客誰相迎。《舊唐書‧賀知章傳》：「晚年尤加縱誕，無復規檢，自號四明狂客。」李白《對酒憶賀監》詩：「狂客歸四明，山陰道士迎。」《明一統志》：「四明山在寧波府城西一百五十里。」由拳城南春可惜，《吳地記》：「嘉興縣本號長水縣，秦改由拳縣。」竹石如山水千尺。杜甫詩：「竹石如山不敢安。」從此扁舟范蠡湖，杜甫詩：「從此具扁舟。」《史記‧貨殖傳》：「范蠡乘扁舟，浮於江。」長歌來往裴休宅。「范蠡湖」、「裴休宅」，俱見後《鴛鴦湖櫂歌》。

〔註5〕「禛」，底本作「正」。

祁六坐上逢沈五自注：「沈五配祁夫人湘君善詩。」先生《靜志居詩話》：「祁商作配，鄉里有金童玉女之目。伉儷相重，未嘗有妾媵也。公懷沙日，夫人年僅四十有二，教其二子理孫、班孫，三女德淵、德瓊、德茝，及子婦張德蕙、朱德蓉。葡萄之樹，芍藥之花，題詠幾遍。經梅市者，望若十二瑤臺焉。」按：祁名彪佳，商名景蘭。祁六即班孫，湘君即德茝也。

　　東陽年少沈休文，《南史·沈約傳》：「約字休文。隆昌元年，除吏部郎，出為東陽太守。」浙江金華府，三國吳曰東陽。**五載相思兩地分。今日謝家群從在，**《世說新語》：「王凝之謝夫人既往王氏，大薄凝之。既還謝家，意大不悅。太傅慰釋之曰：『王郎，逸少之子，人身亦不惡，汝何以恨乃爾？』答曰：『一門叔父，則有阿大、中郎。群從兄弟，則有封胡、遏末。不意天壤之中，乃有王郎！』」**青綾障外更逢君。**《晉書·王凝之妻傳》：「凝之弟獻之嘗與賓客談議，詞理將屈。道韞遣婢白獻之曰：『欲為小郎解圍。』乃施青綾步障自蔽，申獻之前議，客不能屈。」

明顯帝〔註6〕**大閱圖為吳金吾國輔賦並序**《明史·神宗本紀》：「神宗顯皇帝諱翊鈞，穆宗第三子也。」《周禮》：「仲冬教大閱，乃陳車徒，如戰之陳。」《左傳》：「大閱，簡車馬也。」

　　萬曆初，太師張文忠公居正秉國，《明史·張居正傳》：「居正字叔大，江陵人。神宗即位，代高拱為首輔。卒諡文忠。」**勸駕大閱。時兵部尚書吳公兌實典禁旅，**《玉海》：「五營勁旅，七萃神兵。」**俾圖以傳子孫。錦衣都督同知國輔，尚書曾孫也，出以觀客。圖長三丈餘，內自宮闕，外至陵寢，極於沙漠止焉。繇是萊陽宋琬** 宋觀察荔裳，順治丁亥進士。**作賦，南昌王猷定** 字于一。**作記，而彝尊作詩以述之。**先生《靜志居詩話》：「江陵以奪情為清議所不容，然能自任天下之重。定陵沖年請大閱京營之士，時掌中樞者，山陰吳尚書兌也。尚書繪圖藏之家，予曩從尚書孫錦衣使國輔處見之。及戚武毅鎮薊，大臣行邊簡閱士馬，隨上功狀，疏恩晉秩，烽火不徹於甘泉者一十五年。江陵之秉國成，可謂安不忘危，得制治保邦之要矣。」

　　神廟垂衣日，《易》：「垂衣裳而天下治。」**江陵總百官。揆文先奮武，**《書》：「三百里揆文教，二百里奮武衛。」**慮亂本居安。殿上蕭何履，**《漢書·蕭何傳》：「賜帶劍履上殿，入朝不趨。」**朝中貢禹冠。**《漢書·王吉傳》：「吉與貢禹為友，世稱『王陽在位，貢禹彈冠』，言其取捨同也。」**孫通明禮樂，**《漢書·叔孫通傳》：

〔註6〕「明顯帝」，《曝書亭集》作「顯皇帝」。

「通曰：『臣願徵魯諸生，與臣弟子共起朝儀。』高帝曰：『得無難乎？』通曰：『五帝異樂，三王不同禮。禮者，因時世人情為之節文者也。臣願頗采古禮與秦儀雜就之。』」**方叔涖師干。**《詩》：「方叔涖止，其車三千，師干之試。」**駕馭英雄在，**《吳志・張昭傳》：「夫人君者，謂能駕馭英雄，驅使群賢。」杜甫詩：「君王有神武，駕馭必英雄。」**超騰士馬驤。車徒看翼翼，禁旅尚桓桓。**《書》：「尚桓桓，如虎如貔，如熊如羆。」**畫史真能事，**《莊子》：「宋元君將畫圖，眾史皆至。」杜甫《戲題王宰畫山水圖歌》：「能事不受相促迫。」**披圖得巨觀。**鈕世楷注：「王濟詩：『皇居偉則，芳園鉅觀。』」**丹青營顧愷，**《歷代畫品》：「畫有六法。五曰經營位置。」杜甫《丹青引》：「詔謂將軍拂絹素，意匠慘澹經營中。」《晉書・顧愷之傳》：「愷之，字長康。善丹青，謝安深重之，以為有蒼生以來未之有也。」杜甫詩：「顧愷丹青列。」**宮室擬胡寬。**《西京雜記》：「太上皇徙長安，居深宮，悽愴不樂。高祖乃作新豐，移諸故人實之，太上皇乃悅。高祖少時，常祭枌榆之社。及移新豐，亦還立焉。高帝既作新豐，並移舊社衢巷、棟宇物色，惟舊士女老幼相攜路首，各知其室，放犬羊雞鴨於通塗，亦競識其家，其匠人吳寬所營也。移者皆悅其似而德之，競加賞贈。」**歷歷開城闕，高高疊井榦。**《漢書・郊祀志》：「武帝立井榦樓，高五十丈。」《注》：「積木而高為樓，若井榦之形也。井榦者，井上木欄也。」張衡《西京賦》：「井榦疊而百層。」**虛無凌倒影，**揚雄《甘泉賦》：「歷倒影而絕飛梁。」《注》：「倒影，氣去地四千里。」**縹緲結重欒。**張衡《西京賦》：「結重欒以相承。」《注》：「欒，柱上曲木，兩頭受櫨者。」**太液波還靜，長楊露未乾。**柳惲詩：「太液滄波起，長楊高樹秋。」**粧樓原自鑠，**高士奇《金鰲退食筆記》：「瓊華島在太液池中，從承光殿北度石樑至島。其巔古殿，相傳本遼太后梳粧樓。歷金、元、明皆有宮殿，為遊觀之地。」李崆峒詩：「洗妝樓檻外，方湖盡不流」，蓋指此也。**圓殿不禁寒。**《金鰲退食筆記》：「承光殿在金鼇玉蝀之東，圍以圓城，設以睥睨，自兩披洞門而升，中構金殿，穹窿如蓋，華榱綺牖，旋轉迴環，俗曰圓殿。李文達《賜遊西苑記》云：『圓殿巍然高聳曰承光，北望山峰，嶙峋崒嵂；俯瞰池波，蕩漾澄澈。山水之間，千姿萬態，莫不呈奇獻秀於几緫之前。』」**仙仗移平樂，**王維詩：「畫鷁移仙仗。」曹植詩：「歸來宴平樂。」《注》：「平樂，觀名。」**霓旌擁上蘭。**司馬相如《上林賦》：「拖霓旌，靡雲旗。」《三輔黃圖》：「上林有上蘭館。」**忽驚千騎並，旋訝六營團。**鈕世楷注：「李庾《西都賦》：『天子穆清，環衛陳兵。將軍之號，三蕃六營。』」**作氣陳金鼓，**《左傳》：「一鼓作氣。」**前驅建玉鑾。**《詩》：「為王前驅。」《說文》：「人君乘車，四馬鑣，八鑾鈴，

象鸞鳥聲，和則敬也。」沈約詩：「宴鎬鏘玉鑾。」**輕雲承翠蓋**，潘岳《哀永逝文》：「雲霏霏兮承蓋。」《古樂府》：「翠蓋空踟躕。」**麗日表朱竿**。揚雄《羽獵賦》：「靡日月之朱竿。」**遂列堂堂陣**，《黃帝山軍訣》：「是謂堂堂之陣，整整之旗。」**爰升將將壇**。《漢書·韓信傳》：「陛下不能將兵而善將將。」**小侯班四姓**，《後漢書·明帝紀》：「永平九年，為四姓小侯開立學校，置五經師。」《注》：「袁宏《漢紀》曰：『永平中，為外戚樊氏、郭氏、陰氏、馬氏諸子弟立學，號四姓小侯，置五經師，以非列侯，故曰小侯。』」**大閱用三單**。《詩》：「其軍三單。」**紫燕雙絲絡**，《西京雜記》：「文帝自代來，有良馬九匹，其一曰紫燕騮。」《昭陵六馬贊》：「紫燕超躍。」張鷟詩：「青絲駱馬黃金勒。」**花驄七寶鞍**。《明皇雜錄》：「上所乘馬，有玉花驄、照夜白。」《天寶遺事》：「明皇在蜀，以七寶鞍賜張後，李泌請分賜將士。」**呈能群角觝**，《漢書·武帝紀》：「元封三年春，作角抵戲，三百里內皆來觀。」《注》：「名此樂為角抵者，兩兩相當，角力角技藝射御，故名角抵，蓋雜技樂也。」「抵」，俗作「觝」。**教射集星弁**。高啟詩：「時巡抗霓旌，肆覲冠星弁。」《正字通》：「弁又音盤，與槃、般通。《禮記·冠禮》，鄭《注》：『弁，名出於槃。槃，大也，所以自寬大。』」**觶飲籌無算**，《禮》：「尊者舉觶，卑者舉角。」張衡《西京賦》：「羽觴行而無算。」**鐃歌曲漸闌**。蔡邕《禮樂志》：「漢樂四品。其四曰短簫鐃歌，軍樂也。」**行知塵冉冉，歸想佩珊珊**。杜甫詩：「時聞雜珮聲珊珊。」**遠勢工尤極**，杜甫《戲題王宰畫山水圖歌》：「尤工遠勢古莫比。」**平原繪更難。蕭疎連板屋**，《詩》：「在其板屋。」**迢遞出峰巒。百里生毫末，諸陵望鬱盤**。見後《來青軒》。**薊門無堠火**，《水經注》：「武王封堯後於薊，今城內西南隅有薊丘，因名薊門。」「堠火」，見後《送曹侍郎》。**函谷有泥丸**。《漢書注》：「函谷，今桃林縣洪溜潤是也。」《後漢書·隗囂傳》：「囂據天水，王元說囂曰：『東收三輔之地，請以一丸泥為大王東封函谷關，此萬世一時也。』」**元老謀猶壯**，《詩》：「方叔元老，克壯其猶。」**諸孫手澤完**。《禮》：「父沒而不能讀父之書，手澤存焉耳。」**錦題探篋笥**，見後《竹爐聯句》。**湘簟展琅玕**。杜甫詩：「留客夏簟青琅玕。」注：「詩家多以琅玕比竹。青琅玕特形容竹簟之美耳。」**對此成希覯，因之感萬端。雨煙飛蜀錦**，見後《汪舍人以丁娘子布見贈》。**霜雪皎齊紈**。班婕妤《怨歌行》：「新制齊紈素，皎潔如霜雪。」**賦愧王延壽**，《後漢書·王逸傳》：「子延壽，有儁才。少游魯國，作《靈光殿賦》。後蔡邕亦造此賦，未成，及見延壽所為，甚奇之，遂輟翰而已。」**謠同梁伯鸞**。《後漢書·梁鴻傳》：「鴻字伯鸞。東出關，過京師，作《五噫之歌》，曰：『陟彼北芒兮，噫！顧瞻帝京兮，

噫！宮室崔嵬兮，噫！人之劬勞兮，噫！遼遼未央兮，噫！』」趙至《與嵇茂齊書》：「梁生適越，登嶽長謠。」**儀章長在目，珍重歲時看。**

飲吳生理楨宅

吳郎愛客解千齡，《古樂府》：「東平劉生，復感人情。與郎相知，當解千齡。」**勸飲青絲挈玉餅。**岑參詩：「壚頭青絲白玉餅，別時相顧酒如傾。」陸游詩：「青絲玉餅挈新釀。」**落日兒童齊拍手，**李白《襄陽歌》：「落日欲沒峴山西，倒著接䍦花下迷。襄陽小兒齊拍手，攔街爭唱白銅鞮。傍人借問笑何事，笑殺山翁醉似泥。」**過江三日幾曾醒。**《世說新語》：「周顗夙德雅重，深達危亂。過江積年，恒大飲酒，嘗經三日不醒，時人謂之『三日僕射』。」

雜詩三首 《文選注》：「李善曰：『雜者，不拘流例，遇物即言。』李周翰曰：『興致不一，故云雜詩。』」

滔滔東流水，中有西上魚。《古樂府》：「當復思東流之水，必有西上之魚。」**素鬐揚洪濤，**潘岳《西征賦》：「華魴躍鱗，素鱮揚鬐。」張衡《西京賦》：「起洪濤而揚波。」**騰決勢有餘。雲霧生晦冥，**杜甫詩：「雲霧晦明方降靈。」**川嶽助吹噓。白龍未變服，胡然愁豫且。**《說苑》：「吳王欲從民飲酒，伍子胥諫曰：『昔白龍下清泠之淵，化為魚，漁者豫且射中其目。白龍上訴天帝。天帝曰：當是之時，若安置而形？』白龍對曰：『我下清泠淵，化為魚。天帝曰：魚，故人所射也。豫且何罪？夫白龍，天帝貴畜也；豫且，宋國之賤臣也。白龍不化，豫且不射。今棄萬乘之位而從布衣之士飲酒，臣恐其有豫且之患矣。』王乃止。」張衡《東京賦》：「白龍魚服，見困豫且。」**亮無圖南志，終返北溟居。**《古詩》：「亮無晨風翼。」《莊子》：「北溟有魚，其名為鯤。鯤之大，不知其幾千里也。化而為鳥，其名為鵬。鵬之背，不知其幾千里也。怒而飛，其翼若垂天之雲。背負青天而莫之夭閼者，而後乃今將圖南。」

鷄鷗本大鳥，海處揚波濤。何意天風來，吹之入魯郊。《國語》：「海鳥曰爰居，止於魯東門之外二〔註7〕日，展禽曰：『今茲海其有災乎？夫廣川之鳥獸，恒知而避其災也。』是歲也，海多大風。」**鏘鏘鍾鼓鳴，昂首思扶搖。**《莊子》：「昔者有鳥，止於魯郊。魯君悅之，為具大牢以饗之，奏《九韶》以樂之。鳥乃始憂悲眩視，不敢飲食。」江淹詩：「《咸池》響鍾鼓，爰居或愁辛。」李白詩：「海鳥知天風，

〔註7〕「二」，《魯語上》作「三」。

竄身魯門東。臨觴不能飲，矯翼思凌空。」《莊子》：「鵬之徙於南溟也，水擊三千里，
摶扶搖而上者九萬里。」《爾雅》：「扶搖謂之猋。」《注》：「風自下而上。」青雲鎩其
翮，謝瞻詩：「鎩翮周數仞。」烈風焚其巢。先時方笑言，後至斯號咷。《易》：
「鳥焚其巢。旅人先笑後號咷。」

騏驥服鹽車，《楚辭》：「乘騏驥以馳騁兮。」《戰國策》：「夫驥之齒至矣，服鹽
車而上太行。蹄申膝折，尾湛胕潰，漉汁灑地，白汗交流，外阪遷延，負轅而不能上。』」
獼猴騎土牛。《〈魏志·鄧艾傳〉注》：「鍾會〔註8〕調周泰：『君釋褐登宰府，三十
六日擁麾蓋，守兵馬，郡乞兒乘小車，一何駛乎！』泰曰：『君，名公之子，少有文采，
故守吏職，獼猴騎土牛，又何遲也！』」於心徒欲速，為計苦不周。白洋既覆
粟，未詳。大行亦傾軸。《後漢書·皇后紀·論》：「傾軸繼路。」擇術昧先幾，
駱賓王《為徐敬業討武氏檄》：「坐昧先幾之兆。」焉能獲所求。

寄屈五金陵 見前秣陵。

新從白蓮社，《樂邦文類》：「晉、宋間，廬山慧遠化行潯陽，高人逸士輻輳於
東林，皆願結香火。時雷次宗、宗炳、張詮、劉遺民、周續之等，共結白蓮華社。」
舊事紫陽君。《事文類聚》：「紫陽真人周義山入蒙山，遇羨門子，乞長生訣。羨門
子曰：『子名在丹臺石室之中，何憂不仙？』」鄭谷詩：「終期掃壇級，來事紫陽君。」
貽我群仙詠，全勝十賚文。《陶隱居內傳》：「授門人陸敬遊十賚，為棲隱處士。」
風濤揚子渡，《一統志》：「大江在江寧府界者凡二百餘里，名揚子江。」松柏蔣陵
雲。《白帖》：「建康東北十里有鍾山，舊名金山。漢末，金陵尉蔣子文討賊，戰亡，
靈發於山。因立蔣侯祠焉，號曰蔣山。」《吳志·孫權傳》：「權薨，葬蔣陵。」山謙之
《丹陽記》：「孫權葬蔣山南，因山為名，號曰蔣陵。」共有山棲志，題書報爾聞。
杜甫詩：「題書報旅人。」

過筏公西谿精舍懷羅浮屈五留白下聯句 〔註9〕《江南通志》：「白下城在江
寧府西北一十四里。」

為愛精廬好，海寧朱一是近修。《世說新語》：「何子季與周彥倫同時精信佛法，

〔註8〕按：非鍾會，乃鍾毓。《魏書》二十八《鄧艾傳》，裴松之《注》：
　　《世語》曰：「泰頻喪考、妣、祖，九年居喪，宣王留缺待之，至三十六日，
　　擢為新城太守。宣王為泰會，使尚書鍾毓調泰：『君釋褐登宰府，三十六日擁
　　麾蓋，守兵馬郡；乞兒乘小車，一何駛乎？』」
〔註9〕《曝書亭集》無「聯句」。

子季別立精廬。」還從勝侶探。嘉興屠爌闓伯。江總《棲霞寺碑頌》:「名僧宴息,勝侶薰修。」連山藏碉戶,屠焯昭仲。孔稚圭《北山移文》:「碉戶摧絕無與歸。」百頃漾風潭。嘉興李鏡明遠。杜甫詩:「百頃風潭上。」暇日同看竹,嘉興周篔青士。見後《竹爐聯句》。終朝罷採藍。嘉興繆永謀天自。《詩》:「終朝采藍。」汀洲縈曲岸,嘉興鄭玥隨始。空翠入層嵐。嘉興沈進山子。靜聽蓮花漏,爌尊。《國史補》:「越僧僧澈得蓮花漏於廬山。傳江西觀察使韋丹,以惠遠山中不知刻漏,乃使銅葉製器,狀如蓮花。置盆水之上,底孔漏水,半之則沉。每畫夜十二沉,為行道之節。雖冬夏短長,雲陰月黑,無所差也。」幽尋燕子龕。嘉興李繩遠斯年。王維《燕子龕禪師》詩:「山中燕子龕,路劇羊腸惡。」林泉訪支遁,李良年武曾。見後《懷上方山》。晨夕過劉惔。李符分虎。《晉書·劉惔傳》:「惔字真長。雅善言理。簡文帝初作相,與王濛並為談客。時孫盛作《易象妙於見形論》,帝使殷浩難之,不能屈。帝曰:『使真長來,故應有以制之。』乃迎惔。至,便與抗答,辭甚簡至,盛理遂屈。」慧業知相似,一是。《世說新語》:「孟顗事佛精懇,而為謝靈運所輕。嘗謂顗曰:『得道應須慧業文人。卿生天當在靈運前,成佛必在靈運後。』」玄言試共參。爌。香雲浮貝葉,焯。《大業雜記》:「新翻經從外國來,用貝多樹葉,橫作行書。」松火照金函。鏡。陸渾《燕閒錄》:「深山老松有油者如蠟,山西人多以代燭,謂之松明,頗不畏風。」蘇軾詩:「夜燒松明火。」《雲笈七籤》:「書以南和之繒,封以金英之函。」坐起頻移榻,篔。遲留此盍簪。永謀。《易》:「朋盍簪。」漫須觀露槿,玥。且與薦霜柑。進。韓彥直《橘錄》:「黃柑位在綠橘上,始霜之旦,園丁採以獻。」米芾詩:「玉破鱸魚霜破柑。」高興雖云洽,爌尊。王勃詩:「興洽林塘晚。」離懷總不堪。繩遠。同心方遠道,良年。輟櫂復停驂。符。謝朓詩:「停驂我悵望,輟棹子夷猶。」澤畔吟應數,一是。見前《夏日閒居》。淹中臥未甘。爌。《漢書·藝文志》:「《禮》古經者出於魯淹中。」《注》:「淹中,里明也。」飄零曾薊北,焯。棲泊又江南。鏡。赤羽紛傳檄,篔。《家語》:「子路曰:『願得白羽如月,赤羽如日。』」青鞵孰荷擔。永謀。石城秋草積,玥。見後《別杜濬》。瓜步夕陽含。進。《江南通志》:「瓜步在揚州府儀真縣西七十里。其狀如瓜,臨江峭絕。」佳訊憑誰寄,爌尊。端居祇自慙。繩遠。西飛有孤鶴,良年。天末望蘇耽。符。《神仙傳》:「蘇仙公,桂陽人。昇雲而去。後有白鶴來止郡城樓上,人或彈之。鶴以爪書曰:『城郭是,人民非,三百甲子一來歸。吾是蘇君,彈我何為?』」《洞仙傳》謂仙公即蘇眈也。

長歌贈繆永謀

古來詩篇勢奔軼，《莊子》：「顏淵曰：『夫子步亦步，趨亦趨。夫子奔軼絕塵，而回瞠乎若後矣。』」任華詩：「古來文章有奔軼。」後有李杜前曹劉。《唐書‧杜甫傳》：「少與李白齊名，號李杜。」鍾嶸《詩品》：「曹劉殆文章之聖。」曹，曹植。劉，劉楨也。嗚呼大雅不可作，李白詩：「大雅久不作。」吾生懷抱將何酬。豈無和歌三五人，出處殊塗終見尤。張載詩：「出處雖殊塗。」南村繆子高世士，晚來同氣心相求。《易》：「同氣相求。」商歌時時出金石，《莊子》：「曾子曳縰而歌《商頌》，聲滿天地，若出金石。」佳句往往窮冥搜。裴說詩：「冥搜不易得，一句至公知。」遠如蘇卿去絕國，《漢書‧蘇武傳》：「武字少卿。天漢元年，武帝遣武以中郎將，使持節送匈奴使留在漢者。」又，《武帝紀》：「其令州郡察吏民有茂材異等可為將相及使絕國者。《注》：「絕遠之國，謂聲教之外。」靜如王粲登高樓。《魏志‧王粲傳》：「粲字仲宣。避亂荊州，依劉表，遂登江陵城樓，因懷歸而作賦，述其進退危懼之情。」黯如寧戚怨長夜，《琴操‧寧戚飯牛歌》：「南山矸，白石爛。生不逢堯與舜禪，短布單衣適至骭。從昏飯牛暮夜半，長夜漫漫何時旦。」凜如宋玉悲清秋。宋玉《九辨》：「悲哉，秋之為氣也！」又：「皇天平分四時兮，竊獨悲此凜秋。」幽篁窈窕山鬼泣，屈原《九歌‧山鬼篇》：「若有人兮山之阿，被薜荔兮帶女羅。既含睇兮又宜笑，子慕予兮善窈窕。乘赤豹兮從文貍，辛夷車兮結桂旗。被石蘭兮帶杜衡，折芳馨兮遺所思。餘處幽篁兮終不見天，路險難兮獨後來。」杜甫詩：「詩成泣鬼神。」風簾飄忽湘娥愁。謝朓詩：「風簾入雙燕。」杜甫《蘇大侍御訪江浦》詩：「龐公不浪出，蘇氏今有之。再聞誦新作，突過黃初詩。乾坤幾反覆，揚馬宜同時。今晨清鏡中，勝食齋房芝。余髮喜卻變，白間生黑絲。昨夜舟火滅，湘娥簾外悲。百靈未敢散，風破寒江遲。」而我有時忽惆悵，任華詩：「而我有時白日忽欲睡。」李白詩：「有時忽惆悵。」滿堂歎息不得休。禰衡昔遭黃祖怒，《後漢書‧禰衡傳》：「衡慢於表，表恥不能容，以江夏太守黃祖性急，故送衡與之。後黃祖在蒙衝船上，大會賓客，而衡言不遜順。祖慚，乃訶之。衡更熟視曰：『死公云等道。』祖大怒，令五百將出，欲加箠。衡方大罵，祖恚，遂令殺之。」阮籍亦為群公讎。《晉書‧阮籍傳》：「禮法之士，疾之若讎。」文章有神翻見忌，杜甫詩：「文章有神交有道。」投筆焚硯誠良謀。《後漢書‧班超傳》：「嘗輟業投筆歎曰：『大丈夫無他志略，猶當效傅介子、張騫立功異域，以取封侯，安能久事筆硯間乎？』」《晉書‧陸機傳》：「弟雲嘗與書曰：『君苗見兄文，欲焚筆硯。』」君不見自從禹鼎沉泗水，《史記‧封禪書》：「秦滅周，九鼎入於秦。或曰宋太邱社亡，而鼎沒於泗水

彭城下。」**魑魅魍魎盈中州**。見前《謁大禹陵》。**鄉黨少年弄文墨**，李陵《答蘇武書》：「使刀筆之吏弄其文墨耶？」**閭閻小子盛交遊**。**赤雞白狗信盟誓**，《北戶錄》：「越人每相交作壇，祭以白犬丹雞，盟曰：『卿若乘車我戴笠，後日相逢下車揖。我若步行君乘馬，後日相逢馬當下。』」李白詩：「羞逐長安社中兒，赤雞白狗賭梨栗。」《周禮》：「約信曰誓，刑牲曰盟。」**翻雲覆雨生戈矛**。杜甫《貧交行》：「翻手作雲覆手雨，紛紛輕薄何須數。」**罵坐無端肆睚眥**，《史記·田蚡列傳》：「武安侯召長史曰：『今日召宗室，有詔劾灌夫罵坐不敬。』」又，《范雎列傳》：「睚眥之怨必報。」**笑人當面比俳優**。杜甫詩：「晚將末契託年少，當面輸心背面笑。」《漢書·東方朔傳》：「朔好詼諧，武帝以俳優畜之。」韓愈《答崔立之書》：「禮部有以博學宏詞選者，乃類於俳優者之詞。」**男兒落魄眾所侮**，見前《漫感》。**薄俗炎涼何足羞**。李白詩：「榮枯異炎涼。」**危冠側注亦常事**，左思《吳都賦》：「危冠而出，竦劍而入。」《後漢書·輿服志》：「高山冠，一曰側注。制如通天，不邪卻，直豎，無山述展筩。中外官、謁者、僕射所服。」**擊筑吹簫非下流**。《史記·刺客傳》：「荊軻至燕，愛燕之狗屠及善擊筑者高漸離。酒酣以往，高漸離擊筑，荊軻和而歌於市中。」《戰國策》：「伍子胥鼓腹吹簫，乞食於吳市。」「**逢時便擬取卿相，失意亦復輕王侯**。**燕雀寧知慕鴻鵠**，《漢書·陳勝傳》：「勝少時，嘗與人傭耕，輟耕之壟上，悵恨甚久，曰：『苟富貴，無相忘。』傭者笑而應曰：『若為傭耕，何富貴也？』勝太息曰：『嗟乎！燕雀安知鴻鵠之志哉！』」**蟪蛄僅足誇蜉蝣**。《莊子》：「蟪蛄不知春秋。」《注》：「春生者夏死，夏生者秋死，故不知春秋。」《爾雅》：「蜉蝣，渠略。」《注》：「蜉蝣聚生糞中，朝生暮死。」**與君狂走出門去，大笑傍人非我儔**。李白詩：「仰天大笑出門去，我輩豈是蓬蒿人。」

同曹侍郎遙和王司理士禛〔註10〕秋柳之作

曹名溶，字鑒躬，號秋岳，嘉興人。明崇禎〔註11〕丁丑進士。官戶部侍郎。王字貽上，號阮亭，新城人。順治乙未進士，官刑部尚書。王士禛〔註12〕《菜根堂詩集序》：「順治丁酉秋，予客濟南。諸名士雲集明湖。一日，會飲水面亭，亭下楊柳千餘株，披拂水際。葉始微黃，乍染秋色，若有搖落之態。予悵然有感，賦詩四章。」又，《漁洋詩話》：「余少在濟南明湖」水面亭賦《秋柳》四章，一時和者甚眾。後三年，官揚州，則江南北和者，前此已數十家。閨秀亦多和作。」

〔註10〕「禛」，底本原作「正」。
〔註11〕「禎」，底本原作「正」。
〔註12〕「禛」，底本原作「正」。

回首秦川落照殘，《長安志》：「《三秦記》曰：『長安正南秦嶺，嶺根水流為秦川。』」西風遠影對巉岏切。岏。五丸切。李白《憶秦娥》詞：「西風殘照，漢家陵闕。」宋玉《高唐賦》：「盤岸巉岏。」」城頭霜月從今白，笛裏關山祇自寒。杜甫詩：「三年笛裏關山月。」又：「關山空自寒。」亡國尚憐吳苑在，《漢書·枚乘傳》：「乘說吳王曰：『修治上林，雜以離宮，積聚玩好，圈守禽獸，不如長洲之苑。』」《注》：「服虔曰：『吳苑。』孟康曰：『以江水洲為苑也。』韋昭曰：『長洲，在吳東。』」行人只向灞陵看。《三輔黃圖》：「文帝灞陵在長安城東。灞橋，跨水作橋，漢人送客至此橋，折柳贈別。」王粲詩：「還登灞陵岸，回首望長安。」李白《憶秦娥》詞：「年年柳色，灞陵傷別。」春來已是傷心樹，劉庭芝詩：「可憐楊柳傷心樹。」猶記青青送玉鞍。

和曹使君憶姚州酒歌二首《浙江通志》：「紹興府餘姚縣，唐置姚州，後州廢，仍復為縣，屬越州。」

姚州白酒白於泉，醉客何論三百錢。杜甫詩：「速宜相就飲一斗，恰有三百青銅錢。」十月糟牀初滿注，杜甫詩：「豫知秋黍收，已覺糟床注。」莫教焚卻子猷船。《世說新語》：「王子猷居山陰，夜大雪，眠覺，開室，命酌酒。四顧皎然，因起仿偟，詠左思《招隱詩》。忽憶戴安道。時戴在剡，即便夜乘小船就之。經宿方至，造門不前而返。人問其故，王曰：『吾本乘興而行，興盡而返，何必見戴？』」李白詩：「乘興嫌太遲，焚卻子猷船。」

曹娥江口晚潮低，《一統志》：「曹娥江在紹興府城東南七十里。」兩槳春船入會稽。最憶黃冠攲倒日，《禮》：「野夫黃冠。」夕陽山色鑑湖西。《浙江通志》：「鏡湖在紹興府城南三里，亦名鑑湖。」

別杜濬 杜字于皇，號茶村，黃岡人。

石城烽火後，《江南通志》：「石頭城在江寧府，即今石城門。」孤客轉浮沉。乞食來吳市，見前《長歌》。王士禛〔註13〕《漁洋詩話》：「杜茶村濬，初名詔。先僑居金陵，貧甚，屢客廣陵。」為園失漢陰。杜甫詩：「為園須似邵平瓜。」儲光羲詩：「逸士漢陰園。」《莊子》：「子貢南遊於楚，過漢陰，見一丈人方將為圃畦，抱甕而出灌，搰搰然用力甚多而見功寡。子貢曰：『有械於此，一日浸百畦。』為圃者曰：『奈何？』曰：『鑿木為機，後重前輕，挈水若抽，其名為槔。』為圃者曰：『吾聞之

〔註13〕「禛」，底本原作「正」。

吾師：有機械者必有機事，有機事者必有機心。吾非不知，羞而不為也。』」**襄陽耆舊傳**，《唐書・藝文志》：「習鑿齒《襄陽耆舊傳》五卷。」**荊楚歲時心**。《唐書・藝文志》：「宗懍《荊楚歲時記》一卷。杜公瞻《荊楚歲時記》二卷。」**還復扁舟去，淒其洛下吟**。宋明帝《文章志》：「謝安能作洛下書生詠，而少有鼻病，語音濁，後名流多敩其詠，弗能及，手掩鼻而吟焉。」

寄表弟查容　查字韜荒，海寧人。

　　查容倜音惕。**倘無與儔，頻年題詩黃鶴樓**。蔣一葵《唐詩選箋釋》：「李白過武昌，見崔顥《黃鶴樓》詩，歎服還，不復作，去而賦《金陵鳳凰臺》。其後一禪僧用此事作偈云：『一拳搥碎黃鶴樓，一腳踢翻鸚鵡洲。眼前有景道不得，崔顥題詩在上頭。』」《一統志》：「黃鶴樓在武昌府城西南隅黃鶴磯上，世傳仙人子安乘黃鶴過此。」**一朝攜家忽西下，掛席遠返荊門舟**。木華《海賦》：「揚微綃，掛帆席。」謝靈運詩：「掛席拾海月。」《一統志》：「荊門山在荊門州南五里。」盛弘之《荊州記》：「郡西泝江六十里，南岸有山，名曰荊門。上合下開，達山南，有門形，故名。」**平生與予未相識，相逢意氣何相投。往時寒食一百五**，宗懍《荊楚歲時記》：「去冬節一百五日即有疾風甚雨，謂之寒食，禁火三日。據曆，合在清明前二日。亦有去冬至一百六者。《琴操》云：『晉文公與介子綏俱亡。子綏割股以啖文公。文公復國，子綏獨無所得。子綏作龍蛇之歌而隱。文公求之，不肯出，乃爇左右木。子綏抱木而死。文公哀之，令人五月五日不得舉火。』又，周舉《移書》及魏武《明罰令》、陸翽《鄴中記》並云：『寒食斷火，起於子推。』《琴操》所云子綏，即推也。又云：『五月五日，與今有異，皆因流俗所傳。』據《左傳》及《史記》，並無介子推被焚之事。案《周書・司烜氏》：『仲春以木鐸循火，禁於中國。』《注》云：『為季春將出火也。』今寒食準節氣，是仲春之末，清明是三月之初。然則禁火，蓋周之舊制。」**鬥雞要我東城遊**。陳鴻祖《東城父老傳》：「玄宗在藩邸時，樂民間清明節鬥雞戲。及即位，治雞坊於兩宮間，索長安雄雞千數，養於雞坊。」**東城春寒吹細雨**，杜甫詩：「江上誰家桃李枝，春寒細雨出疏籬。」**留我南軒長夜語。坐中陳**自注：光縡。〔註14〕**吳**自注：統持。**十數公，一時傾倒相矜許。呼僮將炙襄陽兒**，杜甫詩：「紫衣將炙緋衣走。」李白詩：「山公欲上馬，笑殺襄陽兒。」**喚婢監廚大堤女**。《後漢書・禰衡傳》：「稚長可使監廚請客。」《襄陽志》：「古蹟有大堤城，即郡城也。」《古今樂錄》：「《襄陽樂》者，宋隨王誕之所作也。誕為襄陽郡，夜聞諸女歌謠，因作曲云：『朝發

〔註14〕《曝書亭集》作「光縡」。

襄陽城，暮至大堤宿。大堤諸女兒，花豔驚郎目。」**盤中尚進武昌魚**，《吳志‧陸凱傳》：「童謠言：『寧飲建業水，不食武昌魚。』」馬祖常詩：「南遊莫忘武昌魚。」**甕頭更出宜城醅**。曹植《酒賦》：「有宜城濃醪，蒼梧漂清。」《漢書書‧郡國志》：「宜城故城屬荊州南郡。」《寰宇記》：「大堤城即今宜城縣城也。」《國史補》：「酒則宜城之九醞。」**別來幾月不相聞，聞道新詩更軼群。九日登高還落帽**，《續齊諧記》：「費長房謂桓景曰：『九月九日，汝家中當有災異，急令家人縫絳囊，盛茱萸，繫臂上，登高飲菊花酒，其禍可銷。』景從其言，舉家登山。夕還，雞犬一時暴死。」《晉書‧孟嘉傳》：「為桓溫參軍。九月九日，遊龍山，僚佐畢集。嘉醉，風吹落帽而不知覺。溫使左右勿言，欲觀其所措。及如廁，溫令孫盛作文嘲之，置坐處。嘉還見之，其答文甚美。」**三秋對酒定論文**。杜甫詩：「何時一尊酒，重與細論文。」**由拳城西白日短**，見前《喜羅浮屈五過訪》。李白詩：「白日何短短。」**寒風淒淒雪纂纂**。《古樂府》：「棗下何纂纂。」**舟楫傳君數往來，音書未得通情款。妻子猶從廡下居**，《後漢書‧梁鴻傳》：「鴻適吳，依皋伯通，居廡下，為人賃舂。妻具食，舉案齊眉。伯通異之，曰：『彼傭能使其妻敬之如此，非凡人也。』乃舍之於家。」**朋簪尚遣堂中滿**。《易》：「朋盍簪。」**年來我亦善留賓，千金散盡空一身。不知生產緣何事**，《漢書‧高祖紀》：「不事生產。」**仍復飢寒傍路人。只今交道非疇昔，論心那得同金石**。《漢書‧韓信傳》：「項王使武涉往說信曰：『今足下雖自以為與漢王為金石交，然終為漢王所禽矣。』」**空手徒令壯士慚**，李白詩：「空手無壯士，窮居使人低。」張籍詩：「君不見床頭黃金盡，壯士無顏色。」**因人遠道非長策**。杜甫詩：「因人作遠遊。」**勸君有錢須愛惜，楊朱岐路見不悲**，《淮南子》：「楊朱見歧路而泣之，謂其可以南可以北。」**阮籍窮途慟何益**。見前《送林佳璣》。

古意二首

涼秋八九月，李陵《答蘇武書》：「涼秋九月。」虞羲詩：「涼秋八九月。」**遊子當遠行。寫心未及竟，轅馬顧我鳴**。李陵詩：「轅馬顧悲鳴。」**我車駕君馬，我馬駕君車。徘徊四野中，執手且斯須**。李陵詩：「執手野踟躕。」又：「長當從此別，且復立斯須。」**何用問遺**以醉切。**君**，《詩》：「雜佩以問之。」《傳》：「問，遺也。」《古樂府》：「何用問遺君，雙珠玳瑁簪。」**約指于闐玉**。繁欽詩：「何以致殷勤，約指一雙銀。」《漢書‧西域傳》：「于闐多玉石。」**上有龍子蟠**，《焦仲卿妻詩》：「四角龍子蟠。」**下有鴛鴦宿。繚以五色絲**，班固《西都賦》：

「繚以周牆，四百餘里。」**青紅與碧綠**。何景明詩：「手中色絲舊所治，青紅碧綠當自知。」**願君一分手，思我贈君時**。**潛淵與皎日**，曹植《洛神賦》：「指潛淵而為期。」《詩》：「謂予不信，有如皎日。」**信誓終不移**。《詩》：「信誓旦旦。」

　　嚴冬十二月，蘇武詩：「寒冬十二月，晨起踐嚴霜。」**飛來雙白鵠**。《古樂府》：「飛來雙白鵠，乃從西北來。」**錦字盤中詩，中央週四角**。音綠。武后《蘇蕙璇璣圖詩序》：「竇滔妻蘇氏，名蕙，字若蘭。性近於急，頗傷妒嫉。滔字連波。有寵姬趙陽臺，蘇氏苦加捶辱，滔深以為憾。及滔將鎮襄陽，邀蘇同往。蘇忿，不與偕行。滔遂與陽臺之任，斷其音問。蘇氏悔恨自傷，因織錦為迴文題詩，髮蒼頭齎至襄陽。滔省覽錦字，感其妙絕，因送陽臺之關中，而具車徒，如禮邀迎蘇氏，歸於漢南，恩好愈重。」〔註15〕蘇伯玉妻《盤中詩》：「姓者蘇，字伯玉。人才多，智謀足。家居長安身在蜀，何惜馬蹄歸不數。羊肉千斤酒百斛，令君馬肥麥與粟。今時人，知四足。與其書，不能讀。當從中央週四角。」**君書我當報，我書君當開。徘徊一室中，庶以喻中懷**。蘇武詩：「幸有絃歌曲，可以喻中懷。」**何用問遺君，卻月裁胷前**。梁元帝《玄覽賦》：「望卻月而成眉。」《注》：「卻月，半月也。」王均詩：「胷前卻月兩相連，本照君心不照天。」**縫以七孔鍼**，《西京雜記》：「漢采女常以七月七日穿七孔鍼於開襟樓，俱以習之。」**著以同功縣**。嵇含《伬儷詩》：「裁彼雙絲絹，著以同功縣。」**青紅與碧綠，五色絲相連。願君一置腹，思我寄君情。轆轤與車轂，輾轉何時平**。《名義考》：「轆轤，井上圓轉木收綆者。」顧況詩：「我心皎潔君不知，轆轤一轉一惆悵。」《古樂府》：「心思不能言，腸中車輪轉。」

山陰客舍送高舍人還膠州 《山東通志》：「膠州在萊州府城南二百二十里。」

　　公子翩翩狐白裘，《史記‧平原君列傳‧贊》：「平原君，翩翩濁世之佳公子也。」《晏子春秋》：「景公被狐白之裘。」**向予長揖返膠州**。**西陵松柏閶門柳**，「西陵」，見前《山陰道歌》。「閶門」，見後《柳巷》。**繫馬春風何處樓**。《古樂府‧蘇小小歌》：「妾乘油壁車，郎騎青驄馬。何處結同心？西陵松柏下。」劉琨詩：「繫馬長松下。」庾信《枯樹賦》：「扶風則繫馬松栢。」王維詩：「繫馬高樓垂柳邊。」

曝書亭詩錄卷之二終

〔註15〕《文苑英華》卷八百三十四題為《蘇氏織錦迴文記》。

曝書亭詩錄卷之三

男壎聲先校

山陰雨霽同楊大春華遊郊外飲朱廿二士稚墓下先生《貞毅先生墓表》:「貞毅先生姓朱氏,諱士稚,字伯虎,更字朗詣。世居山陰怪山下。其曰貞毅先生者,門生之私諡也。先生少好遊俠。所最善者一人,曰張生宗觀,字朗屋。時號山陰二朗。先生遭亂,散千金結客。坐繫獄,論死。宗觀號呼於所知,斂重貲,賄獄吏,得不死。既而論釋。宗觀聞之,大喜踊躍,夜渡江,馳見先生。未至,為盜所殺。先生既免繫,放蕩江湖間。至歸安,得友二人。至長洲,交陳三島。已交予里中,交祁班孫於梅市。後先凡六人。歲己亥,陳君以憂憤卒,先生亦病膈。庚子冬,卒於家。葬於大禹陵西。壬寅六月,二人坐法死,祁子亦株繫,戍極邊以去。嗚呼!死者委之烏鳶狐兔而不可問,徙者遠處苦寒不毛之地,幸而僅存如予,又以飢寒奔走於道路。然則人生相聚,豈可長哉!」〔註1〕

　　箪醪河邊閒杖藜,《浙江通志》:「箪醪河,一名投醪河,在紹興府西二百步。」**道逢酒伴相招攜。醉向南鄰抱被宿**,杜甫詩:「抱被宿何依。」**際曉不聽天雞啼。**王維詩:「際曉投百峽。」《淮南子》:「桃都山有大樹,名曰蟠桃枝。山上有天雞,日初出,照此木,天雞即鳴,天下雞隨皆應之。」**醒來忽驚海日出,披衣卻步無東西。**魏文帝詩:「披衣出戶步東西。」**殘流小草水決決**,蘇軾詩:「稍聞決決流水谷。」**舍南舍北猶春泥。**杜甫詩:「舍南舍北皆春水。」又:「杖藜入春泥。」**揚雲不曉事**,楊脩《答臨淄侯牋》:「脩家子雲,老不曉事。」**要我登會稽。香爐乍見紫煙起**,《紹興府志》:「會稽山有香爐峰。」李白《望廬山瀑布》詩:「日照香爐生紫煙。」**石簣尚有陰雲低。**孔曄《會稽記》:「會稽山南有宛委山,其上有石簣,壁立干雲。昔禹治水,齋於此山,發石簣,得金簡玉字,因知山河體勢。」**坐我**

〔註1〕見《曝書亭集》卷七十二。四庫本《曝書亭集》有錄無文。

石橋上，影落橋下溪。笑看屐齒折，見前《山陰道歌》。未得凌丹梯。謝朓詩：「遊駕凌丹梯。」《注》：「丹梯，山也。」敝車羸馬寒食下，《古樂府》：「敝車羸馬為自儲。」孟浩然詩：「鬥雞寒食下，走馬射堂前。」感念同遊淚盈把。新鬼今從故鬼鄰，《左傳》：「吾見新鬼小，故鬼大。」百年誰是長年者。杜甫詩：「憂來藉草坐，浩歌淚盈把。冉冉征途間，誰是長年者。」我今持杯一勸君，有酒且對劉伶墳。李賀詩：「勸君終日酩酊醉，酒不到劉伶墳上土。」從教浣女溪頭麴，倂入山陽笛裏聞。向秀《思舊賦》：「濟黃河以泛舟兮，經山陽之舊居。」《序》云：「余與嵇康、呂安居止接近，其人並有不羈之才。然嵇志遠而疏，呂心曠而放，其後各以事見法。嵇博綜技藝，於絲竹特妙。臨就命，顧視日影，索琴而彈之。余逝將西邁，經其舊廬。於時日薄虞淵，寒冰凄然。鄰人有吹笛者，發音寥亮。追思曩昔遊宴之好，感音而歎，故作賦云。」

蘭亭行贈朱大士曾

右軍三十三，修禊音系。蘭亭中。《晉書·王羲之傳》：「羲之為右軍將軍。」羊欣《筆陣圖》：「王羲之三十三書《蘭亭序》，三十七書《黃庭經》。」王羲之《蘭亭序》：「永和九年，歲在癸丑，暮春之初，會於會稽山陰之蘭亭，修禊事也。」《洪武正韻》：「祓禊，除惡祭名。」詳見後《鴛鴦湖櫂歌》。一書蘭亭序，夭矯宛若天門龍。梁武帝《書評》：「王羲之書如龍跳天門，虎臥鳳闕。」我今生年與之同，秋蛇春蚓百不工。唐太宗《王羲之傳論》：「子雲近出，擅名江表。然僅得成書，無丈夫之氣。行行若縈春蚓，字字如綰秋蛇。」鈕世楷注：「姜夔《續書譜》：『唐太宗云：行行若縈春蚓，字字如綰秋蛇。惡無骨也。』」朅來山陰道，柳青桃復紅。謝尚詩：「青陽二三月，柳青桃復紅。」車如雞棲馬如狗，《後漢書·陳蕃傳》：「蕃友人朱震，字伯厚。初為州從事，奏濟陰太守單匡贓罪，並連匡兄中常侍、車騎將軍超。三府諺曰：『車如雞棲馬如狗，疾惡如風朱伯厚。』」空使林泉落吾手。杜甫詩：「扁舟落吾手。」朝來蠟屐思入山，《晉書·阮孚傳》：「祖約性好財，孚性好屐，同是累而未判其得失。人有詣約，正見料財物。客至，屏當不盡，餘兩小簏著背後，傾身障之，意未能平。或有詣阮，正見自蠟屐，因歎曰：『未知一生當著幾量屐！』神色甚閑暢。於是勝負始分。」詳見前《山陰道歌》。雨急風顛重回首。杜甫詩：「朝來雨急春風顛。」吾宗髯也書絕倫，杜甫詩：「褚公書絕倫。」頻過論書仍論文。臨池就我一題扇，庾肩吾《書品》：「敏手謝於臨池，銳意同於削板。」世上俗學徒紛紛。杜甫詩：「世上兒子徒紛紛。」持觴勸君且傾倒，晴日今年去年少。

曲水東流不待人，王羲之《蘭亭序》：「又有清流激湍，映帶左右，引以為流觴曲水。」詳見後《鴛鴦湖櫂歌》。春風吹徧蘭亭草。

贈沈華

沈生好畫兼好詩，昨朝和我春遊詞。臨風一曲歌未已，惱殺城南輕薄兒。《後漢書‧順陽懷侯嘉傳》：「當是長安輕薄兒惧之耳。」賈至詩：「醉殺長安輕薄兒。」城南游女明珠佩，青翰舟中時並載。見前《山陰道歌》。生也經營意匠新，見前《明顯帝大閱圖》。纖纖貌音邈。出當風帶。《圖畫見聞錄》：「曹仲達、吳道子二體，學者所宗。吳之筆，其體圓轉，而衣服飄舉。曹之筆，其體稠疊，而衣服緊窄。故後輩稱之曰『吳帶當風，曹衣出水』。」明眸皓腕倚芳叢，曹植《洛神賦》：「明眸善睞。」又：「攘皓腕於神滸。」修短穠纖思不同。曹植《洛神賦》：「穠纖得中，修短合度。」飛燕忽教辭漢殿，《西京雜記》：「成帝招趙飛燕入宮，大幸。有女弟，復召入。俱為婕妤。飛燕尤擅寵，居於昭陽宮中，體極輕盈，能為掌上舞。」西施不見入吳宮。《吳越春秋》：「越王得西施、鄭旦，飾以羅縠，教以行步，習於土城，教於都巷，三年學服，而獻吳王。」尤長花鳥工沒骨，《畫鑑》：「五代時，黃筌與子居寀竝善花卉，謂之寫生，妙在傅色，不用筆墨，但以輕色染成，謂之沒骨圖。」染草縈沙細如髮。杜甫詩：「縈沙惹草細如毛。」蝴蝶麻姑五色裙，見前《喜羅浮屈五過訪》。蟠桃漢帝千年核。庾信詩：「漢帝看桃核。」詳見後《興化壽詩》。新制齊紈更可憐，明朝催送下江船。煩君畫作相思樹，見卷一《東飛伯勞歌》。左思《吳都賦》：「楠榴之木，相思之樹。」《注》：「相思樹實如珊瑚，歷年不變。」出入懷中敢棄捐。班婕妤《怨歌行》：「新制齊紈素，皎潔如霜雪。裁成合歡扇，團團似明月。出入君懷袖，動搖微風發。常恐秋節至，涼飆奪炎熱。棄捐篋笥中，恩情中道絕。」

彭山即事《浙江通志》：「彭山在紹興府會稽縣白馬山東。舊經云：彭祖隱居之地。」

徐鈞《本事詩》：「竹垞嘗遊於越，賦《越江詞》，云：『山圍江郭水平沙，過雨輕舟泛若耶。一自西施采蓮後，越中生女盡如花。』越之仕女交相和之。一日，偕董處士鑿入一大宅，觀彭山。三女子明豔，未嘗避人。朱逡巡而退，賦詩云云。」

誰家三婦豔新妝，見前《閒情》。靜鑷葳蕤春日長。見前《靜夜思》。一出浣沙行石上，施宿《會稽志》：「西施石在若耶溪，一名西子浣沙石。」飛來無數紫鴛鴦。李白詩：「願逢同心者，飛作紫鴛鴦。」

重經彭山

猶憶清江舊板橋，門前曲水細通潮。垂楊不是傷心樹，劉廷芝詩：「可憐楊柳傷心樹。」那得長條更短條。

同王處士猷定施學使閏章陸處士圻泛舟西湖遇雨王字於一，南昌貢生。施字尚白，宣城人。順治己丑進士。以刑部員外郎提學山東僉事，後遷江西參議道。舉博學鴻詞，改侍講。陸字麗京，錢唐人。《漁洋詩話》：「陸講山，武林耆宿，為西泠十子之冠。」詳見先生《零丁序》。

東風吹落日，蘇軾《杭州遊山》詩：「落日猶在塔。」西下北高峰。東坡《西湖遊記》：「北高峰石磴數百級，曲折三十六灣。群山屏列，湖水鏡淨，雲光倒垂，萬象在下。漁舟歌船，若鴻鳧出沒煙波間。」欲往南屏路，《西湖志》：「南屏山在興教寺後。上有石壁，若屏障然。十景有南屏曉鐘。」詳十二卷。中流聽梵鐘。《越人歌》：「搴洲中流。」回船沙岸火，驟雨石門松。杜甫詩：「無計回船下。」又：「驟雨落河魚。」不覺碧雲暮，江淹《雜體·休上人怨別》：「日暮碧雲合，佳人殊未來。」涼煙生幾重。

觀海行贈施學士閏章

吾生空好遊，五嶽未登一。玉女青童笑向人，問君婚嫁何時畢。《後漢書·向長傳》：「長，字子平。讀《易》至《損》、《益》卦，喟然歎曰：『我已知富不如貧，貴不如賤，但未知死何如生耳。』男女婚嫁既畢，敕斷家事勿相關。肆意與同好北海禽慶俱遊五嶽名山，竟不知所終。」搄來四月西湖邊，興盡卻返山陰船。見前《和曹使君》。餘杭春酒亦不惡，庾信詩：「美酒餘杭醉。」丁仙芝詩：「十千兌得餘杭酒。」醉來只向壚頭眠。岑參詩：「壚頭耐醉眠。」宛陵施夫子，《江南通志》：「寧國府，漢置丹陽郡，宛陵、春穀、涇、宣城四縣，治宛陵。」貽我觀海篇。吳歈會吟不足聽，李賀詩：「吳歈越吟未終曲。」謝靈運《會吟行》，《注》：「會謂會稽也。」高張齊瑟緪古鄧切。朱弦。顏延之詩：「高張生絕絃。」曹植詩：「齊瑟揚東謳。」《楚辭》：「緪瑟兮交鼓。」馬融《長笛賦》：「若緪瑟促柱。」《注》：「緪，急絃也。」《禮》：「清廟之瑟，朱絃而疏越。」我歌且謠未終曲，《詩》：「我歌且謠。」風雨秦松振崖谷。《東齊記事》：「秦始皇上泰山，遇風雨，休於樹下，因封其樹為五大夫。初不言其為何樹也，後漢應劭作《漢官儀》，始言為松。蓋松在泰山之小天門，至劭時猶存，故知其為松也。」天雞叫罷榑桑枝，見前《山陰雨霽》及《董逃行》。群飛海水搖空綠。《太玄經》：「海水群飛，蔽於天杭。」《古詩》：「捲

簾天自高，海水搖空綠。」**東臨傑閣觀蓬萊**，《登州府志》：「蓬萊閣在府城北丹崖山巔，宋郡守朱處約建，實為山海登臨勝概。」《史記·秦始皇本紀》：「二十八年，徐市等上書，言海中有三神山，名曰蓬萊、方丈、瀛洲。」**瀛洲草暖浮煙開。丹田玉闕了可覩**，李白詩：「學道北海仙，傳書蕊珠宮。丹田了玉闕，白日思雲空。」**空中照曜金銀臺。**郭璞詩：「吞舟浮海底，高浪駕蓬萊。神仙排雲出，但見金銀臺。」李白詩：「日月照曜金銀臺。」**齊三士**，《晏子春秋》：「齊公孫捷、田開疆、古冶子事景公，勇而無禮。晏子言於公，餽之二桃，曰：『三子計功而食。』三子爭功，公孫捷、田開疆以功不若冶，刎頸而死。冶曰：『二子死之，冶獨不逮。』亦自刎。」諸葛亮《梁父吟》：「一朝被讒言，二桃殺三士。」**魯兩生**，《史記·叔孫通列傳》：「通說上徵魯諸生，共起朝儀。魯有兩生不肯行，曰：『公所事者且十主，皆面諛親貴。公往矣，毋污我！』」**由來此地才華盛，我欲從公問姓名。更尋徐市尋仙去，親向蓬萊采藥行。**《史記·秦始皇本紀》：「三十七年，方士徐市等入海求神藥，不得。乃詐曰：『蓬萊藥可得，常為大鮫魚所苦，故不得至。原請善射與俱。』」

西湖竹枝詞三首

劉禹錫《竹枝詞序》：「建平里中兒聯歌竹枝，吹短笛，擊鼓以赴節歌者，揚袂睢舞，以曲多為賢。聆其音，中黃鐘之羽。其卒章激訐如吳聲。」《古今樂錄》：「竹枝之音，起於巴蜀。唐人所作，皆言蜀中風景。後人因效其體，於各地為之。」楊維楨《西湖竹枝歌序》：「予閒居西湖者七八年，與茅山外史張貞居、苕溪郯九成輩為倡和交，水光山色浸沉胸次，洗一時樽俎粉黛之習，於是乎有竹枝之聲。好事者流佈南北，名人韻士屬和者無慮百家。道揚諷諭，古人之教廣矣。是風一變，賢妃貞婦，興國顯家，而烈女傳作矣。采風謠者，其可忽諸？」

西子湖平鏡面揩，蘇軾詩：「江流鏡面淨。」**雷峰倒影像金釵。**《浙江通志》：「雷峰在錢塘淨慈寺前。郡人雷氏築菴居之，故名。」**雲鬟妝就石新婦**，《浙江通志》：「栗山在錢塘縣治西十七。山有石人，嶺有洞府，名玉女岩，一名新婦石。」楊維楨《西湖竹枝歌》：「石新婦下水連空。」注：「石新婦，即秦皇纜石也。」**香草為裙筍作鞋。**白居易詩：「誰開湖寺西南路，草綠裙腰一道斜。」注：「孤山寺在湖州中，草綠時，望如裙腰。」張籍詩：「楚筍結成鞋。」

岳王祠外舞臺偏，見前《岳忠武王墓》。**半在湖塘半在田。怕值油車蘇小小**，見前《山陰客舍》。**勸郎騎馬不如船。**

養魚莊說養魚肥，放鶴亭看放鶴歸。《西湖志》：「放鶴亭在孤山。林逋隱此，蓄二鶴。每汎舟湖中，客至，童子縱鶴飛報，逋即歸。」**妾在鳳凰山下住**，《浙江通志》：「鳳凰山在仁和縣城南十里。」**生來不見鳳凰飛。**

于忠肅公祠先生《明詩綜》小序：「于謙，字廷益，錢塘人。永樂辛丑進士。景陵踐祚，拜兵部尚書，加少保。英宗復辟，棄市。成化中，諡肅愍，改諡忠肅。」《明史·于謙傳》：「弘治二年，賜祠於其墓，曰旌功，有司歲時致祭。」
祠在錢塘三人山墓前。

　　昔在狼山下，《畿輔通志》：「良山在宣府懷來衛西十五里，本名狼山。明成祖駐蹕於此，因改今名。」**軍書犯近坰。**杜甫詩：「戎生及近坰。」**六師輕朔漠，萬騎失雷霆。**《詩》：「如雷如霆，徐方震驚。」**土木塵常〔註2〕滿，**《畿輔通志》：「土木堡，隸宣府東路。」《明史·英宗本紀》：「十四年，瓦剌也先寇大同。下詔親征。命郕王居守。次宣府。至鷂兒嶺遇伏，全軍盡覆。次土木，被圍。師潰，死者數十萬。」**龍蛇歲不寧。**《史記》：「介之推從者懸書宮門曰：『龍欲上天，五蛇為輔。龍已升雲，四蛇各入其宇，一蛇獨怨，終不見處所。』」**豆田沙浩浩，**《晉書·愍帝紀》：「四年十一月乙未，使侍中宋敞送牋於劉曜，帝乘羊車出降。初，有童謠曰：『天子何在豆田中。』及帝如曜營，營實在城東豆田壁。辛丑，帝蒙塵於平陽。」李華《弔古戰場文》：「浩浩乎平沙無垠。」**黍穀路冥冥。**《一統志》：「黍穀在懷柔縣東四十里，亦名燕谷山。」**濟世須元老，**《詩》：「方叔元老。」**長材總四溟。**杜甫詩：「天威總四溟。」**從容持國計，指顧悉兵形。瑕呂安群議，**《左傳》：「秦獲晉侯，晉侯使郤乞告瑕呂飴甥，且召之。子金教之言曰：『朝國人而以君命賞，且告之曰：孤雖歸，辱社稷矣。其卜貳圉也。』眾皆哭。晉於是乎作爰田。呂甥曰：『君亡之不恤，而群臣是憂，惠之至也。將若君何？』眾曰：『何為而可？』對曰：『徵繕以輔孺子。諸侯聞之，喪君有君，羣臣輯睦，甲兵益多，好我者勸，惡我者懼，庶有益乎！』眾說。晉於是乎作州兵。」《注》：「呂，氏也。瑕，食邑。字子金。」**劉琨表外廷。**見後《雁門關》。**嗣王仍歷數，高廟有神靈。**《漢書·車千秋傳》：「帝曰：『此高廟神靈使公教我。』」《公羊傳》：「楚執宋公以伐宋。宋公謂目夷曰：『子歸守國矣。』目夷歸，設守械。楚人謂宋人曰：『子不與我國，吾殺子君。』宋人應之曰：『吾賴社稷之神靈，吾國已有君矣。』楚人知雖殺宋公，猶不得宋國，於是釋宋公。公走之衛。目夷復曰：『國為君守之。』迎襄公歸。」鄭曉《皇明名臣記》：「郕王即皇帝位，改明年為景泰元年。當是時，賊酋擁太上皇大同城下勒降，大同人登城謝曰：『賴天地社稷之靈，國有君矣。』至宣府城下，宣府人登城謝曰：『賴天地社稷之靈，國有君矣。』至京城，京城人又謝曰：『賴天地社稷之靈，國有君矣。』由是於肅愍公颺言曰：『豈不聞社稷為重，君為輕？』」**既罷金繒歎，**《漢書·賈誼傳》：「今匈奴嫚侮侵掠，至不敬也，為天下患，

〔註2〕「常」，《曝書亭集》作「長」。

至亡已也。而漢歲致金絮綵繒以奉之。」**無煩白馬刑**。《戰國策》：「蘇秦曰：『今天下之將相，相與會於洹水之上，通質，刑白馬以盟之。』」丘遲《與陳伯之書》：「並刑馬作誓，傳之子孫。」《明史‧于謙傳》：「正統十四年秋，也先大入寇，王振挾帝親征。謙與尚書鄺埜極諫，不聽。埜從治兵，留謙理部事。及駕陷土木，京師大震。郕王監國。侍講徐珵言星象有變，當南遷。謙厲聲曰：『京師天下根本，一動則大事去矣，獨不見宋南渡事乎！』王是其言，守議乃定。郕王方攝朝，廷臣請誅王振。而振黨馬順者，輒叱言官。於是給事中王竑廷擊順，眾隨之。朝班大亂，衛卒聲洶洶。王懼欲起，謙排眾直前掖王止，且啟王宣諭曰：『順等罪當死，勿論。』眾乃定。初，大臣憂國無主，太子方幼，寇且至，請皇太后立郕王。王驚謝至再。謙颺言曰：『臣等誠憂國家，非為私計。』王乃受命。九月，景帝立。十月，敕謙提督各營軍馬。而也先挾上皇破紫荊關直入，窺京師。謙亟分遣諸將，列陣九門外，身自督戰。初，也先深入，視京城可旦夕下。及見官軍嚴陣待，意稍沮。叛閹喜寧嗾使邀大臣迎駕，索金帛以萬萬計，復邀謙及王直、胡濙等出議。帝不許，也先氣益沮。庚申，窺德勝門，戰又不利。又聞勤王師且至，恐斷其歸路，遂擁上皇由良鄉西去。景泰元年三月，大同參將許貴奏，迤北有三人至鎮，欲朝廷遣使講和。謙曰：『前遣指揮季鐸、岳謙往，而也先隨入寇。繼遣通政王復、少卿趙榮，不見上皇而還。和不足恃，明矣。況我與彼不共戴天，理固不可和。萬一和而彼肆無厭之求，從之則坐敝，不從則生變，勢亦不得和。』移檄切責。自是邊將無敢言講和者。」**北轅旋翠輦**，李商隱詩：「望斷平時翠輦過。」**南內啟朱扃**。《明史‧景帝本紀》：「景泰元年，遣侍讀商輅迎上皇於居庸關。上皇還京師，帝迎於東安門，入居南宮。八年，帝興疾，宿南郊齋宮。石亨、徐有貞等迎上皇復位。」**命已甘刀鑊**，《漢書‧刑法志》有鑿顛、抽脅、鑊亨之刑。柳宗元《懲咎賦》：「進與退吾無歸兮，甘脂潤兮鼎鑊。」**功真溢鼎銘**。任昉序：「功銘鼎彝。」**春秋隆代祀，俎豆肅維馨**。《于謙傳》：「也先見中國無釁，滋欲乞和，使者頻至，請歸上皇。大臣王直等議遣使奉迎，帝不悅，曰：『朕本不欲登大位，當時見推，實出卿等。』謙從容曰：『天位已定，寧復有他，顧理當速奉迎耳。』帝改容曰：『從汝，從汝。』先後遣李實、楊善往。卒奉上皇以歸，謙力也。謙性故剛。視諸選耎大臣、勳舊貴戚，意頗輕之，憤者益眾。又始終不主和議，雖上皇實以是得還，不快也。景泰八年正月壬午，石亨與曹吉祥、徐有貞等既迎上皇復位，宣諭朝臣畢，即執謙與大學士王文下獄。誣謙等與黃竑搆邪議，更立東宮，又與太監王誠等謀迎立襄王子，嗾言官上之。坐以謀逆，處極刑。奏上，英宗尚猶豫。有貞進曰：『不殺于謙，此舉為無名。』帝意遂決。丙戌，改元天順。丁亥，棄謙市，籍其家，家戍邊。都督同知陳逵

感謝忠義，收遺骸殯之。踰年，歸葬杭州。成化初，子冕赦歸，上疏訟冤，得復官賜祭。」杜甫詩：「清廟肅維馨。」**一自輤車至**，《晉書‧輿服志》：「輤車，古之軍車也。」**難期堠火停**。見前《顯黃帝大閱圖》。**遺墟愁戰伐**，朱芸注：「此詩先生於順治十七年作，時有兵警故云。」**大樹日飄零**。杜甫詩：「無由覿雄略，大樹日蕭蕭。」**碧草空祠長，黃鸝過客聽**。杜甫詩：「映階碧草自春色，隔葉黃鸝空好音。」**霜鐘沉曉月**，李白詩：「餘韻入霜鐘。」**風牖繞明星**。梁元帝《九貞館碑》：「風牖雲梁，千門萬戶。」**卞壺誰修墓**，《晉書‧卞壺傳》：「蘇峻進攻青溪，六軍敗績。壺時發背創，猶未合，力疾而戰，死之。其後盜發壺墓，屍僵，鬢髮蒼白，面如生，兩手悉拳，爪甲穿達手背。安帝詔給錢十萬，以修塋兆。」**巫陽數降庭**。宋玉《招魂》：「帝告巫陽曰：『有人在下，我欲輔之。魂魄離散，汝筮予之。』」《注》：「帝，天也。女曰巫陽，其名也。言帝告巫陽：有賢人屈原在下，我欲輔其志以屬黎民，筮其所宜而與招其魂，使復其精神。」**讖還思雨帝**，《明史‧五行志》：「正統二年，京師旱。街巷小兒為土龍禱雨，拜而歌曰：『雨帝雨帝，城隍土地，雨若再來，還我土地。』說者謂：『雨帝者，與弟也。帝弟同音。城隍者，郕王。再來還土地者，復辟也。』」**碑欲墮江亭。遠水澄湖碧，流雲暗壑青。千年華表鶴，哀怨此重輕**。《搜神後記》：「丁令威，本遼東人，學道於靈虛山。後化鶴歸遼，集城門華表柱。時有少年，舉弓欲射之。鶴乃飛，徘徊空中而言曰：『有鳥有鳥丁令威，去家千年今始歸。城郭如故人民非，何不學仙冢纍纍。』遂高上衝天。」

施學使閏章招集湖舫

朝騎青驄馬，《古樂府》：「郎騎青驄馬。」**搖鞭似飛燕**。楊凝詩：「明朝騎馬搖鞭去。」《西京雜記》：「文帝自代還，有良馬九匹，一名飛燕騮。」張協《七命》：「駕紅陽之飛燕。」**道逢尺一書**，徐陵《答尹義尚書》：「所以降尺一之書，馳轓軒之使。」詳見後《送少詹王先生》。**要我出芳甸**。謝朓詩：「雜英滿芳甸。」**是時孟夏初，澹蕩南風遍。天公忽大笑，向下生雷電**。東方朔《神異經》：「東荒山中有大石室，東王公居焉。恒與一玉女投壺，每投千二百矯。設有入不出者，天為之嚆嘘；矯出而脫悮不接者，天為之笑。」注：「言笑者，天口流火焌灼。今天下大雨而有電光，是天笑也。」**吾黨三五人，類古之狂狷。脫我尋山屐**，杜甫詩：「謝氏尋山屐。」見前《山陰道歌》。**登艫接高宴**。鮑照詩：「登艫眺淮甸。」**作使平頭奴**，《古樂府》：「作使邯鄲倡。」梁武帝詩：「平頭奴子擎履箱。」**行廚具豐膳**。庾信詩：「行廚半路待。」曹植詩：「豐膳出中廚。」**雙絲白玉餅**，見前《飲吳生宅》。

勸飲嘉魴薦。江淹詩：「嘉魴得所薦。」向暝更移舟，浮嵐夜頻變。黃庭堅詩：「有人半夜出山去，頓覺浮嵐暖翠空。」平湖靜無波，皎如一疋練。謝朓詩：「澄江靜如練。」怳忽葑田中，《楊升庵集》：「《周禮》：『澤草所生，種之芒種。』注者不知其解。王氏《農書》云：『即江南之架田也。架田一名葑田，以木縛架為曲田，繫浮水面，以葑泥附木架上。即菰根也，根最繁而善糾結，上著泥土，去其蔓，便可耕種。江東、淮南二處皆有之。』東坡《請開杭之西湖》謂『水涸草生，漸成葑田』是也。其田隨水上下西東，故南方有盜田。」明滅金牛見。《水經注》：「錢塘縣南江側有明聖湖，父老傳言湖有金牛，古見之，神化不測，湖取名焉。」左持鸚鵡杯，李白詩：「鸕鷀杓，鸚鵡杯。」右把琉璃硯〔註3〕。李白詩：「琉璃硯水常枯槁。」一笑問主人，何似宣城縣。見前《觀海行》。試畫敬亭雲，《江南通志》：「敬亭山在寧國府城北十里，東臨宛溪，南俯城，煙市風帆，極目如畫。」李白詩：「簷飛宛溪水，牎落敬亭雲。」潘佐《送人往宣州》詩：「謝安團扇上，為畫敬亭雲。」貽予白團扇。《南史·王摛傳》：「王儉常〔註4〕使賓客隸事，多者賞之。惟何憲為勝，乃賞以五花簟、白團扇。摛後至，儉以所隸示之，曰：『卿能奪之乎？』摛操筆便成，文章既奧，辭亦華美，舉坐擊賞。摛乃命左右抽憲簟，手自掣取扇，登車而去。」

寒夜集燈公房聽韓七山人㽞彈琴兼送屈五還羅浮先生《明詩綜》小序：「韓㽞，字石耕，宛平人。善琴。所操北音，恥作妮妮兒女之語。」

韓生燕市來，夜向招提宿。《僧輝記》：「招提者，梵言『拓鬭提奢』，唐言『四方僧物』。但傳筆者訛『拓』為「招」，去『鬭』、『奢』，留『提』字，即今十方住持寺院耳。」《唐會要》：「官賜額為寺，私造者為招提、蘭若。」杜甫詩：「更宿招提境。」本是悲歌擊筑人，《史記·刺客傳》：「荊軻至燕，愛燕之狗屠及善擊筑者高漸離。荊軻嗜酒，日與狗屠及高漸離飲於燕市。酒酣以往，高漸離擊筑，荊軻和而歌於市中，相樂也。已而相泣，旁若無人。」援琴為鼓清商曲。漢武詩：「欲展清商曲。」安絃操縵夜三更，《禮》：「不學操縵，不能安絃。」良久徘徊不出聲。坐使閒心遠，嵇康《琴賦》：「於是氣冷絃調，心閒手敏。」方聞逸響生。嵇康《琴賦》：「氣和故響逸，張急故聲清。」商風泠泠七絃遍，常建詩：「泠泠〔註5〕七絃遍，萬木澄幽音。」天馬空山忽不見。《古今注》：「樗里牧恭為父報怨，殺人匿山中。有天馬夜降，圍其室而鳴，以為吏追。旦視，乃天馬跡也。逃入沂澤，援琴為《走

〔註3〕「硯」，《曝書亭集》作「研」。
〔註4〕「常」，《南史》卷四十九作「嘗」，是。
〔註5〕「泠泠」，常建《江上琴興》作「泠泠」。

馬引》。」石上爭流三峽泉，李白詩：「彈為三峽流泉音。」僧居月《琴曲譜錄》有《三峽流泉操》。平沙亂落瀟湘鴈。《琴曲》有《平沙落雁》。瀟湘八景一：平沙落雁。聞道清商固最悲，不如清角更淒其。《韓非子》：「平公問師曠曰：『清商固最悲乎？』師曠曰：『不如清徵。』平公曰：『音莫悲於清徵乎？』師曠曰：『不如清角。』」一彈試奏思歸引，《琴操》有《思歸引》。再轉重愁雙燕離。《琴操》有《雙燕離》。此時晨鐘猶未撞，《禮》：「擅問者如撞鐘。」月露霜華滿深巷。四座無言歎息頻，籌燈欲滅風升降。習鑿齒詩：「風與燈升降。」羅浮道士思幡然，鈕世楷注：「葉石林曰：『宋晉間，佛教初行，未有僧稱，通曰道人。』」屈為僧，號一靈道人，故以道上稱之。忽憶朱明舊洞天。《洞天福地記》：「第七羅浮洞，周回五百里，名朱明耀真之天。」種得梅花凡幾樹，泥成丹灶已千年。黃佐《羅浮山圖經》：「朱明洞，葛洪所居，丹竈猶存。」李白詩：「葉縣已泥丹竈畢。」雲山告歸從此始，李頎詩：「敢告雲山從此始。」四百三十二峰裏。鄒師正《羅浮指掌圖記》：「羅浮山峰巒四百三十。」入海能馴海客鷗，《列子》：「海上之人有好鷗鳥者，每旦之海上，從鷗鳥遊，鷗鳥之至者百數而不止。」杜甫詩：「白鷗沒浩蕩，萬里誰能馴。」攜琴便駕琴高鯉。《列仙傳》：「琴高，趙人也。以鼓琴為宋康王舍人，行涓彭之術，浮遊冀州涿郡之間，二百餘年。後入碭水中取龍子，與諸弟子期曰：『當潔齋待我於水傍。』果乘赤鯉來出。留一月，復入水去。」

送曹侍郎備兵大同 先生《倦圃圖記》：「歲癸卯，先生左遷山西按察副使，治大同。」《一統志》：「大同府，秦為雲中、雁門、代郡地。」

關榆蕭瑟二庭空，王褒《出塞》詩：「塞禽惟有雁，關樹但生榆。」李益詩：「邊霜昨夜墮關榆。」蔣一葵箋釋：「秦蒙恬破胡，植榆為塞，故塞下多榆木。」〔註6〕《後漢·南匈奴傳·論》：「匈奴分破，始有南北二庭焉。」《楊升庵外集》：「二庭者，沙鉢羅可汗建庭於睢合水，謂之南庭；吐陸建牙於鏃曷山，謂之北庭。二庭以伊列水為界，所謂南單于、北單于也。」堠火平安九塞通。《說文》：「堠，封土為臺，以記里也。十里雙堠，五里隻堠。」杜甫詩：「堠火雲烽峻。」《唐六典》：「烽堠，所置大率相去三十里。其放煙，有一炬、二炬、三炬、四炬者，隨賊多少而為差焉。鎮戍

〔註6〕按：蔣一葵《長安客話》卷七《關鎮雜記·古榆關》：
今詞人仍稱山海關曰榆關。按：秦蒙恬破胡，植榆為塞，故塞下多榆木，榆關之名起此。唐李益詩：「邊霜昨夜墮關榆，吹角當城片月孤。無限塞鴻飛不度，秋風吹入小單于。」本朝曹代蕭《塞下曲》：「榆關十月馬毛僵，手挽雕弓射白狼。一陣雪花飄玉屑，西風猶趁馬蹄忙。」

每日初、夜放煙一炬，謂之平安火。」《淮南子》：「九塞：太汾、澠阨、荊阮、方城、殽阪、井陘、令疵、句注、居庸。」《注》：「太汾在晉，澠阨、殽阪皆在弘農郡，荊阮、方城皆在楚，井陘在常山，令疵在遼西，句注在鴈門陰館，居庸在上谷阻陽之東。」**往日連師驚朔漠，只今市馬互西東。**《呂氏春秋》：「代，故馬郡。」《五代史·四夷錄》：「明宗時，沿邊置場市馬，諸夷皆入市中國。」**黃河天上三城戍，**李白詩：「君不見黃河之水天上來。」《一統志》：「大同府，魏文帝築三城，俗以日沒城為黃昏城，早起城為雞鳴城，並日中城為三。」又：「三受降城，唐張仁願所築。」杜甫詩：「西山白雪三城戍。」**畫角霜前萬里風。**杜甫詩：「城闕秋風畫角哀。」**知有馮唐論將帥，不令魏尚久雲中。**《漢書·馮唐傳》：「今臣竊聞魏尚為雲中守，軍市租盡以給士卒，出私養錢，五日壹殺牛，以饗賓客軍吏舍人，是以匈奴遠避，不近雲中之塞。」

將之永嘉《浙江通志》：「溫州府，晉為永嘉郡。」**曹侍郎餞予江上吳客韋二丈為彈長亭之曲並吹笛送行歌以贈韋即送其出塞**

韋郎舊隸羽林籍，《漢書·百官公卿表》：「武帝太初元年初置建章營騎，後更名羽林騎。又取從軍死事之子孫養羽林，官教以五兵，號羽林孤兒。」**曾向營門教吹笛。不聽吳中白雪音，**宋玉《對楚王問》：「其為陽春白雪，國中屬而和者不過數十人。」**定呼鄴下黃鬚客。**《河南通志》：「彰德府，戰國魏之鄴地。魏曹操受封於此，稱為鄴都。」《魏志·任城威王彰傳》：「太祖在長安，彰詣行在所。彰自代過鄴，太子謂彰曰：『卿新有功，今西見上，宜勿自伐，應對常若不足者。』彰到，如太子言，歸功諸將。太祖喜，持彰鬚曰：『黃鬚兒竟大奇也！』」王維詩：「不數鄴下黃鬚兒。」**平原相見轉相親，**見後《兒舷歌》。劉庭芝詩：「與君相向轉相親。」**置酒誇君坐上實。下若尊罍朝未罄，**《輿地志》：「長興若溪、夾溪悉生箭箬，南岸曰上箬，北岸曰下箬。二箬皆村名。村人取下箬水釀酒，醇美，俗稱下箬酒。亦名上若、下若。」**東山絲竹夜還陳。**《晉書·謝安傳》：「安舊隱會稽東山，後於金陵築山擬之，營治樓館，松竹甚盛。好音樂，昦喪不廢絲竹。」**閒來坐我花間奏，玉洞飛泉響**〔註7〕**岩溜。古調多傳關馬詞，**關漢卿、馬致遠皆元時製曲有名。**新聲似出康王授。**《列朝詩集》〔註8〕：「王九思，字敬夫，鄠縣人。康海，字德涵，武功人。同里同官，以瑾黨放逐沜東、鄠杜之間，相與過從談讌，徵

〔註7〕「響」，《曝書亭集》作「向」。
〔註8〕按：前空三格，恐作「錢謙益」。內容見《列朝詩集小傳》丙集「王壽州九思」。

歌度曲，以相娛樂。萬曆間，廣陵顧小侯所建，遊長安，訪求曲中七十老妓，令歌康王樂府。其流風餘韻，關西人猶能道之。」**問我東行到海壖**，獨孤及詩：「驛樓漲海壖。」**日斜江上慘離筵**。于鄴詩：「相顧慘離筵。」**還將北鴈南飛曲，催送錢塘楚客船**。按：後漢史岑《出師頌》：「朔風變楚。」李善注：「朔，北方也。楚，南方也。」**船人撾鼓津頭泊，紅葉千山富春郭。忽作邊秋出塞聲**，《晉書·樂志》：「《出塞入塞曲》，李延年造。」**江楓岸柳紛紛落。哀絃促管不堪聽**，謝靈運詩：「慷慨命促管。」《注》：「促管，使其聲急而哀，以敘其心。」**賓御聞之亦涕零**。鮑照詩：「離聲斷客情，賓御皆涕零。」《注》：「謂送別之人御御車者。」**掛席遠移嚴子瀨**，木華《海賦》：「揚微綃，掛帆席。」謝靈運詩：「掛席拾海月。」《東觀漢記》：「嚴光耕於富春山，後人名其釣處為嚴陵瀨。」**看山直上謝公亭**。《溫州府志》：「永嘉縣城北孤嶼山有謝公亭。」**聞君欲問雲中戌**，見前《送曹侍郎》。**雪消飲馬長城去**。《古樂府》有《飲馬長城行》。《一統志》：「長城在大同府城北一十里，秦築。」**廣武營邊折柳時**，《一統志》：「廣武城在大同府馬邑縣南八十里。」**黃瓜阜上題書處**。《水經注》：「桑乾水又東南逕黃瓜阜。」《一統志》：「黃花山在大同府山陰縣北四十里，一名黃瓜堆。」**司農舊是出群才**，《文獻通考》：「司農，秦曰治粟內史，漢景帝更名曰大司農。」**此日征西幕府開**。《史記·李牧傳》：「市租皆輸入幕府。」《注》：「古者出征，以幕帟為府署，故曰幕府。」**試向尊前歌一曲，梅花飛徧李陵臺**。《演繁露》：「笛有《落梅》、《折柳》二曲。」胡應麟詩：「梅花齊落李陵臺。」《一統志》：「李陵臺在大同府城西北五百里，古雲內州境，高二丈餘。《唐地志》云：『中都護府有燕然山，山有李陵臺。』蓋陵不得歸，登此以望漢。」

七里瀨經嚴子陵釣臺作自注：「宋謝參軍翱有《西臺痛哭記》。」顧野王《輿地志》：「七里瀨在東陽江下，與嚴陵瀨相接，有嚴山。桐廬縣南有嚴子陵漁釣處。今山邊有石，上平，可坐一〔註9〕人，臨水，名為嚴陵釣壇也。」《浙江通志》：「嚴州府桐廬縣七里灘在嚴灘之上。圖經云：七里灘距嚴州四十餘里。又下數里，乃至釣臺，兩山夾峙，水駛如箭。」

　　七里嚴陵瀨，平生眺覽初。江山誰痛哭，天地此扶輿。韓愈《送廖道士序》：「衡山之神既靈，而郴之為州又當中州。清淑之氣蜿蟺，扶輿磅礴而鬱結。」**竹暗翻朱鳥**，見後《玉帶生歌》。**灘清數白魚。扁舟如可就**，杜甫詩：「扁舟吾已就，把釣待秋風。」**吾亦釣臺居**。

─────────

〔註9〕所引「顧野王《輿地志》」云云，見《後漢書》卷八十三《逸民列傳·嚴光傳》李賢注。「一」，李賢注作「十」。

金華道上夢遊天台歌《浙江通志》:「天台山在台州府天台縣北三里。」

吾聞天台山高一萬八千丈,《臨海經》:「天台上應臺星,超然秀出。山有八重,視之如一帆,高一萬八千丈,周圍八百里。」石樑遠掛藤蘿上。顧愷之《啟蒙記注》:「天台山,路經楢溪水,深險清冷。前有石橋,路徑不盈尺,長數千丈,下臨絕冥之澗。惟忘其身,然後能濟。濟者梯嚴壁,捫蘿葛之莖,度得平路,見山蔚然綺秀,列雙嶺於青霄。」飛流直下天際來,孫綽《遊天台山賦》:「瀑布飛流以界道。」李白詩:「飛流直下三千尺,疑是銀河落九天。」散作哀湍眾山響。杜甫詩:「壞道哀湍瀉。」《南史‧宗炳傳》:「撫琴動操,欲令眾山皆響。」燭龍銜日海風飄,《山海經》:「西北海之外,赤水之北,有章尾山。有神,人面蛇身而赤,直目。正乘其瞑乃晦,其視乃明。視燭九陰,是謂燭龍。」謝惠連《雪賦》:「爛兮若燭龍銜燿照崑山。」猶是天雞夜半潮。見前《山陰雨霽》。《異物記》:「伺潮雞,潮水上則鳴。」孫綽《望海賦》:「石雞清響而應潮。」積雨自懸華頂月,見前《喜羅浮屈五過訪》。明霞長建赤城標。孫綽《遊天台山賦》:「赤城霞起以建標。」孔曄《會稽記》:「赤城山土色皆赤,巖岫連杳,狀如雲霞。」我向金華問客程,蘭溪溪水百尺清。《浙江通志》:「蘭溪在金華府蘭溪縣西南二里。」金光瑤草不可拾,《廣異記》:「謝元卿至東嶽夫人所居,有異草,曰:『此金光草也,食之壽與天齊。』」許邁《與王逸少書》:「自天台至臨海,在在多金堂玉室、紫芝瑤草。」杜甫詩:「相期拾瑤草。」夢中忽遇皇初平。《神仙傳》:「皇初平,蘭溪人。年十五,牧羊,遇道士,引至金華山。四十餘年,兄尋獲之。問羊安在,曰:『在山東。』兄往視,皆白石。初平叱之,石皆起,成羊數萬。」手攜綠玉杖,李白詩:「手持綠玉杖。」引我天台行。天台山深斷行路,亂石如羊紛可數。忽作哀猨四面啼,青林綠篠那相顧。孟浩然詩:「綠篠夾路旁。」我欲吹簫駕孔鸞,司馬相如《子虛賦》:「其上則有宛雛孔鸞。」璿臺十二碧雲端。孔曄《會稽記》:「天台山有仙室璿臺。」入林未愁苔徑滑,孫綽《遊天台山賦》:「踐莓苔之滑石。」到面但覺松風寒。杜甫詩:「到面雪山風。」松門之西轉清曠,王勃詩:「松門聽梵音。」《後漢書‧仲長統傳》:「欲卜居清曠,以樂其志。」桂樹蒼蒼石壇上。孫綽《遊天台山賦》:「八桂森挺以凌霜。」雲鬟玉洞展雙扉,元稹《劉阮天台詩》:「芙蓉脂肉綠雲鬟。」二女明妝儼相向。《神仙傳》:「劉晨、阮肇入天台山採藥,遠不得返。經十三日,饑甚,遙望山上有桃樹子熟,遂躋險援葛至其下,噉數枚,饑止體充。欲下山以杯取水,忽見有一杯流出大溪。溪邊有二女子,色甚美。見二人持杯,便笑曰:『劉、阮二郎捉向所流杯來。』劉阮驚。二女遂忻然如舊相識,曰:『來何晚耶?』因邀還家。西壁東壁,各

有羅帳，帳角有懸鈴，金銀交錯。各有數侍婢，使令具饌。有胡麻飯、山羊脯、牛肉甚美。食畢，行酒。俄有群女持枕子笑曰：『賀女壻來。』酒酣作樂。夜後各就一帳宿，婉態殊絕。至十日，求還。苦留半年，歸思甚切。女遂相送，指示還路。鄉邑零落，已十世矣。」李群玉詩：「二女明妝共儼然。」李頎詩：「鐵鞘金環儼相向。」**粲然啟玉齒**，郭璞《遊仙詩》：「靈妃顧我笑，粲然啟玉齒。」**對客前致詞。昨朝東風來，吹我芳樹枝。山桃花紅亦已落，問君採藥來何遲。麴房置酒張高宴，**枚乘《七發》：「往來遊讌，縱恣於麴房隱閒之中。」**芝草胡麻迭相勸。不記仙源路易迷，樽前只道長相見。覺來霜月滿城樓，怳忽天台自昔遊。仍憐獨客東南去，不似雙溪西北流。**《一統志》：「雙溪在金華府城南。」杜審言詩：「獨憐京國人南竄，不似湘江水北流。」

蔣廣文薰留飲縉雲學舍為談仙都之勝

蔣字丹崖，嘉興人。縉雲縣屬處州府。先生《蔣君墓誌》：「崇禎〔註10〕九年，舉鄉試。授縉雲儒學教諭。縣無學舍，乃僦居樊氏宅。宅，故延平訓導皋所遺，有天際樓，羣山羅列案前，皋詩所云『烏柏蔭我牆，白茅覆我屋』者也。」皇甫汸《仙都草堂記略》：「仙都在括蒼之縉雲，去邑二十餘人，道書所謂第二十九洞天，軒後龍昇地也。唐天寶間，有綵雲起李溪源，覆繞獨峰之頂，廣樂殷殷，響振林樾。刺史苗奉倩上其事，遂名仙都，而縉雲義亦昉此。」

軒後丹砂就，乘龍上紫清。見前《登衣雲閣》。《玉清隱書》：「《玉帝吟》：『上景發晨暉，金霄欝紫清。』」李白詩：「深宮高樓入紫清。」**不知滄海畔，亦有鼎湖名。**薛應旂《青州山水志》：「石門洞舊在榛莽間，劉宋時，永嘉守謝靈運性好遊覽，始覓此洞。今其上有所謂軒轅丘者，蓋靈運偶得此勝，故假軒轅以贊其為神仙境界耳。後人不察，遂真以為黃帝於此升仙。而縉雲亦有所謂鼎湖，不知黃帝升仙之地在今陝西中部之橋山，固不當為疑似之說也。」**故人家住梅溪上，**見《鴛鴦湖櫂歌》。**渡口扁舟日來往。一別柴門已二年，看山忽作仙都長。要予松下飯胡麻，**見上篇。言自仙都道士家。**時有仙童來海市，或看玉女載河車。**李白詩：「長雲河車載玉女。」《黃庭經》：「北方正氣名河車，東方甲乙成丹砂。」注：「河車是水，故取北方之象。」**一朝風雨青天注，馬跡龍髯不知處。**見前《登衣雲閣》。**蓮花一片天上來，從風飄落東陽去。**金華府，三國吳曰東陽。《仙都草堂記略》：「縉雲山有鼎湖，中產異蓮，瓣落東陽，因建金華之邑，表瑞驗云。」**東陽游女弄潺湲，**謝靈運詩：「乘月弄潺湲。」**素舸**〔註11〕**緣流濯足還。**謝靈運

〔註10〕「禎」，底本原作「正」。
〔註11〕「舸」，四庫本《曝書亭集》作「阿」。

《東陽道中贈答詩》：「可憐誰家婦，緣流洗素足。明月在雲中，迢迢不可得。」又：「可憐誰家郎，緣流乘素舸。但問情若為，月向雲中墮。」笑拾飛花看不足，當歌明月出雲間。廣文先生居四壁，《唐書·鄭虔傳》：「玄宗愛虔才，欲置左右，以不事事，更置廣文館，以虔為博士。」杜甫詩：「廣文先生官獨冷。」《史記·司馬相如列傳》：「家徒四壁立。」青山無數堂階側。採藥曾迷阮客蹤，薛應旂《縉雲諸山志》：「阮客洞在縣東九十里，邑人阮客棲隱之處。唐李陽冰題洞額，鐫石峰上。」窪樽舊是陽冰宅。見下篇。君去仙都訪道書，金龍玉簡定何如。《東齋記事》：「道家有金龍玉簡，學士院撰文，具一歲中齋醮，投於名山洞府。金龍以銅製，玉簡以階石製。」他時倘入神仙窟，杜甫詩：「翻動神仙窟。」《太平廣記》：「雲翹夫人詩：『藍橋便是神仙窟。』」攜手同騎白鯉魚。見後《寒夜集燈公房》。陸龜蒙詩：「早晚東騎白鯉魚。」

縉雲雜詩十首

吏隱山薛應旂《縉雲諸山志》：「吏隱山在縣東北五十步，一名窪尊山。唐縣令李陽冰秩滿，嘗遊息於此，築忘歸臺。石間壁刻吏隱山三字，陽冰所書也。」

　　隱吏昔山樓，留題有真蹟。將尋好奇人，結茅看青壁。杜甫詩：「應結茅齋看青壁。」

忘歸臺

　　連山積翠深，白石空林廣。落景不逢人，長歌自來往。

天際樓自注：「蔣廣文薰讀書處。」　詳見前《蔣廣文留飲》。

　　高樓上浮雲，《古詩》：「西北有高樓，上與浮雲齊。」故人曾此住。何處問歸舟，惟見雲中樹。謝朓詩：「天際識歸舟，雲中辨江樹。」

桂山《浙江通志》：「桂山在景寧縣治北。」

　　蒼蒼桂之樹，《魏樂府》有《桂之樹行》。樹下幽人語。山中正可留，惆悵王孫去。劉安《招隱士》：「桂樹叢生兮山之幽。」又：「王孫兮歸來，山中兮不可以久留。」

謁劉文成公祠《明史·劉基傳》：「字伯溫，青田人。元至順間舉進士，除高安丞。行省辟之，謝去。起為江浙儒學副提舉，論御史失職，為臺臣所阻，再投劾歸。方國珍起海上，掠郡縣，有司不能制。行省復辟基為元帥府都事。基議築慶元諸城以逼賊，國珍氣沮。及左丞帖里帖木兒招諭國珍，基言方氏兄弟首亂，不誅無以懲後。國珍懼，

厚賂基。基不受。國珍使人浮海至京，賄用事者。遂詔撫國珍，授以官，而責基擅威福，羈管紹興，方氏遂愈橫。亡何，山寇蜂起，行省復辟基剿捕，與行院判石抹宜孫守處州。經略使上其功，執政以方氏故抑之，授總管府判，不與兵事。基遂棄官還青田。及太祖下金華，定括蒼，聞基名，以幣聘。基未應。總制孫炎再致書固邀之，基始出。既至，陳時務十八策。太祖大喜，築禮賢館以處，寵禮甚至。問徵取計，基曰：『士誠自守虜，不足慮。友諒劫主脅下，名號不正，地據上流，宜先圖之。陳氏滅，張氏勢孤，一舉可定。然後北向中原，王業可成也。』太祖大悅。友諒圍洪都，太祖自將，與友諒大戰鄱陽蜩，相持三日未決。基請移軍湖口扼之，以金木相犯日決勝，友諒走死。其後太祖取士誠，北伐中原，遂成帝業，略如基謀。太祖即位三年，授基開國翊運守正文臣、資善大夫、上護軍，封誠意伯，祿二百四十石。明年，賜歸老於鄉。基性剛疾惡，與物多忤。胡惟庸挾憾，謂談洋地有王氣，基圖為墓，民弗與，則請立巡檢逐民。帝雖不罪基，然頗為所動，遂奪基祿。基懼入謝，乃留京，不敢歸。憂憤成疾。八年三月，帝遣使護歸。居一月而卒。正德九〔註12〕年，加贈基太師，諡文成。嘉靖十年，刑部郎中李瑜言，基宜侑享高廟，封世爵。下廷臣議。僉言：『高帝收攬賢豪，一時佐命功臣並軌宣猷。而帷幄奇謀，中原大計，往往屬基，故在軍有子房之稱，剖符發諸葛之喻。基亡之後，孫廌實嗣，太祖召諭再三，鐵券丹書，誓言世祿。廌嗣未幾，旋即隕世，褫圭裳於末裔，委帶礪於空言。或謂後嗣孤貧，弗克負荷；或謂長陵紹統，遂至猜嫌。雖一辱泥塗，傳聞多謬；而載書盟府，績效具存。基宜侑享太廟，其九世孫瑜宜嗣伯爵，與世襲。』制曰：『可。』」

　　草昧經綸日，《易》：「天造草昧，宜建侯而不寧。象曰：『雲雷，屯。君子以經綸。』」**英雄戰鬥年。真人淮泗起，**張衡《南都賦》：「方今帝亂其政，豺虎肆虐，真人革命之秋也。」《注》：「李善曰：『真人，光武也。《文子》曰：得天地之道，故謂之真人。』」《明史‧太祖本紀》：「先世家沛，徙句容，再徙泗州。父世珍，徙濠州之鍾離。」**王氣斗牛躔。**《爾雅》：「星紀斗牽牛也。」《晉書‧天文志》：「自南斗十二度至須女七度為星紀，於辰在丑，吳越之分野，屬揚州。」**命世生良弼，**徐禎〔註13〕卿：「《剪勝野聞》：『劉基嘗攜客泛舟西湖，抵暮，仰瞻天象而言曰：天子氣在吳頭楚尾，後十年當興。及過蘇，夜登虎丘山，曰：天子氣尚在吳頭楚尾之間。聞郭子興據濠上，就見之，遇太祖，曰：吾主翁也。深自結納，曰：後十年，君當為天子，我其輔之。乃拂衣而去。』」**卑棲役大賢。**杜甫詩：「舍弟卑棲邑，防川領簿曹。」**一官齊簿尉，**杜甫詩：「脫身簿尉中。」**千里正戈鋋。**班固《東都賦》：「元戎竟野，戈鋋彗雲。」《注》：「戈鋋，矛稍也。」**記室依袁紹，**《後漢書‧百官志》：

〔註12〕　《明史》卷一百二十八《劉基傳》作「八」。
〔註13〕　「禎」，底本作「正」。

「記室令史主上表章、報書記。」《魏志‧陳琳傳》：「琳避亂冀州，袁紹使典文章。袁氏敗，琳歸太祖。」**飛書謝魯連。**《史記‧魯仲連列傳》：「齊田單攻聊城，歲餘，士卒多死，而聊城不下。魯連乃為書，約之矢以射城中，遺燕將。」張繼詩：「飛書伐魯連。」**神鷹思飽擊，**李白詩：「神鷹夢澤，不顧鷗鳶。為君一擊，鵬摶〔註14〕九天。」杜甫詩：「君不見轉上鷹，一飽即飛擊。」**威鳳必高騫。**《漢書》：「宣帝詔：南獻白虎威鳳為寶。」《注》：「威鳳，鳳之有威儀者。與《尚書》『鳳凰來儀』意同。」**漢祖除秦法，**《漢書‧高帝紀》：「父老苦秦苛法久矣，誹謗者族，耦語者棄市。吾與諸侯約，先入關者王之，吾當王關中。與父老約法三章耳：殺人者死，傷人及盜抵罪。餘悉除去秦法。」**周王卜渭畋。**《史記‧齊世家》：「文王將獵，卜曰：『所獲非龍非彲，非虎非羆。乃霸王之輔。』果遇太公於渭陽，載與俱歸。」**廟堂才不易，束帛禮宜先。遂有君臣契，**杜甫詩：「灑落君臣契。」**能令帷幄專。**《漢書‧張良傳》：「高帝曰：『運籌策帷幄中，決勝千里外，子房功也。』」**南征頻克敵，北伐旋摧堅。**《梁書‧武帝紀》：「摧堅覆統〔註15〕，咽水塗原。」**王會收三統，**《圖畫見聞錄》：「貞觀三年，東蠻謝元深入朝。中書侍郎顏師古奏言：『昔周武王治致太平，遠國歸款，周史乃集其事，為《王會篇》。今聖德所及，萬國來朝，卉服、鳥章俱集蠻邸，實可圖寫貽於後，以彰服遠之德。』上從之，乃命閻立德等圖畫之。」《後漢書‧藝文志》：「聖王必定曆數，以收三統。」杜甫詩：「帝力收三統。」**軍謀出萬全。河山分帶礪，**《史記‧高祖功臣侯年表》：「封爵之誓曰：『黃河如帶，泰山若礪。國以永寧，爰及苗裔。』」《注》：「封爵之誓，國家欲使功臣傳祚無窮。帶，衣帶也。礪，砥石也。言如帶礪，國乃絕耳。」**冠蓋儼神仙。**班固《西都賦》：「冠蓋如雲。」**未闕留侯谷，**《史記‧留侯世家》：「良曰：『願棄人間事，從赤松子遊耳。』乃學辟穀，導引輕身。」**長辭范蠡船。**見下。杜甫詩：「鰕菜忘歸范蠡船。」**麒麟當日畫，**《漢書‧蘇武傳》：「甘露三年，單于入朝，上思股肱之美，乃圖畫大將軍霍光等十一人於麒麟閣。」**竹帛後時編。**《漢書‧蘇武傳》：「李陵賀武曰：『竹帛所載，丹青所畫，何以過子卿！』」《後漢書‧鄧禹傳》：「願得效其尺寸，垂功名於竹帛耳。」**一自丘陵改，重愁歲月遷。隆中猶故宅，**習鑿齒《漢晉春秋》：「諸葛亮家於南陽之鄧縣，在襄陽城西二十里，曰隆中。」王韶南《雍州記》：「隆中，諸葛亮故宅。」**縣上少封田。**《左傳》：「晉侯賞從亡者，介之推不言祿，祿亦弗及。遂隱而死。晉侯求之不獲，以綿上為之田，曰：『以志吾過，且旌善人。』」《注》：「西河介休縣南，地名

〔註14〕「摶」，李白《獨漉篇》作「搏」。
〔註15〕「統」，《梁書》卷一作「銳」。

綿山。」**舊俗還祠廟，清歌入管絃。黃金遺像蝕，**《國語》：「范蠡乘輕舟浮於五湖，莫知其終極。王命工以良金鑄范蠡狀而朝禮之。」**鐵券幾人傳。**《漢書·高帝紀》：「高祖與功臣剖符作誓，丹書鐵券，金匱石室。」《金史·百官志》：「鐵券，以鐵為之，狀如卷瓦，刻字畫欄，以金填之，外以玉寶為合，半留內府，以賞殊功也。」**古瓦鼪鼬落，**《爾雅注》：「鼮鼠狀如小狐，一名夷由。」又：「江東呼鼬鼠為鼪。能啖鼠，俗呼鼠郎。」杜甫詩：「蒼鼠竄古瓦。」**荒庭檜栢圓。蛛**〔註16〕**絲虛寢罥，**杜甫詩：「蛛絲罥鬢長。」黃庭堅詩：「帷幙蛛絲罥。」杜甫《諸葛廟》詩：「竹日斜虛寢。」**鳥跡斷碑眠。**衛恒《四體書勢》：「昔者黃帝創制造物，有沮誦蒼頡者，始作書契，以代結繩，蓋窺鳥跡以興思也。」**想像陰符策，**《戰國策》：「蘇秦得太公陰符之謀，伏而誦之。」《唐書·藝文志》：「《周書陰符》九卷。」**沉吟寶劍篇。**《唐書·郭震傳》：「武后索所為文章，震上《寶劍篇》。武后覽之，嘉歎，即授鎧曹參軍。」**前賢餘事業，**杜甫詩：「英雄餘事業。」**後死尚迍邅。**《易》：「屯如邅如。」**去去辭枌梓，**杜甫詩：「去去才難得。」高適詩：「親族遠枌梓。」**棲棲到海壖。**而宣切。柳宗元詩：「聖代提封盡海壖。」**空林多雨雪，哀角滿山川。玉帳無遺術，**《雲谷雜記》：「杜甫詩：『空留玉帳術。』又：『休添玉帳旂。』注云：『兵書也。』後來增釋者不過曰《唐·藝文志》有《玉帳經》一卷而已。按：顏之推《觀我生賦》：『守金城之湯池，轉絳宮之玉帳。』又，袁卓《遁甲專征賦》：『或倚直使之遊宮，或居貴人之玉帳。』蓋玉帳乃兵家厭勝之方位，謂主將於其方置軍帳，則堅不可犯，猶玉帳然。其法出於黃帝遁甲，以月建前三位取之，如正月建寅，則巳為玉帳，主將宜居。李太白詩：『身居玉帳臨河魁。』戌為河魁，謂主將之帳在戌也。」**蒼生久倒懸。憑留一黃石，相待穀城邊。**《漢書·張良傳》：「圯上老人出一編書，曰：『讀是則為王者師，後十年興。十三年，孺子見我濟北，山下黃石即我已。』後十三年，從高帝過濟北，果見穀城山下黃石，取而寶祠之。」《水經注》：「魚山四十里，是穀城縣。《魏土地記》曰：『縣有穀城山，在東阿縣東北五里，一名黃山。即張良得黃石之所。』」

永嘉已見對月懷家孝廉一是四首一是字近修，海寧人。崇禎〔註17〕壬午舉人。

　　娟娟東城月，鮑照《翫月》詩：「娟娟似娥眉。」**濯濯中園露。**韓愈詩：「濯濯晨露香。」**脩蝀乍升輝，**《西京雜記》：「公孫乘《月賦》曰：『值圓巖而似鉤，蔽

〔註16〕「蛛」，四庫本《曝書亭集》誤作「珠」。
〔註17〕「禎」，底本作「正」。

修堞如分鏡。』」**廣墀已流素。**高啟詩：「朱華敷廣墀。」左思詩：「明月出雲崖，皦皦流素光。」**感物成憂端，翹思念情故。**《古樂府》：「廣情故，心相於。」**心賞竟莫同，**謝朓詩：「懷人去心賞。」謝靈運《酬從弟惠連詩》：「永絕賞心望，長懷莫與同。」**歡歌有遺慕。**

昔我濟江時，別子澄湖陰。謝惠連《獻康樂詩》：「飲餞野亭館，分袂澄湖陰。」**申以欸曲言，**謝靈運《酬從弟惠連詩》：「款曲洲渚言。」**可謂〔註18〕超重深。**張載詩：「願因流波超重深。」**軒車來何晚，**《古詩》：「思君令人老，軒車來何遲。」**離緒故難任。**曹植詩：「離思故難任。」**不因道路修，惠以瑤華音。**謝朓詩：「惠而能好我，問以瑤華音。」

瑤華尚阻修，張載詩：「欲往從之路阻修。」**何以展嘉覯。**杜甫詩：「逍遙展嘉覯。」**甌越非殊鄉，**謝靈運詩：「相期憩甌越。」《注》：「甌越，越之別名。」**方舟冀來適。**《詩》：「方之舟之。」曹植詩：「方舟安可極。」**新蒲紛紫茸，**謝靈運詩：「新蒲含紫茸。」**春草齊碧色。**江淹《別賦》：「春草碧色。」**徒今芳醑陳，**謝靈運詩：「傾酤繫芳醑。」**庶幾煩慮釋。**

芳醑無長筵，煩慮何由捐。我思亦〔註19〕何篤，有若明膏煎。《漢書·龔勝傳》：「勝死，有老父來弔曰：『嗟乎！』薰以香自燒，膏以明自銷。」溫庭筠詩：「膏明則自煎。」**兼山義有託，**《易》：「兼山艮，君子以思不出其位。」謝靈運詩：「兼山貴止託。」**涉川道未愆。**《易》：「需，有孚，光亨，貞吉，利涉大川。」**安得飛鴻翼，報子池上篇。**謝靈運《登池上樓詩》：「池塘生春草，園柳變鳴禽。」《謝氏家錄》：「康樂每對惠連，輒得佳語。後在永嘉西堂思詩，竟日不就。寤寐間，忽見惠連，即成『池塘生春草』。故常云：此語有神助。」

永嘉除日述懷

不作牽裾〔註20〕別，飄然到海隅。謀生真鹵莽，《莊子》：「耕而鹵莽之，則其實亦鹵莽而報予。」**中歲益艱虞。**王維詩：「中歲頗好道。」杜甫詩：「維時遭艱虞。」**鄉里輕孫楚，**《晉書·孫楚傳》：「楚才藻卓絕，爽邁不群，多所陵傲，缺鄉曲之譽。」**衣冠厭魯儒。微名翻詆挫，暇日少懽愉。處賤無奇策，**柳宗元《段太尉逸狀》：「處賤無以拒也。」**因人遠禍樞。**杜甫詩：「因人作遠遊。」又：

〔註18〕「可謂」，《曝書亭集》作「謂可」。
〔註19〕「亦」，《曝書亭集》作「一」。
〔註20〕「裾」，四庫本《曝書亭集》作「車」。

「微聲及禍樞。」同舟邀楚客，自注：「王明府世顯。」聽曲賞巴歈。岸轉群峯出，潮回眾壑趨。江聲漁浦靜，樹色釣臺殊。《浙江通志》：「嚴陵釣臺在嚴州府東五十里七里龍內。」祠宇浮空翠，謝靈運詩：「空翠難強名。」松筠〔註21〕儼畫圖。羈懷方浩蕩，《楚辭》：「志浩蕩而傷懷。」前路已崎嶇。草宿侵寒兔，林棲逐夜烏。微茫辭建德，《寰宇記》：「睦州建德縣，吳廣武四年分富春之地置，屬吳郡。」縹緲望仙都。見前《蔣廣文留飲》。水訝溪流惡，《浙江通志》：「好溪在處州府縉雲縣治前，舊名惡溪，刺史李邕改今名。」山將棧道紆。《梁州圖經》：「棧道連空，極天下之至險。興利州至三泉縣，橋閣共一萬九千三百八十間，護險編欄共四萬七千一百三十四間。」僕夫行木末，杜甫詩：「我行已水濱，我僕猶木末。」風雪灑天衢。杜甫詩：「冰雪曜天衢。」老鶴侵晨語，杜甫詩：「野鶴清晨出。」窮猿入暮呼。杜甫詩：「窮猿號雨雪。」轉思臨嶮巇，誰分久泥塗。《左傳》：「使吾子辱在泥塗久矣。」柔櫓輕帆下，《古詩》：「柔櫓鳴深紅。」青田麗水區。《一統志》：「處州府青田縣在府城東南一百五十里，麗水縣附郭。」哀禽爭呌嘯，孤嶼胥上聲。忽須臾。《寰宇記》：「孤嶼在溫州南四里永嘉江中，嶼有二峰。」泂美東甌地，《浙江通志》：「溫州府，漢立東海王，都東甌，是為東甌國。」由來謝客娛。鍾嶸《詩品》：「初，錢唐杜明師夜夢東南有人來入其館。是夕，即靈運生會稽。旬日，而謝幼度亡。其家以子孫難得，送靈運於杜治養之。十五方還郡，故名客兒。」《梁書·鍾嶸傳》：「謝客為永嘉之雄。」詩篇留汗漫，見前《石門懷古》。《關尹子》：「勿以汗漫曰道之廣。」旅食慰饑劬。陶潛詩：「春醪解饑劬。」強禁樽中酒，難憑肘後符。《晉書·葛洪傳》：「著《金匱藥方》一百卷、《肘後要急方》四卷。」杜甫詩：「肘後符應驗。」朋簪方克萃，《易》：「朋盍簪。」禮法未應拘。生意窺籠鳥，《鶡冠子》：「籠中之鳥，空窺不出。」流年過隙駒。《莊子》：「人生世中，如白駒過隙。」笑看風土別，驚見物華徂。紅綻官梅萼，杜甫詩：「紅綻雨梅肥。」又：「東閣官梅動詩興。」青分櫪馬芻。杜甫詩：「與奴白飯馬青芻。」又：「盍簪喧櫪馬。」深杯期夜酌，細菜出春廚。杜甫詩：「春日春盤細生菜。」坐久親孤燭，更深判百觚。《孔叢子》：「平原君與子高飲，強子高酒，曰：『昔有遺諺：堯舜千鍾，孔子百觚。子路嗑嗑，尚飲百榼。聖賢無不能飲，吾子何辭焉？』」遠書勞日夜，歸夢越江湖。正憶高堂在，岑參詩：「高堂有老親。」知攜兩弟俱。屢空無長去聲。物，見後《題王給事過

〔註21〕「筠」，《曝書亭集》作「林」。

嶺》詩。**相視必長籲。菽水承顏好**，《禮》：「子路曰：『傷哉貧也！生無以為養，死無以為禮也。』孔子曰：『啜菽飲水，盡其歡，斯之謂孝。』」《晉書・孝友傳》：「柔色承顏，怡怡盡樂。」**辛盤令節須**。《風土記》：「月正元日，五辛鍊形。」注：「噉五辛菜所以助發五臟之氣也。」庾肩吾詩：「聊傾栢葉酒，試奠五辛盤。」杜甫詩：「令節成吾老。」**艱難存病婦**，《古樂府・婦病行》：「病婦連年累歲。」**燈火索鄰迸。**謝翱詩：「鄰迸燈下索，鄉夢戍邊回。」**書籍愁撋賣**，杜甫詩：「盡撋書籍賣。」注：「撋，正作抾，如兼切。」**衣裳定有無。**杜甫詩：「三伏炎蒸定有無。」**女長工翦綵**〔註22〕，《荊楚歲時記》：「人日剪綵為人，或鏤金箔為人，以貼屏風，亦戴之頭鬢。」**男大學投壺。**《禮》：「投壺之禮，主人奉矢，司射奉中，使人執壺，主人請曰：『某有枉矢哨壺，請以樂賓。』」杜甫詩：「女長裁褐穩，男大卷書勻。」**倚著憂他日**，杜甫詩：「吾生無倚著。」**沉吟愧壯夫。虞翻仍去越**，《吳志・虞翻傳》：「翻字仲翔，會稽餘姚人。仕吳為騎都尉。數犯顏諫爭，孫權不悅，坐徙丹陽涇縣，後又徙交州。」**張翰未歸吳。**《晉書・張翰傳》：「翰字季鷹，吳郡人。縱任不拘，時人號為『江東步兵』。齊王囧辟為大司馬東曹掾。翰因見秋風起，乃思吳中蓴羹、鱸魚膾，曰：『人生貴得適志，何能羈官數千里外，以要名爵乎！』遂命駕而歸。俄而囧敗，人皆謂之見機。」杜甫詩：「張翰後歸吳。」**詎有追風驃**，音票。《古今注》：「始皇七馬，一曰追風。」杜甫詩：「妻子山中哭向天，須公櫪上追風驃。」《廣韻》：「馬黃白色曰驃。」**恒隨泛渚鳧。**《楚辭》：「將泛泛若水中之鳧，與波上下，偷以全吾軀乎？」**達生兼止託**，謝靈運詩：「兼山貴止託。」**齊物任榮枯。**《莊子》有《達生》篇、《齊物》篇。**述作安時論**，杜甫詩：「耕鑿安時論。」**鶺花盡友于。**孫逖詩：「邊地鶺花少。」杜甫詩：「山鳥山花吾友于。」**莫將鄉國淚，頻灑阮公途。**見前《送林佳璣》。

大牆上蒿行 魏文帝《大牆上蒿行》：「陽春無不長成。草木群類，隨大風起，零落若何翩翩。中心獨立一何煢！四時捨我驅馳，今我隱約欲何為？人生居天壤間，忽如飛鳥棲枯枝，今我隱約欲何為？適君身體所服，何不恣君口腹所嘗？冬被貂氈溫煖，夏當服綺羅輕涼。行力自苦，我將欲何為？不及君少壯之時，乘堅車策肥馬良。上有滄浪之天，今我難得久來視。下有蠕蠕之地，今我難得久來履。何不恣意遨遊，從君所喜。帶我寶劍，今爾何為自低卬？悲麗平壯觀，白如積雪，利如秋霜。駮犀標首，玉琢中央。帝王所服，辟除凶殃。御左右，奈何致福祥。吳之辟閭，越之步光，楚之龍

〔註22〕「翦綵」，四庫本《曝書亭集》無。

泉，韓有墨陽，苗山之鋌，羊頭之鋼。知名前代，咸自謂麗且美，曾不如君劍良，綺難忘。冠青雲之崔嵬，纖羅為繂，飾以翠翰，既美且輕。表容儀，俯仰垂光榮。宋之章甫，齊之高冠，亦自謂美，蓋何足觀？排金鋪，坐玉堂。風塵不起，天氣清涼。奏桓瑟，舞趙倡。女娥長歌，聲協宮商。感心動耳，盪氣迴腸。酌桂酒，鱠鯉魴，與佳人期為樂康。前奉玉卮，為我行觴。今日樂，不可忘，樂未央。為樂常苦遲，歲月逝，忽若飛。何為自苦，使我心悲。」

高秋何多悲風，草木黃落，盡依於土壤。我悲夫轉蓬，《後漢書·明帝紀》：「飛蓬隨風。」《注》：「《管子》曰：『飛搖而無所定謂之飛蓬。』」李白詩注：「蓬花如毬，風起則轉。」〔註23〕從風高下，亦復南北西東。人生在六合間，《莊子》：「六合之外，聖人存而不論。」梁元帝《纂要》：「天地四方曰六合。」渺若蜉蝣之羽，《詩》：「蜉蝣之羽。」《爾雅》：「蜉蝣，渠略。」《注》：「似蛣蜣。身狹而長，有角。聚生糞土中。朝生暮死。」促迫日暮，寧保厥躬。何不恣君中心所欲，仲長統詩：「六合之內，恣心所欲。人事可遺，何為局促。」右挾矢，左抨弓。抨音怦，同拼。杜甫詩：「抨弓落狄鼺。」追脫兔，落輕鴻。蘇軾詩：「平沙細草荒芊綿，驚鴻脫兔相後先。」胹熊蹯，《左傳》：「宰夫胹熊蹯不熟。」《注》：「胹，煮也。」炙鹿茸。《本草綱目》：「鹿茸生精補髓，養血益陽，強筋健骨。」《雷公炮炙論》：「鹿茸，慢火炙，令內外黃脆，以鹿皮裹之，安室中一宿，則藥魂歸矣。」開我中堂，坐我友朋。援琴倚瑟，《漢書·張釋之傳》：「上自倚瑟而歌。」鼓鼓考鐘。胡為自苦乃爾，十囊五囊之錢，《晉書·王濬傳》：「童謠曰：『十囊五囊入棗郎。』」千倉萬箱之粟，《詩》：「乃求千斯倉，乃求萬斯箱。」細而鹽豉蒜果，《史記·貨殖傳》：「鹽豉千合。」《三輔決錄》：「鹽豉蒜果共一箅。」量籌握算，戚戚思慮，王隱《晉書》：「王戎好治生，田園周徧天下。翁嫗二人常以象牙籌晝夜算計家貲。」終成老翁。上有蒼蒼者天，下有薄薄之地。《荀子》：「薄薄之地，不得履之，非地不安也，危足無所履者也。」《注》：「薄薄，謂磅礴廣大之貌。」日往月來，寒往暑來，人生安得久長視。不如坐堅車，張高蓋，貴且快意。《漢書·欒布傳》：「孝文時為燕相，至將軍，稱曰：『窮困不能辱身，非人也。富貴不能快意，非賢也。』」乘我厩馬，出入翱翔。黃金為絡，《古樂府》：「黃金絡馬頭。」青絲為韁。魯之乘駽，《詩·魯頌》：「駉彼乘駽。」周之訾黃，《楊升庵外集》：「周穆王八駿之名見於《列子》，而他書所載互有不同。渠黃，一作駏騟，又名翠黃，又名訾黃。」燕之駃騠，《史記·鄒陽列傳》：「蘇秦

〔註23〕楊慎《升菴集》卷七十九《蓬花》：「蓬花如毬，風起則轉。〔太白詩注〕」

相燕，人惡之燕王。燕王按劍而怒，食以駃騠。」《注》：「駃騠，駿馬也。蘇秦雖有
讒謗，而更食以珍奇之味。」**唐城**〔註24〕**驣驪**。《左傳》：「唐城公如楚，有兩驣驪
馬。楚子常顧之，不與。唐人竊馬而獻之。」**雖自謂神且駿，**《世說新語》：「支道
林常養數匹馬，或言道人畜馬不韻。支曰：『貧道重其神駿。』」**曾不如臣馬良。**
《古樂府》：「君馬黃，臣馬蒼，二馬同逐臣馬良。」**呼韓娥，**《列子》：「韓娥曼聲
長歌，一里老幼喜躍忭舞。」**進趙倡，歌陽阿，**《古今樂錄》：「《陽春》、《白雪》、
《流風》、《激楚》、《陽阿》，皆曲名也。」**引清商。**見前《寒夜》。**暢飛暢舞，**《齊
拂舞歌》：「暢飛暢舞氣流芳。」**二八成行。**見前《白紵詞》。**輕軀宛轉，長袖低
昂。目迎心蕩，蹋屣鳴璫。晉之南威，**《戰國策》：「晉文公得南之威，三日不
朝。遂推南之威而遠之，曰：『後世必有以色亡其國者。』」**楚之陽文，吳之夷光，**
《孟子注疏》：「西施一名夷光。」**稱名前代，亦自謂美而豔，**《左傳》：「宋華父
督見孔父之妻於路，目逆而送之，曰：『美而豔。』」**夫何可方。歲月疾如馳，
為歡能幾時。升沉分定，**李白詩：「升沉應已定，不必問君平。」**窮達天為。**
《古樂府》：「窮達天為，智者不愁，多為少憂。」**獲我所求，亦復何思。古來
達者飲不辭，豐刑**《說文》：「豐，豆之豐滿者也。一曰器名，《鄉飲酒》有豐侯。」
亦謂之廢禁。《海錄碎事》：「射禮：置豐於西階。古豐國之君以酒亡國，故以為罰爵，
圖其人形於下，寓戒也。」**酒誥徒箴規，**《〈書·酒誥〉注》：「商受酗酒，天下化之。
妹土，商之都邑，其染惡尤甚，武王以其地封康叔，故作書誥教之云。」**劉伶畢卓
真吾師。**杜甫詩：「痛飲真吾師。」**但當一月二十九日醉，**《世說新語》：「孔思
遠為後軍府長史，雖醉日居多，而曉明政理，醒時判決，未嘗有壅。眾咸云：『孔公一
月二十九日醉，勝世人二十九日醒。』」**忍使一年三百五日成齋期。**《世說新語》：
「周太常嘗臥病齋宮，妻窺問所苦。周以為干犯齋禁，大怒。時人為之語曰：『生世不
諧，作太常妻。一歲三百六十日，三百五十九日齋。一日不齋醉如泥。』」

元夕寄故鄉諸子

　　戍鼓動高城，青燈曖虛壁。為報故園人，天涯此元夕。

山雪

　　山雪消猶未，江梅凍已殘。**龍蛇翻遠蟄，**《易》：「龍蛇之蟄，以存身也。」
鳥雀凜相看。**短服裝綿少，**杜甫詩：「衣冷欲裝綿。」**深杯入手乾。**杜甫詩：

〔註24〕「城」，《曝書亭集》作「成」。

「百罰深杯亦不辭。」孟浩然詩：「當杯已入手。」**今宵聞擊柝，轉憶北城寒。**
杜甫詩：「擊柝可憐子，無衣何處村。」

夢中送祁六出關 按：此詩乃送祁班孫戍邊出塞也。見前《山陰雨霽》。

酌酒一杯歌一篇，沙頭落葉何紛然。朔方此去幾時返，南浦送君真
可憐。江淹《別賦》：「送君南浦，傷如之何！」**遼海月明霜滿野，**李白詩：「亭伯
流離放遼海。」**陰山風動草連天。**蔣一葵《唐詩選箋釋》：「陰山在轄鞬國東千餘
里。」《漢書·匈奴傳》：「侯應曰：『臣聞北邊塞至遼東，外有陰山，東西千餘里，草
木茂盛，多禽獸，本冒頓單于依阻其中，治作弓矢，來出為寇，是其苑囿也。至孝武
時，出師征伐，斥奪此地，攘之於幕北。然後邊境得用少安。』」**紅顏白髮雙愁汝，**
欲寄音書何處傳。陸機詩：「音書長不達。」

舍弟彝鑒 遠訪東甌喜而作詩

急難逢令弟，《詩》：「兄弟急難。」謝靈運《酬從弟惠連詩》：「末路值令弟，
開顏披心胸。」**訪我自江東。頓喜羇愁豁，兼聞道里通。**杜甫《送舍弟潁赴齊
州》詩：「來看道路通。」**晴江空翠裏，春草亂山中。知汝南來日，西陵定**
遇風。「西陵」，見前《山陰道歌》。謝惠連有《西陵遇風獻康樂詩》。

永嘉雜詩六首

斜川

九曲斜川水，《溫州府志》：「永嘉東南有大九曲河、小九曲河。」**分流到海**
濱。金釵河上月，《府志》：「金釵河在鎮海門內。」**留照浣紗人。**

春草池 《府志》：「永嘉東南積穀山有春草池。」

謝公去已久，空餘池上樓。春風園柳色，朝夕使人愁。見前《永嘉對月》。

南亭 《府志》：「南亭在永嘉縣城南。」

薄雲雨初霽，返照南亭夕。如逢秋水生，我亦西歸客。謝靈運《遊南
亭詩》：「時竟夕澄霽，雲歸日西池〔註25〕。」又：「逝將候秋水，息景偃舊崖。」

北亭 《府志》：「北亭在永嘉縣城東北。」謝靈運有《北亭與吏民別詩》。

日落空水深，潮回春岸白。時有看山人，江南望江北。

〔註25〕「池」，《遊南亭詩》作「馳」。

謝客岩《府志》:「積穀山,又名飛霞山,有飛霞洞,漢劉根隱處。麓有謝客岩。謝靈運書《白雲曲》、《青草吟》於崖上,今蕪沒。」

　　朝看白雲飛,暮看白雲宿。聞有山阿人,曾歌白雲曲。

吳橋港《府志》:「吳橋在永嘉縣十都。」

　　聞說吳橋港,荷花百里開。當年王內史,五月櫂船回。

東甌王廟先生《東甌王廟碑》:「予遊永嘉,謁王之廟於縣治之東華蓋山之下。按史,王,句踐之後,國覆於楚。至秦郡縣天下,廢為君長。及諸侯畔秦,王率越從鄱君入關滅秦。漢擊楚王,率越佐漢滅楚。高帝封王於越,以奉越後。惠帝二年,舉高帝時越功,曰『閩君搖功多,其民便附』,乃立為東海王,都東甌。世俗號東甌王,廟之所由名也。漢制:非劉氏不王。其初異姓王者八國,卒就誅滅。王與長沙王芮、閩越王無諸獨終始得全,非以忠謹然與?司馬遷謂『王入關時,項籍主命弗王,故王不附楚』,是亦未推王之心者。蓋王之國,楚實覆之。項氏雖非楚後,而世為楚將,安知覆越者之非項氏也?然則王之不附楚而佐漢也明矣。方其喪國於楚,廢於秦,版圖入丞相府,越人終保而不散,以瘡痍未起之眾,馳數千里,犯強虎狼秦。及漢軍垓下,黥布、信、越期會不進,而王之用命,若蹈湯火。蓋國恥未雪,王之心有不忍一日懷安者,是可謂豪傑之士矣。夫其流離瑣尾,英毅果銳之氣百折而不回,歿為明神,廟食於千載,宜也!」

　　九牧維揚外,《書》:「六卿分職,各率其屬,以倡九牧。」《江南通志》:「揚州府,明永樂中曰維揚府。」三江霸越餘。見後《苦旱》。入關從漢約,見前《謁劉文成公祠》。遵海裂秦墟。豪俊宜如此,艱難氣不除。《魏志·張邈傳》:「元龍湖海之士,豪氣不除。」策功尼〔註26〕項籍,分壤接無諸。《史記·東越傳》:「閩越王無諸及越東海王搖者,其先皆越王句踐之後也,姓騶氏。秦已併天下,皆廢為君長,以其地為閩中郡。及諸侯畔秦,無諸、搖率越歸鄱陽令吳芮,從諸侯滅秦。漢擊項籍,無諸、搖率越人佐漢。漢五年,復立無諸為閩越王,王閩中故地。」跡異尊黃屋,見前《越王臺懷古》。忠能奉簡書。《詩》:「畏此簡書。」長沙堪伯仲,《漢書·吳芮傳》:「吳芮,秦時番陽令也。率越人舉兵以應諸侯。沛公攻南陽,乃遇芮之將梅鋗,與偕攻析、酈,降之。及項羽相王,以芮率百越佐諸侯從入關,故立芮為衡山王。其將梅鋗功多,封十萬戶,為列侯。項籍死,上以鋗有功,從入武關,故德芮,徙為長沙王。」百濮定何如。《左傳》:「麇人率百濮伐楚。」萬古開王會,見前《謁劉文成公祠》。孤城指帝車。自注:「永嘉城象北斗,號斗城。」《史記·天

〔註26〕「尼」,康熙本《曝書亭集》同,四庫本《曝書亭集》作「居」。

官書》：「斗為帝車，運於中央，臨制四方。」**靈旂存髣髴**，《楚辭》：「靈旗兮電鶩。」
過客盡欷歔。殿瓦年頻坼，霜林日漸疏。躨跜山鬼立，王延壽《魯靈光殿
賦》：「虬龍騰驤以蜿蟺，頷若動而躨跜。」《注》：「躨跜，動貌。」王逸《〈楚辭‧
山鬼篇〉注》：「《莊子》曰：『山有夔。』《淮南子》曰：『山出㛧，為楚人所祠。』豈
此類乎？」**莓蘚石堂虛。側想風雲會**，《後漢書‧二十八將傳‧論》：「前世以為
上應二十八宿，未之詳也。然能感會風雲，奮其志〔註27〕勇，稱為佐命，亦各志能
之士也。」王粲傳〔註28〕：「遭遇風雲會。」**乘時草昧初。**《易》：「天造草昧。」
遠途今日暮，《史記‧伍子胥列傳》：「吾日暮途遠，吾故倒行而逆施之。」**下拜
獨躊躕。**

華壇望鴈蕩〔註29〕**山歌贈方十三朱生朱十八振嘉**《夢溪筆談》：「溫州雁蕩
山，自古圖牒未嘗有言者。祥符中，方有人見之。此時尚未有名。按西域書，阿羅漢
諾矩羅居震旦東南大海，際雁蕩芙蓉峰、龍湫。唐僧貫休為《諾矩羅贊》，有『雁蕩經
行雲漠漠，龍湫宴坐雨濛濛』之句。此山南有芙蓉峰，前瞰大海。然未知雁蕩、龍湫
所在。後始見此山。山頂有大池，以為雁蕩。下有二潭水，以為龍湫。皆後人以貫休
詩名之也。」《溫州府志》：「雁蕩山在樂清縣東九十里。」

　　我昔逢羽人，《楚辭》：「仍羽人於丹丘兮。」《注》：「羽人，飛仙也。」**迢迢
歷滄海。貽我神山鴈蕩**〔註30〕**圖，玉笈金箱至今在。**王勃詩：「玉笈三山
記，金箱五嶽圖。」**夢想忘歸亭上游**，《府志》：「雁山有忘歸亭。」**琪花瑤草幾
千**〔註31〕**秋。**《十洲記》：「仙家有琪花瑤草。」**崩流一萬丈，濯足大龍湫。**薛
應旂《雁蕩山志》：「山有大、小龍湫。大龍湫在西谷，自石壁絕頂瀉下，高五千丈，
隨風旋轉，變態百出。小龍湫在東谷，從岩溜中飛流而下，高三千丈。」**邇來作客
荒山道**，杜甫詩：「三年饑走荒山道。」**欲往層崖事幽討。**杜甫詩：「脫身事幽討。」
方君遇我顏色親，《史記‧刺客列傳》：「豫讓曰：『知伯以國士遇我。』」**朱子更
覺人情好。**杜甫詩：「相逢苦覺人情好。」**攬環結佩山澤間**，杜甫詩：「趙公玉立
高歌起，攬環結佩相終始。」**樂酒今夕須歡顏。**《詩》：「樂酒今夕。」**登華壇之**

〔註27〕「志」，《後漢書》卷二十二《朱景王杜馬劉傅堅馬列傳》作「智」。
〔註28〕「傳」當作「詩」。按：《藝文類聚》卷九十二：「魏王粲詩曰：『鷙鳥化為鳩，
　　　　遠竄江漢邊。遭遇風雲會，託身鸞鳳間。天姿既否戾，受性又不閒。邂逅見逼
　　　　迫，俛仰不得言。』」
〔註29〕「蕩」，《曝書亭集》作「宕」。
〔註30〕「蕩」，《曝書亭集》作「宕」。
〔註31〕「千」，《曝書亭集》作「春」。

絕頂，眺鴈蕩〔註32〕之回巒。雲容容兮欲雨，《楚辭》：「雲容容兮而在下。」水嘈嘈兮下山。李白詩：「雲青青兮欲雨，水淡淡兮生煙。」又：「澀灘鳴嘈嘈。」遙岑出沒，不可以悉數，韓愈詩：「遙岑出寸碧。」但見哀禽雜獸日暝而俱還。君不見宗少文，當年意興真軼群。名山臥遊不得見，眼前圖畫空紛紛。《南史·宗少文傳》：「少文好山水，愛遠遊。西陟荊、巫，南登衡嶽，因結宇衡山，欲懷尚平之志。有疾還江陵，歎曰：『老疾俱至，名山恐難遍睹，惟澄懷觀道，臥以遊之。』凡所遊履，皆圖之於室，謂人曰：『撫琴動操，欲令眾山皆響。』」君不見謝康樂，《宋書·謝靈運傳》：「襲封康樂侯。」跡近名山遠城郭。咫尺丹梯竟未登，朱相《湧幢小品》：「雁蕩山，前世人所未見。即謝康樂好遊，亦未曾至。宋真宗建玉清昭應宮，因採木深入窮山，此境始露於外。」「丹梯」，見前《山陰雨霽》。江南江北徒丘壑。謝靈運詩：「江南倦歷覽，江北曠周旋。」又：「昔余遊京華，未嘗廢丘壑。」我今得偕二子從，遙看一百二高峰。勞大興《甌江逸志》：「雁蕩山有東西內外谷，諸峰險怪，皆包在諸谷之中。嶺外望之，都無所見。東外谷之峰五，東內谷之峰四十八，西內谷之峰與西外谷之峰各二十有四，建寺十有八。」陸深《雁山圖記》：「東谷之峰五十有三，西谷之峰四十有八，謂之百一峰。」彈琴坐待天邊月，攜手同行石上松。荊榛極天路參錯，謝靈運詩：「臨圻阻參錯。」《注》：「謂碕岸之險參差交錯也。」惆悵平生遠遊諾。謝靈運詩：「始果遠遊諾。」安得仙人相贈九節筇，《列仙傳》：「王烈曾受赤城老人九節蒼藤杖，行地，馬不能追。」杜甫詩：「安得仙人九節杖。」招爾雲中兩黃鶴。

病橘

病橘何年植，巡簷許數過。他鄉淹歲月，此樹漸婆娑。《晉書·殷仲文傳》：「此樹婆娑，無復生意。」滿院飛蟲繞，空庭落日多。向來懷袖意，《吳志·陸績傳》：「年六歲，謁見袁術。登筵懷橘，拜而墮地。術問其故，曰：『將以遺母。』術甚奇之。」華實竟蹉跎。

曝書亭詩錄卷之三終

曝書亭詩錄卷之四

嘉興江浩然孟亭箋注

男壎聲先校

苦寒行《魏樂府》有《苦寒行》。

　　九州皆可歷，賈誼《弔屈原賦》：「歷九州而相其君兮，何必懷此都也？」**何為雲中居**。見前《送曹侍郎》。**聽我歌苦寒**，《太平御覽》：「《郡國志》曰：『雲中五原唾出口成冰』，言苦寒也。」**泣下沾衣裾**。一解。**寒風利如刀**，白居易詩：「風頭向夜利如刀。」**雪花大如席**。李白詩：「燕山雪花大如席。」**重裘如束水**，《魏志·王旲傳》：「諺曰：『救寒莫如重裘。』」**安問絺與綌**。二解。《吳越春秋》：「伍子胥曰：『越王夏被毛裘，冬御絺綌。』」**白日無光晶**，吳筠詩：「白日盡無光。」李白詩：「日月慘光晶。」**驚沙但茫茫**。儲光羲詩：「日暮驚沙亂雪飛。」**捨我四方事**，見後《曹先生輓詩》。**土室獨摧藏**。三解。劉琨詩：「抱膝獨摧藏。」**白登自言高**，《一統志》：「白登山在大同府城東七里，上有白登臺。」《古樂府》：「南山自言高，只與北山齊。」**乃是太古雪**。杜甫詩：「嵌空太古雪。」**漚夷自言深**，《水經注》：「水自汾出，為汾陂。南接鄔。《地里志》曰：『九日在北，并州藪也。』《呂氏春秋》謂之大陸，又名漚夷之澤，俗謂之鄔城。」《一統志》：「漚夷河在大同府蔚州境。」**腹堅不可裂**。四解。《禮》：「季冬之月，冰益盛，水澤腹堅。」**斧冰持作糜**，魏武帝《苦寒行》：「擔囊行取薪，斧冰持作糜。」**餔**〔註1〕**糜糜已冰**。《古樂府》：「妾與君共餔糜。」**展轉長宵中**，謝靈運詩：「展轉長宵半。」**晨夙不得興**。五解。《詩》：「夙興夜寐。」**攬衣未及帶**，陸機詩：「攬衣不及裳。」又：「攬衣有餘帶。」**手龜俱倫切。血出漉**。《莊子》：「宋人有善為不龜手之藥者。」《注》：「不龜謂凍不皸瘃也。」《古樂府》：「心中惻，血出漉。」**嚴霜割我面**，《楚辭》：「冬又中

〔註1〕「餔」，四庫本《曝書亭集》作「鋪」，誤。

之以嚴霜。」**哽咽不得哭**。六解。劉琨詩：「哽咽不能言。」**男兒可憐蟲**，《古樂府》：「男兒可憐蟲，出門懷死憂。」**出門思故鄉。寧飲吳市酒，不樂邯鄲倡**。七解。《吳志·陸凱傳》：「童謠言：『寧飲建業水，不食武昌魚。』」《古樂府》：「上有雙樽酒，作使邯鄲倡。」

傷歌行 漢樂府有《傷歌行》。

北風其涼，《詩》：「北風其涼，雨雪其雱。」**雨雪如搗**。《詩》：「怒焉如搗。」**棲棲素冠**，《詩》：「庶見素冠兮。」**行彼周道**。一解。《詩》：「有棧之車，行彼周道。」**蟹則有筐，蟬則有緌**。《禮》：「成人有其兄死而不為哀者，聞子皋將為成宰，遂為哀。成人曰：『蠶則績而蟹有匡，範則冠而蟬有緌，兄則死而子皋為之哀。』」**父喪不葬，誰憐我為**。二解。**瞻彼桓山，有革其羽。載鳴載揚，忽失其侶**。三解。《家語》：「孔子在衛，聞哭者之聲甚哀。回曰：『此哭聲非但為死而已，又有生別離者也。』子曰：『何以知之？』曰：『回聞桓山之鳥生四子焉，羽翼既成，將分於四海，其母悲鳴而送之，哀聲有似於此，謂其往而不返也。』子使人問哭者，果曰：『父死家貧，賣子以葬，與子長決。』子曰：『回也善於識音矣。』」**力行雖疾，不如奮飛**。《詩》：「不能奮飛。」**遠望雖高，不如早歸**。四解。《古詩》：「遠望可以當歸。」又：「客行雖云樂，不如早旋歸。」**凡百君子**，《詩》：「凡百君子，莫肯用訊。」**庶幾心惻。翳桑之饑，可以報德**。五解。《左傳》：「晉侯飲趙盾酒，伏甲將攻之。初，宣子田於首山，舍於翳桑，見靈輒餓，問其病。曰：『不食三日矣。』食之。既而與為公介，倒戟以御公徒而免之。問何故，對曰：『翳桑之餓人也。』」

十月十四日夜同曹使君雲州對月 《一統志》：「大同府，唐置雲州。」

發軔自徂暑，王濟詩：「發軔將先起。」《詩》：「六月徂暑。」**息軨及玄冥**。《禮》：「孟冬之月，其神玄冥。」**迢迢沙際月，皎皎雲中明。皋禽警朔吹**，謝莊《月賦》：「聆皋禽之夕聞，聽朔管之秋引。」《注》：「《詩》曰：『鶴鳴于九皋。』皋禽，鶴也。《枹朴子》曰：『峻崋獨立而皋禽之響振也。』朔管，羌笛。《說文》曰：『管，十二月位在北方，故云朔。』」《風土記》：「鶴鳴戒露。此鳥性警，至八月白露降流於草上，滴滴有聲，因即高鳴相警，移徙所宿處，慮有變害也。」**別葉辭若**〔註2〕**莖**。鮑照《翫月城西門廨中詩》：「別葉早辭風。」江淹詩：「嚴風吹若莖。」《注》：「若，

〔註2〕「若」，《曝書亭集》作「苦」。

若木也。」〔註3〕**青霜降北陸，**《左傳》：「日在北陸而藏冰。」《注》：「陸，道也。」
參井緬縱橫。《一統志》：「太原府。天文，參井分野。」**主人託嘉藻，**謝瞻詩：
「牽率酬嘉藻。」**休澣寡所營。**《禮》：「晏子澣衣以朝。」鮑照《翫月詩》：「休澣自
公日。」**悟彼行役艱，曲宴奏中誠。**曹植詩：「曲宴北城隅。」謝瞻詩：「忽獲愁
霖唱，懷芳〔註4〕奏所誠。歎彼行旅艱，深茲眷言情。」張華詩：「寫心出中誠。」**清
樽湛瑤席，**謝靈運詩：「芳塵凝瑤席，清醑滿金樽。」王維詩：「陳瑤席，湛清酤。」
兔首亦以烹。《詩》：「有兔斯首，炮之燔之。」**但言音塵闊，**謝莊《月賦》：「美
人邁兮音塵闊，隔千里兮共明月。」**豈意良覿並。**謝靈運詩：「引領冀良覿。」**謙
謙君子柄，**《易》：「謙謙君子。」又：「謙德之柄也。」**習坎美不盈。**《易》：「習
坎：有孚，維心亨，行有尚。彖曰：『習，重險也。水流而不盈，行險而不失其信。』」
澄輝矢相照，慰我殷憂情。《詩》：「憂心殷殷。」謝瞻詩：「伊余雖寡慰，殷憂暫
為輕。」

十五日夜月

重陰積邊亭，張協詩：「烽火列邊亭。」**風候異揚粵。**《漢書·南越王傳》：
「略定揚粵。」**駢筵集親懿，**謝惠連詩：「輟策共駢筵。」《左傳》：「雖有小忿，
不廢懿親。」謝莊《月賦》：「親懿莫從，羈孤遞進。」**復此亭上月。**杜甫詩：「人
煙復此亭。」**析析靜衰林，**謝靈運詩：「析析就衰林，皎皎明秋月。」《注》：「析
析，風聲。」**斐斐滿層闕。**謝惠連詩：「斐斐氣幕岫。」《注》：「斐斐，山氣也。」
劉休玄詩：「浮雲藹層闕。」**清砧無緩響，**杜甫詩：「秋至拭清砧。」**素雲屢興
沒。**鮑照詩：「淒風夏起素雲回。」謝靈運詩：「陰霞屢興沒。」**客情易為懷，**謝
靈運詩：「客情易為盈。」**庶用慰寂蔑。**謝靈運詩：「音塵慰寂蔑。」**哀鴻逝不
居，流芳久雲歇。**劉休玄詩：「誰為客行久，屢見流芳歇。」**天道互虧盈，**《易》：
「天道虧盈而益謙。」**物理信昭昧。**音末。《莊子》：「昔日吾昭然，今日吾昧然。」
鮑照詩：「服理辨昭昧。」**詩人戒太康，職思永無忽。**《詩》：「無已太康，職思
其居。」**霜露日夜零，故鄉渺難越。悽愴遊子心，獨坐待明發。**《詩》：「明
發不寐。」

〔註3〕按：江淹《雜體詩三十首》其七《王侍中粲懷德》：「蟋蟀依素野，嚴風吹若莖。」
　　　見《文選》卷三十一。李善注：「賈逵《國語注》曰：『若木晚矣。』」五臣注
　　　作「嚴風吹枯莖」，注：「善作『若』。」
〔註4〕「芳」，謝瞻《答康樂秋霽詩》作「勞」。

十六日夜席上贈陳孝廉容永 自注：「孝廉戍邊。」

　　暑運方代序，謝惠連詩：「暑運倏如催。」〔註5〕《楚辭》：「春與秋其代序。」感此成鬱陶。良友縶白駒，《詩》：「皎皎白駒，食我場苗。縶之維之，以永今朝。」芳酒永今宵。謝莊《月賦》：「芳酒登鳴琴。」團圞東城月，萬象仍光昭。謝靈運詩：「萬象咸光昭。」誰言容輝減，彌覺神理超。哀笛奮層樓，餘響薄風霄。謝靈運詩：「樵蘇限風霄。」悲哉遠征士，氣輖不得驕。枚乘《七發》：「邪氣襲逆，中若結輖。」《說文》：「輖，車籍交革也。」杜甫詩：「壯士慘不驕。」冲魄會有宜，謝莊《月賦》：「朒朓警闕，脁魄示冲。」《注》：「警闕，謂朒朓失度，則警人君有所闕德。示冲，言脁魄得所，則表示人君有謙冲，不自盈大也。」《古詩》：「夫婦會有宜。」盛滿誰能要。何景明《十三夜對月》詩：「懷謙可久安，盛滿豈恒居。」潘岳詩：「百年孰能要。」伯陽之流沙，《列仙傳》：「老子，姓李，名耳，字伯陽。生於殷時，為周柱下史。後周德衰，乃乘青牛車入秦。過關，關令尹喜先見其氣，知真人當過。物色而遮〔註6〕之，果得老子。老子亦知其奇，為著書授之。後，喜與老子俱遊流沙之西，莫知其所終。」箕子去商郊。《後漢書‧東夷傳‧論》：「昔箕子逢衰殷之運，避地朝鮮。」苟懷艱貞節，《易》：「利艱貞，晦而明也，內難而能正其志，箕子以之。」道德豈不劭。《史記‧老子列傳》：「老子西遊至關，關令尹喜曰：『子將隱矣，彊為我著書。』老子迺著上下篇，言道德之意五千言而去。」《揚子法言》：「年彌高而德彌劭者，是孔子之徒與？」《注》：「劭，美也。」申章託微諷，曹植詩：「親交義在敦，申章復何言。」撫景答長謠。謝靈運詩：「覽物奏長謠。」

雲〔註7〕中至日

　　去歲山川縉雲嶺，見上《永嘉除日》。今年雨雪白登臺。見前《苦寒行》。張說詩：「去歲荊南梅似雪，今年薊北雪如梅。」可憐日至長為客，杜甫《冬至》詩：「年年至日長為客。」何意天涯數舉杯。杜甫詩：「軍令分明數舉杯。」城晚角聲通鴈塞，喬寧《遊鴈門山記》：「鴈門山在代州北三十五里，志云以鴈出其門，故名。一名鴈門塞。」關寒馬色上龍堆。鄭錫詩：「水聲分隴咽，馬色度關迷。」岑參詩：「秣馬龍堆月照營。」注：「匈奴地形如土龍身，無頭有尾，高大者二三丈，卑者丈餘，皆東北向，謂之龍堆。」故園望斷江村裏，愁說梅花細細開。杜甫詩：「嫩蕊商量細細開。」

〔註5〕按：（西晉）潘尼《三月三日洛水作詩》：「暑運無窮已，時逝焉可追。」
〔註6〕「遮」，《列仙傳》作「跡」，是。
〔註7〕「雲」，四庫本《曝書亭集》作「雪」。

長歌行《古今注》：「長歌、短歌，言壽命長短定分不妄求也。」《文選注》：「《古詩》曰：『長歌正激烈。』魏武帝《燕歌行》曰：『短歌微吟不能長。』傅玄《豔歌行》曰：『咄來長歌續短歌。』然行聲有長短，非言壽命也。」

糾糾葛屨，《詩》：「糾糾葛屨，可以履霜。」行彼中逵。《詩》：「施于中逵。」豈無轅馬，登高則危。一解。姬姜誨淫，《左傳》：「雖有姬姜，無棄蕉萃。」《易》：「冶容誨淫。」吉士悼之。《詩》：「吉士誘之。」赫赫王侯，左思詩：「赫赫王侯居。」竊鉤笑之。二解。《莊子》：「彼竊鉤者誅，竊國者為諸侯。」《注》：「竊之小者易覺，有司得按法而加誅。竊之大者，人不得而覺，反得國而為諸侯。」羔羊之革，《詩》：「羔羊之革。」可以禦冬。《詩》：「亦以御冬。」狐貉雖溫，君子固窮。三解。誰謂松柏，微霜萎而。誰謂風雨，雞鳴已而。四解。《詩》：「風雨如晦，雞鳴不已。」芻蕘者謀，先民所度。《詩》：「先民有言，詢於芻蕘。」志士立言，《左傳》：「穆叔曰：『太上有立德，其次有立功，其次有立言。』」豈必好爵。五解。《易》：「我有好爵。」陟彼北山，《詩》：「陟彼北山。」俯視崇丘。千秋萬歲，孰知我憂。六解〔註8〕。江淹《恨賦》：「千秋萬歲，為怨難勝。」

短歌行

飲酒當醉，拔劍當歌。魏武帝《短歌行》：「對酒當歌，人生幾何。」杜甫《短歌行》：「王郎酒酣拔劍斫地歌莫哀。」人生相知，樂豈在多。一解。《楚辭》：「樂莫樂兮新相知。」相彼中林，《詩》：「施于中林。」枝葉猗儺。《詩》：「猗儺其枝。」嚴霜一至，焜音混。黃奈何。二解。《古樂府》：「常恐秋節至，焜黃華葉哀。」飄飄寒風，不知所屆。《詩》：「譬彼中流，不知所屆。」豈曰無衣，《詩》：「豈曰無衣，與子同袍。」將子于邁。三解。《詩》：「將子無怒。」又：「從公于邁。」鳴鹿在囿，載食其蒿。《詩》：「呦呦鹿鳴，食野之蒿。」男兒墮地，傅玄詩：「男兒墮地稱姝。」又：「男兒當門戶，墮地自生神。」惜無錢刀。四解。見前《嫁女詞》。明星在天，雨雪在野。我思故人，泣數行下。五解。《戰國策》：「安陵君泣數行下。」今夕不飲，來日大難。《古樂府》：「來日大難，口噪喉乾。」今者不樂，《詩》。來朝永歎。六解。《詩》：「況也永歎。」

鴈門關《一統志》：「鴈門關在太原府代州北三十里。」

南登鴈門道，騁望勾注巔。《一統志》：「勾注山在代州西二十五里。」山岡

〔註8〕「六解」，四庫本《曝書亭集》無。

鬱參錯，謝靈運詩：「臨圻阻參錯。」石棧紛鉤連。李白《蜀道難》：「天梯石棧相鉤連。」度嶺風漸微，入關寒未捐。層冰如玉龍，萬丈來蜿音鴛。蜒。張衡《西京賦》：「海陵變而成龍，狀蜿蜿以蝹蝹。」飛光一相射，我馬忽不前。抗跡懷古人，何劭詩：「抗跡遺萬里。」千載誠多賢。郅都守長城，烽火靜居延。《史記・酷吏傳》：「郅都為鴈門太守。匈奴素聞郅都節，居邊，為引兵去，竟郅都死不近鴈門。」《一統志》：「居延城在甘州東北，漢張掖郡居延縣治此。」劉琨發廣莫，吟嘯扶風篇。《晉書・劉琨傳》：「琨，字越石，中山魏昌人。永嘉元年，為并州刺史，加振武將軍，領匈奴中郎將。愍帝即位，拜大將軍，都督并、冀、幽三州諸軍事。在晉陽，嘗為胡騎所圍數重，城中窘迫無計，琨乃乘月登樓清嘯，賊聞之，皆淒然長歎。中夜奏胡笳，賊又流涕歔欷，有懷土之切。向曉復吹之，賊並棄圍而走。」劉琨《扶風歌》：「朝發廣莫門，暮宿丹水山。」又：「攬轡命徒侶，吟嘯絕巖中。」《注》：「扶風，地名。蓋古曲，琨擬而自喻也。廣莫門，洛陽城門名。」《陝西通志》：「鳳翔府，漢扶風郡。」偉哉廣與牧，勇略天下傳。《史記・李廣列傳》：「廣嘗為隴西、北地、鴈門、代郡、雲中太守，皆以力戰為名。」又，《廉頗列傳》：「李牧者，趙之北邊良將也。嘗居代鴈門，備匈奴。厚遇戰士，大破匈奴，十餘歲，匈奴不敢近趙邊城。」時來英雄奮，事去陵谷遷。《詩》：「高岸為谷，深谷為陵。」駱賓王詩：「吁嗟陵谷遷。」數子不可期，勞歌為誰宣。嗷嗷中澤鴻，《詩》：「鴻雁于飛，集于中澤。」又：「鴻雁于飛，哀鳴嗷嗷。維此哲人，謂我劬勞。維彼愚人，謂我宣驕。」聆我慷慨言。曹植詩：「絃急悲聲發，聆我慷慨言。」

明妃曲韓子蒼《昭君圖序》：「晉以文王諱昭，改明妃云。」

上林消息斷歸鴻，《漢書・蘇武傳》：「昭帝即位，匈奴與漢和親。漢求武等，匈奴詭言武死。後漢使復至匈奴。常惠教使者，言天子射上林中，得雁，足有繫帛書，言武等在某澤中。使者如惠語以讓單于，單于視左右而驚，謝漢使：『武等實在。』」記抱琵琶出漢宮。《西京雜記》：「元帝後宮既多，不得常見，乃使畫工圖形，案圖召幸之。時宮人皆賂畫工。獨王嬙不肯，遂不得見。匈奴入朝，求美人為閼氏，於是上案圖，以昭君行。及去，召見，貌為後宮第一，帝悔之。窮案其事，畫工毛延壽等同日棄市。」《野客叢談》：「傅玄《琵琶賦序》曰：『故老言漢送烏孫公主〔註9〕嫁昆彌，念其行道思慕，使知音者於馬上奏之。』石崇《明君詞》亦曰：『匈奴請婚於漢，元帝以後宮良家子配焉。昔公主嫁烏孫，令琵琶馬上作樂，以慰其道路之思。其送明

〔註9〕「公主」，底本誤作「主公」。

君，亦必爾也。」則知彈琵琶者，乃從行之人，非行者自彈也。今人畫明妃出塞圖，作馬上愁容，自彈琵琶，而賦詞者又述其自鼓琵琶之意矣。」**紅頰近來憔悴盡**，李白詩：「昭君拂玉鞍，上馬啼紅頰。」**春風更遜畫圖中**。杜甫《詠懷古蹟‧明妃詩》：「畫圖省識春風面。」白居易《明君》詩：「愁苦辛勤憔悴盡，如今都〔註10〕似畫圖中。」

猛虎行《漢樂府》有《猛虎行》。

斑斑南山虎，《古詩》：「猛虎斑斑，遊戲山間。虎欲齧人，不避豪賢。」**黃金環兩目。獐鹿非不甘，妄意食人肉。**一解。**朝亦伏林間，暮亦伏林間。將軍不敢射，何況惡少年。**二解。梁元帝詩：「中有惡少年，技能專自得。」張籍《猛虎行》：「五陵年少不敢射，空來林下看行跡。」**東海殺黃公**，《西京雜記》：「東海人黃公，少時能幻，制蛇御虎，常佩赤金刀。及衰老，飲酒過度。有白虎見於東海，黃公以赤金刀往厭之，術不行，遂為虎所殺。」**山岠逐馮婦。牛哀導我前**，《淮南子》：「昔者牛哀病，七日化而為虎。其兄不知也，啟戶而入，虎乃搏而殺之。方其為虎也，不知其嘗為人也。方其為人也，不知其將為虎也。」**左飛踞我後**。三解。《水經注》：「劉欣期《交州記》曰：『龍編縣功曹左飛曾化為虎，數月還作吏。既言其化，亦化無不在。牛哀易虎，不識其兄。當其革狀，安知其譌變哉？』」**下士捉虎尾，上士持虎頭**。殷芸《小說》：「孔子嘗遊於山，使子路取水，逢虎於水，與虎戰，攬尾得之，內懷中。取水還，問孔子曰：『上士殺虎如何？』子曰：『捉虎頭。』又問：『中士殺虎如何？』子曰：『捉虎腰。』又問：『下士殺虎如何？』子曰：『捉虎尾。』子路出尾棄之。」**雄豪安可常**，汪遵詩：「晉君張宴俟雄豪。」**寢處託王侯**。四解。《左傳》：「莊公為勇爵，殖綽、郭最欲與焉。州綽曰：『二子者，譬於禽獸，臣食其肉而寢處其皮矣。』」

陳參議上年署中題畫二首

香醪小榼載吳船，杜甫詩：「香醪懶再酤。」**隔岸桃花湧石泉。此樂江鄉常在眼，披圖那不數歸年。**

招提絕頂掩松關，「招提」，見前《寒夜》。許渾詩：「欲乘春月訪松關。」**茅屋巖阿竹樹環。恍憶昔遊長至日，滿衣風雪括蒼山。**《浙江通志》：「括蒼山在處州縉雲縣。《圖經》：『十八洞天，此為第十。』」

〔註10〕「都」，白居易《王昭君二首》其一作「卻」。

戲效香奩體二十六韻韓偓《香奩集自序》：「遐思宮體，未敢〔註11〕稱庾信攻文；卻誚玉臺，何必倩徐陵作序。粗得捧心之態，幸無折齒之慚。柳巷青樓，未嘗糠秕；金閨繡戶，始預風流。咀五色之靈芝，香生九竅；咽三危之瑞露，春動七情。如有責其不經，亦望以功掩過。」《石林詩話》：「世傳《香奩集》江南韓熙載所為，誤。沈存中《筆談》又謂漢相和凝所為，後貴，惡其側豔，嫁名於偓，亦非也。偓富於才情，詞致婉麗，能道人意外事，固非凝所及。據《北夢瑣言》云：『凝少年好為小詞令，布於汴洛。洎作相，專令人收拾焚毀。契丹入寇，號為曲子相公。』然則凝雖有集名香奩，與偓同，乃浮豔小詞耳，安得便以今世所行《香奩集》為凝作耶？」

淥水橋橫度，韓偓詩：「春樓不閉葳蕤鎖，淥水回通宛轉橋。」〔註12〕**紅樓壁暗鑿**。音讒。《說文》：「鑿，小鑿也。」**軒牕開了鳥**，李商隱詩：「鎖門金了鳥。」朱鶴齡《注》：「了鳥，未詳。」按：今俗呼門上扣屈膝之鐶鈕曰了鳥子。當即此二字。鳥讀低了切。先生《風懷》詩云「簪挑金了鳥」、《滿庭芳》詞云「金簪拔，暗除了鳥，不用繞唐梯」，以義推之，益可見矣。〔註13〕**洞壑隱空嵌**。范成大《假山詩》：「或瘦露空嵌。」**絕世歌難得**，見前《閒情》。**同生感至誠**。《書》：「至誠感神。」**裁通心叩叩**，繁欽《定情詩》：「何以致叩叩，香囊繫肘後。」按：叩叩，綢繆意。**愛執手摻摻**。《詩》：「摻摻女手。」**匌菴入聲**。**葉垂么鳳**，《玉篇》：「匌綵，婦人頭花髻飾也。」杜甫詩：「頭上何所有，翠微匌葉垂〔註14〕。」蘇軾詞：「海仙時遣探花叢，倒掛綠毛么鳳。」《霏雪錄》：「桐花鳳，即東坡所謂『倒掛綠毛么鳳』是也。李之儀云：『此鳥以十二月來。日間焚好香，則收而藏之羽翼間，夜則張尾翼而倒掛以放香。一名收香倒掛，又名探花使。性極馴，好集美人釵上。』」**釵梁綴小蝛**。自注：「禾中女子有以纖蛤簇蝶綴鬢花者。」庾信《鏡賦》：「拭釵梁於粉絮。」陸龜蒙詩：「先春買小蝛。」**緗桃簪後放**，杜牧詩：「火燎緗桃塢。」《花譜》：「千葉桃為湘桃。」**碧草鬥來芟**。蘇軾詩：「敢將百草鬥吳王。」注：「吳王與西施作鬥百草之戲。」**淺黑鴉頭襪**，李白詩：「屐上足如霜，不著鴉頭襪。」姜夔詞：「籠鞵淺出鴉頭襪」**微黃杏子衫**。無名氏《西洲曲》：「單衫杏子紅。」**粉融研麝和**，《說文》：「麝如小麋，臍有香。」**香潤避梅黬**。音黮。元積詩：「衣漬度梅黬。」**點筆能成陣**，杜甫詩：「石闌斜點筆。」《法書要錄》：「衛夫人《筆陣圖》六種用筆，結構圓備如篆法，飄颺灑落如章草，兇險可畏如八分，窈窕出入如飛白，耿介特立如鶴頭，鬱拔縱橫如

〔註11〕「敢」，底本作「降」，據《全唐文》卷八百二十九《香奩集自序》改。
〔註12〕按：見韓翃《江南曲》，非韓偓詩。
〔註13〕按：《音韻述微》卷十四「鳥」：「又，了鳥，門錄。」
〔註14〕按：杜甫《麗人行》原有「鬢脣」二字。

古隸。」**聽詩便發凡**。杜預《左傳序》：「發凡以立例。」**聰明箋樣改**，《資暇錄》：「元和初，薛濤尚松花箋，而好製小詩。惜其幅大，乃命匠狹小為之，蜀中才子以為便。後減諸箋亦如是，特名曰薛濤箋。」**放誕酒籌監**。《詩》：「凡此飲酒，或醉或否。既立之監，或佐之史。」程嘉燧詩：「四座無聲罷酒監。」**舊譜修簫史**，《樂府調》有月底修簫譜。**繁聲擘阮咸**。《事物記原》：「《通典》曰：『阮咸，秦琵琶也。』李氏《資暇錄》曰：『唐中宗朝，有人於古冢獲銅鑄，樂似琵琶而圓，獻於元行沖。元曰：此阮仲容所造。命工以木為之，音韻清朗，頗難名之，權以仲容姓名呼焉。或謂咸豐肥，創此器以移琴聲，四絃十三柱，倚膝搋之，謂之擘，以代撫琴之艱也。』《通典》：『阮咸形似月，聲似琴，亦名月琴。今但呼曰阮。』」**目因留客送，語以解圍僝**。見前《祁六坐上》。《禮》：「毋僝言。」**捕雀容貓戲**，《宣和畫譜》：「黃筌有《捕雀貓圖》。」**移花信鳥鵒**。丘咸切。元稹詩：「果重鳥先鵒。」《集韻》：「鵒，鳥啄物也。」**繡闌鶯睍睆**，《詩》：「睍睆黃鳥。」**坐久燕呫囁**。元稹詩：「鵲報語呫囁。」**鈿鏡清於水**，李賀詩：「鈿鏡飛孤鵲。」**妝階白勝珹**。音緘。王勃詩：「影拂妝階玟瑂筵。」《廣雅》：「珹，石次玉也。」**住須金作屋**，見前《閨情》。**行即錦為帆**。《倦遊錄》：「劉濬白舫百棹，皆錦帆青簾，多載妓女。」**鬱鬱亭前柳，青青墙口杉**。見後《鴛鴦湖櫂歌》。**回船同別鵠**，蘇武詩：「黃鵠一遠別，千里顧徘徊。」**去馬逐驚颿**。《古今注》：「曹真有駃馬，名驚帆，言其馳驟如烈風之舉帆疾也。」《丹鉛錄》：「曹真有駃馬，號驚帆。俗遂製颿字。」**角枕千行淚**，《詩》：「角枕粲兮。」**蛾眉眾女讒**。《楚辭》：「眾女嫉余之蛾眉兮。」**車輪腸內轉**，《古樂府》：「心思不能言，腸中車輪轉。」**石闕口中銜**。《古樂府》：「石闕生口中，銜碑不得語。」**積思凝瓊樹**，李陵詩：「思得瓊樹枝，以解長饑渴。」江淹詩：「願一見顏色，不異瓊樹枝。」**輕郵達莒**醜止切。又，昌改切。**函**。《玉篇》：「莒，香草。」張希復詩：「金經發莒函。」**犀文搗寒玉**，《文房四譜》：「李超造墨，其堅如玉，其紋如犀。」**兔穎韈秋毚**。黃公度詩：「贈君以宣城秋兔之穎。」陸龜蒙詩：「鷹健想秋毚。」**益智忘留贈**，《南方草木狀》：「益智子如筆毫，長七八分，二月花著實，五六月熟，味辛。出交阯合浦。建安八年，交州刺史張津嘗以益智子粽餉魏武帝。**當歸費遠緘**。《古今注》：「古人相贈以芍藥，相招以文無，文無一名當歸，芍藥一名將離故也。」《本草綱目》：「古人娶妻為嗣續也。當歸調血，為女人要藥。有思夫之意，故有當歸之名，正與唐詩『胡麻好種無人種，正是歸時又不歸』之旨相同。」**神光渚離合**，曹植《洛神賦》：「神光離合，乍陰乍陽。」**夢雨峽嶄岩**。宋玉《高唐賦》：「昔先王

嘗遊高唐，夢見一婦人，王因幸之。去而辭曰：『妾在巫山之陽，高丘之阻，旦為朝雲，暮為行雨。朝朝暮暮，陽臺之下。』杜甫詩：「崑崙月窟東崭嵒。」**虎阜東西寺**，楊士奇《虎丘雲巖禪寺記》：「蘇長洲縣之西北不十里，有山曰虎丘，吳闔閭所葬處，岡阜盤鬱，蓋晉王珣及弟珉之別墅。咸和二年捐為寺，始東西二寺，唐會昌中合為一。而名雲巖者，則昉於宋大中祥符間。」**烏山上下岩**。見後《贈鄭簠》。**當年並遊地，悔不姓名劖**。音巉。

朱碧山銀槎歌孫少宰席上賦

《輟耕錄》：「浙西銀工之精於手藝，表表有聲者，嘉興魏塘朱碧山。」王士禎〔註15〕《居易錄》：「槎杯，元銀工朱碧山所製，有古篆二十八字，云：『欲度銀河隔上闌，時人浪說貫銀灣。如何不見天孫錦，只帶支機片石還。』是故吏部孫侍郎北海承澤家物。」承澤號退谷，上林苑籍，益都人。

高堂宴客客未醉，主人愛客期開顏。羽觴玉爵詎足算，《漢書音義》：「羽觴作生爵形者。」張衡《西京賦》：「羽觴行而無算。」陸機詩：「羽觴不可算。」《禮》：「飲玉爵者弗揮。」勸我鑿落重三鍰。音還。白居易詩：「銀含鑿落琖。」注：「鑿落琖，斝中鏤鐫者。」《爾雅注》：「六兩為鍰。」槎枒老樹幾千歲，方岳詩：「半身蒼蘚槎枒。」霜皮崩剝枝柯刪。杜甫詩：「霜皮溜雨四十圍。」韋應物詩：「牆宇咸崩剝。」陰崖自遭鬼斧劈，沈佺期詩：「陰崖若鬼工。」吳萊詩：「錯落鬼斧鐫。」積雨暗齧苔紋斑。李白詩：「漢水齧古根。」杜荀鶴詩：「苔斑題字壁。」尋源之使出想像，《荊楚歲時記》：「漢武帝令張騫奉使大夏尋河源，乘槎經月而至一處。見一女織，一丈夫牽牛飲河。織女取支機石與騫而還。」朱鶴齡《杜詩注》：「《漢書》張騫窮河源，無乘槎之說。張華《博物志》：『海上有人，每年八月乘槎到天河。』未嘗指言張騫。宗懍《歲時記》乃云『漢武令張騫尋河源，乘槎而去』，趙、蔡俱疑懍為訛。或云張騫乘槎出《東方朔內傳》，此書失傳。庾肩吾詩：『漢使俱為客，星槎共逐流』，正用此事也。」高踞兩膝頂禿鬝。音慳。韓愈詩：「或赤如禿鬝。」《說文》：「鬝，鬢禿也。」觀其傲岸意獨得，《晉書·郭璞傳》：「傲岸榮瘁之間。」任華詩：「平生傲岸，其志不可測。」髩髵歸自明河灣。流傳河畔逢織女，所恨尚少雙煙鬟。韓愈詩：「擢玉紆煙鬟。」剖中鄉許亮切。衡入其腹，《周禮·梓人》：「凡試梓飲器，鄉衡而實不盡，梓師罪之。」《注》：「衡謂麋衡也。」《曲禮》：「執君器齊衡。」《疏》：「麋即眉也。」未解刀削何由彎。《周禮》：「鄭之刀、宋之斤、魯之削、吳粵之劍。」韓愈詩：「大招掛壁何由彎。」傳之四座叫奇絕，有如

白鳥飛翾翾。《揚子法言》:「朱鳥翾翾,歸其肆矣。」細看欸識式志切。刻至正〔註16〕,《漢書·郊祀志》:「文鏤無款識。」《注》:「款,刻也。識,記也。」《遊宦紀聞》:「款識分二義。款謂陰字,是凹入者,刻畫成之。識謂陽字,是挺出者。」問誰為此朱碧山。良工名盛心益苦,杜甫詩:「更覺良工心獨苦。」顧茲毋乃經營艱。主人博搜金石文,向我更話天歷間。天歷,元文宗年號。丹丘〔註17〕先生愛奇古,《甫田集》:「柯敬仲,名九思,號丹丘生,天台人。仕元。文宗時為奎章閣鑒書博士。」杜甫詩:「老夫平生好奇古。」命制芝菌如初攀。當時虞揭相獻〔註18〕酢,是物亦得流人寰。自從闖賊躪燕市,《禮》:「入國不馳。」《注》:「馳,善躪人也。」《疏》:「躪,雷刺也。若車馳則好行刺人也。」大掠金帛仍西還。《明史·流賊·李自成傳》:「安塞馬賊高迎祥者,自成舅也,自稱闖王。孫傅庭禽迎祥,賊黨乃共推自成為闖王。崇禎〔註19〕十七年四月,自成悉鎔所拷索金及宮中帑藏、器皿,鑄為餅,每餅千金,約數萬餅,騾車載歸西安。挾太子、二王西走。」紛紛入肆尋鍛冶,見後《孫少宰蟄室》。否亦道半委榛菅。韓愈詩:「豈舍幽桂遺榛菅。」聞之不覺三歎息,可憐雙觶今成鰥。吾鄉藝事多絕倫,奇巧不數古輸班。張銅黃錫近乃出,見後《鴛鴦湖櫂歌》。未若此老技最嫻。殊方促坐但酩酊,莫遣酒醒懷鄉關。李昌符詩:「酒醒鄉關遠。」

食半翅二首王士禛〔註20〕《居易錄》:「予來京師,朱太史竹垞招飲古藤書屋,食半翅,甚美,不知是何鳥。閱《盤山新志》云:『《爾雅》:鶅鳩,冠雉。郭璞《注》:鶅,大如鴿,似雉鼠,腳無後指,岐尾。為鳥愨急,群飛出北方沙漠。盤山多有之,土人呼為半翅,即沙雞也。』」

賦物憐窮鳥,《後漢書·趙壹傳》:「壹恃才倨傲,不為鄉里所容,作《窮鳥賦》以自遣。」營飛日幾迴。遠依黃鼠穴,《本草綱目》:「鼲鼠,即黃鼠。時暖則出坐穴口,見人則交前兩足,拱立如揖,乃竄入穴。」《爾雅》:「鳥鼠同穴,其鳥為鵌,其鼠為鼵。」《注》:「鼵如人家鼠而尾短,鵌似鶉而小,黃黑色。穴入地三四尺,鼠在內,鳥在外,今在隴西首陽縣鳥鼠同穴山中。」詳見後《曹先生輓詩》。低搶白龍堆。《漢書·西域傳》:「樓蘭國最在東垂,近漢,當白龍堆,乏水草,常主發導,負水擔

〔註16〕四庫本《曝書亭集》脫「正」。
〔註17〕「丘」,《曝書亭集》作「邱」。
〔註18〕四庫本《曝書亭集》衍「酬」。
〔註19〕「禎」,底本原作「正」。
〔註20〕「禛」,底本原作「正」。

糧，送迎漢使。」詳見前《雲中至日》。**不用深弓射，**《周禮》：「覆之以筋，謂之深弓。」**恒愁短翼摧。年年隨凍雀，重馬紇干來。**杜甫詩：「勞人重馬翠眉須。」按：重本輕重之重。吳見思《論文》云：「驛使奔騰，另副一馬，以防倒斃，故云『重馬』，作平聲。」亦通。《五代史·寇彥卿傳》：「唐昭宗既出，明年，梁太祖遣彥卿奉表，追〔註21〕請遷都。昭宗謂其左右，為俚語云：『紇干山頭凍死雀，何不飛去生處樂。』相與泣下。」《一統志》：「紇真山在山西大同府城東北五十里。其山冬夏積雪，故諺曰：『紇真山頭凍死雀，何不飛去生處樂。』亦名紇干山。」

　　味合添雛筍，羹宜配凍醪。杜牧詩：「梅引凍醪傾。」**登盤人未識，入肆價須高。且緩思鴞炙，**《莊子》：「見彈而思鴞炙。」**全勝食雉膏。**《易》：「雉膏不食。」**莫愁嘗易盡，讒鼎戒貪饕。**《左傳》：「讒鼎之銘曰：『昧旦丕顯，後世猶怠。』」《注》：「讒，鼎名。」《呂氏春秋》：「周鼎饕餮，有首無身。食人未咽，害及其身。」《韻會》：「貪嗜飲食曰饕。」

食鐵腳二首《畿輔物產志》：「鐵腳，小雀也。烹食之，味極肥美。」劉廷機《在園雜誌》：「天津衛有小鳥，黑爪，故名鐵腳。烹炒為下〔註22〕物，味鮮美爽口。其鳥群飛，以網羅之，一網可得若干。」

　　本與黃頭似，黃頭比麻雀差小，純色無斑。**群傳鐵腳名。網羅謀盡取，**杜甫《白小》詩：「生成猶拾卵，盡取義何如。」**膏火遂先烹。**《莊子》：「膏火自煎也。」**凍免廚人割，貧貪市價輕。物微憐最苦，化蛤也為羹。**《禮》：「爵入大水為蛤。」

　　捕自愁雲外，來從凍雪初。體輕鶺鴒並，《爾雅》：「鶺鷚鴒。」《注》：「今呼鶺鴒。」**骨脆鷉鷉如。**《爾雅》：「鷉鷉，雖渠。」陸璣《疏》：「大如鶉雀，頸下黑如連錢。」**羹臛火酷切。嘗兼得，**《爾雅》「梟鴞」《疏》：「其肉甚美，可為羹臛。」《楚辭》：「露雞臛蠵。」《注》：「有菜曰羹，無菜曰臛。」**腠音樓。朐音朐。法未書。**鄭樵《通志·藝文略》：「《羹臛法》一卷、《腠朐法》一卷。」**故鄉無爾輩，只鱠玉鱸魚。**《大業拾遺記》：「吳郡獻松江鱸鱠，須八九月霜下之時。鱸魚白如雪，取三尺以下者作之，以香菜花葉相間，和以細鏤金橙食之，所謂金齏玉鱠，東南之佳味也。」米芾詩：「玉破鱸魚霜破柑。」

〔註21〕「追」，《新五代史》卷二十一《梁臣傳·寇彥卿傳》原作「迫」。
〔註22〕按：楊謙《曝書亭集詩注》引此注，此處有「酒」字。

秋日登胥山聯句 〔註23〕《括異志》:「嘉興有胥山、鄉山,高一十五丈,周圍二
里。舊經云:伍子胥伐越,經營於此。」《水經》云:「子胥死於吳,吳人立祠江上,
名胥山。」杭州吳山,亦名胥山。蘇州吳縣亦有胥山。則其名非一。今胥山鄉武姓甚
繁,亦謂之云云。《嘉興府志》:「胥山在府治東二十五里。」先生《胥山題壁》:「嘉禾
四望無山,近府治者,胥山一簣而已。歲在己酉孟冬,偕同里周篔青士、沈傳弓武功
汎舟魏塘,聞鐘聲,取徑以入,有僧舍棲石壁下。天將雨,非無膚寸之雲焉。《至元嘉
禾志》稱一名張山,則胥山之名未必出於古。而山有磨劍石,傳是夫差遺跡。二子語
予:『山不在高,當以少為貴。吾子行萬里,難得故鄉之山遊焉。是不可不留題。』因
相與聯句,為詩兼書,以示後遊之君子。」

秋水日以駛,彝尊。輕船泛清澄。周篔。《古樂府》:「淥水清且澄。」流沿
轉紆曲,沈傳弓。櫂急黏菰菱。彝尊。《古樂府》:「遙望中菰菱。」仄峰尚阻樹,
篔。近寺俄飛棱。傳弓。《韻會》:「栭棱,堂上最高轉角處。」窅窅梵磬出,彝
尊。鱗鱗波雲興。篔。《楚辭》:「魚鱗鱗兮媵予。」《淮南子》:「水雲魚鱗。」流目
訝突兀,傳弓。張衡《思玄賦》:「流目眺夫衡阿。」賞心闃嶒嶒。彝尊。《集韻》:
「嶒嶒,山貌。」舟維臥柳渡,篔。《南史·蕭子雲傳》:「維舟將發。」道失寒瓜
塍。傳弓。李白有《失道落蒼耳中》詩。《本草綱目》:「西瓜,寒瓜也。胡嶠征回紇,
得此種歸,名曰西瓜。陶弘景註瓜蒂,言永嘉有寒瓜甚大,可藏至春者,即此。」班
固《西都賦》:「溝塍刻鏤。」《說文》:「塍,稻畦也。」音墻。誰言嶅音培。嶁音墻。
微,彝尊。《左傳》:「部婁無松柏。」《注》:「部婁,小阜,與嶅嶁同。」曲磴緣百
層。篔。碣殘蘚欲剝,傳弓。《嘉興縣志》:「胥山子胥廟左石碑有『石棧自錢塘抵
禦兒之胥口』,凡十一字,惜不得其全文。」祠古藤交緪。彝尊。《說文》:「緪,大
索也。」緬懷大夫節,篔。陶潛《扇上畫贊》:「緬懷千載,託契孤遊。」虞世南詩:
「緬懷古人節。」千秋痛填膺。傳弓。江淹《恨賦》:「置酒欲飲,悲來填膺。千秋
萬歲,為怨難勝。」覆楚豈大義,彝尊。忠孝不兩能。篔。《史記·伍子胥列傳》:
「伍子胥,楚人也,名員。父曰伍奢,兄曰伍尚。楚平王有太子名曰建,使伍奢為太
傅,費無忌為少傅。無忌日夜言太子短於王。王乃召伍奢考問之。伍奢知無忌讒太子,
因曰:『王獨奈何以讒賊小臣疏骨肉之親乎?』王怒,囚伍奢。無忌言於平王曰:『伍
奢有二子,不誅,且為楚憂。可以其父質而召之。』王使人召二子曰:『來,吾生汝父;
不來,今殺奢也。』伍尚欲往,員曰:『楚之召我兄弟,非欲以生我父也,恐有脫者,
後生患,故以父為質,詐召二子。二子到,則父子俱死。何益父之死?往而令讎不得

〔註23〕《曝書亭集》無「聯句」。

報耳。不如奔他國，借力以雪父之恥。俱滅，無為也。』伍尚曰：『我知往終不能全父命。然恨父召我以求生而不往，後不能雪恥，終為天下笑耳。』謂員：『可去矣！汝能報殺父之讎，我將歸死。』尚既就執。伍胥遂亡。奔吳。楚昭王使公子囊瓦將兵伐吳。吳使伍員迎擊，大破楚軍。始，伍員與申包胥為友。員之亡也，謂包胥曰：『我必覆楚。』及吳兵入郢，子胥求昭王。不得，乃掘楚平王墓，出其屍，鞭之三百，然後已。」**飲泣蘆中獻**，傳弓。《吳越春秋》：「伍員至江，有漁父乘船從下方泝水而上。子胥呼之，謂曰：『漁父渡我。』漁父欲渡之。適會旁有人窺之，因歌曰：『日月昭昭乎侵已馳，與子期乎蘆之漪。』子胥即止蘆之漪。漁父又歌曰：『日已夕兮，予心憂悲。月已馳兮，何不渡為。事寖急兮當奈何。』子胥入船，漁父乃渡之。既渡，漁父視有饑色，謂曰：『子俟我此樹下，為子取餉。』漁父去後，子胥疑之，乃潛身於蘆葦之中。有頃，父來，持麥飯、鮑魚羹、盎漿，求之樹下，不見，因歌而呼之曰：『蘆中人，蘆中人，豈非窮士乎？』子胥乃出。漁父曰：『吾為子取餉，何嫌哉？』子胥曰：『性命屬天，今屬丈人，豈敢有嫌哉？』二人飲食畢，欲去。子胥誡漁父曰：『掩子之盎漿，無令其露。』漁父曰：『諾。』子胥行數步，顧視漁父，已覆船自沉於江水之中矣。」**悲**〔註24〕**歌河上朋**。彝尊。《吳越春秋》：「伯嚭來奔於吳，子胥請以為大夫。吳大夫問曰：『何信伯嚭乎？』子胥曰：『我之怨與嚭同。子聞河上之歌者乎？同病相憐，同憂相救。驚翔之鳥，相隨而集。瀨下之水，因復俱流。誰不愛其所近，悲其所鄉者乎？』」**當其恥已雪**，竺。**屬鏤非所矜**。傳弓。《史記·伍子胥列傳》：「吳夫差立為王，以伯嚭為太宰。嚭與子胥有隙，因讒子胥。吳王乃使使賜子胥屬鏤之劍，曰：『子以此死。』子胥仰天歎曰：『讒臣嚭為亂矣，王乃反誅我。』乃自剄死。吳王取子胥，盛以鴟夷革，浮之江中。吳人憐之，為立祠於江上，因名曰胥山。」**慨此空山中**，彝尊。**遺跡猶可徵**。竺。**刃截兩白石**，傳弓。**指點由孤僧**。彝尊。**其旁臥石劍**，竺。**霜色長侵陵**。傳弓。　　杜甫詩：「侵陵雪色還萱草。」**皜如鋪練帶**，彝尊。李賀《劍子歌》：「練帶平鋪吹不起。」**亙**〔註25〕**若橫丹秤**。竺。《增韻》：「亙〔註26〕，延袤也。」杜甫詩：「丹砂冷舊秤。」《宋韻》俱無此字。《廣韻》：「秤，俗作『稱』字。」**又如常山蛇**，傳弓。**首尾相為應**。彝尊。《孫子》：「善用兵者，譬如率然。率然者，常山之蛇也。擊其首則尾至，擊其尾則首至，擊其中則首尾俱至。」按：《史記·馮唐列傳》：「一言不相應，文吏以法繩之。」《索隱》注：「應，音乙陵反。」

〔註24〕四庫本《曝書亭集》衍「悲」字。

〔註25〕「亙」，底本誤作「互」。

〔註26〕「亙」，底本誤作「互」。

杜甫詩：「刺史諸侯貴，郎官列宿應。」亦叶平聲，而義則從去聲也。**觀其氣怒激**，彝尊。**毋乃神式憑**。傳弓。梁簡文帝《改元詔》：「式憑宰輔，以弘庶政。」**尚想鞭荊屍**，彝尊。**壯士心摧崩**。彝。**至今祠下水**，傳弓。**猶作胥江稱**。彝尊。《嘉興縣志》：「胥江即伍子塘，又名胥口。」**吾徒久于役**，彝。《詩》：「君子于役。」**遠攬岱與恒**。傳弓。**顧茲百里內**，彝尊。**屐齒遊未曾**。彝。**故鄉洵足慕**，傳弓。**高興偶此乘**。彝尊。**寄言同心客**，彝。**暇日期重登**。傳弓。

寄懷李因篤 李字子德，富平人。布衣。舉博學宏詞，授檢討。

鴈門北上忽西還，見前《鴈門關》。**未得相逢一解顏。傳道全家依渭曲**，《三輔黃圖》：「渭水出隴西首陽縣，鳥鼠同穴。山東北至華入河。」**幾時匹馬出潼關**。《雍錄》：「潼關在華州華陰縣東北三十九里。關西一里有潼水，因以為名。」**樽前舊事憑誰說，篋裏新詩待爾刪。三載齊東留滯日，愁看李白讀書山**。杜甫詩：「匡山讀書處，頭白好歸來。」杜田《補遺》：「白之先客居蜀之彰明，太白生焉，讀書於大匡山。」朱鶴齡《注》：「太白集中多匡廬詩。白為永王璘迫致，時正在廬山。此詩『匡山讀書處，頭白好歸來』，蓋深惜其放逐之久，望其歸尋舊隱也。杜田云云，事容有之，但此詩則斷指潯陽之匡廬，不當引彰明為證也。」按：濟南府治西北十里有小山，亦名曰匡山。《府志》云「唐李白讀書於此」，殆因杜詩附會，乃先生詩中所指也。

孫少宰蟄室觀吳季子劍四十韻 先生《周延陵季子劍銘跋》：「康熙九年冬十有二月，偕嘉興李良年、吳江潘耒、上海蔡湘過退谷孫先生蟄室，出延陵季子佩劍相示。以周尺度之，長三尺，臘廣二寸有半，重九鋝，上士之制也。臘有銘篆，文字不可辨。合之韋續五十六體書，無一似。其曰季子劍者，先生審定之辭云爾。先生命四人聯句詠之，詩成，摹銘文於前，俾書聯句於後，裝界為冊，藏之硯山書屋。」

窮冬蟄室寒，杜甫詩：「窮冬急風水。」**重扃畫飛雪**。嘉興李良年武曾。漢武帝《落葉哀蟬曲》：「落葉依於重扃。」**役車雖已休**，《詩》：「役車其休。」**客子遠相挈**。彝尊。《史記・范睢列傳》：「得毋與諸侯客子俱來乎？」**蕭然主人意，示我太古鐵**。吳江潘耒次耕。鴻博檢討。 陸龜蒙詩：「古鐵久不快，倚天無處磨。」**黯淡四座光，模糊百夫血**。上海蔡湘竹濤。杜甫詩：「子璋髑髏血模糊。」**精氣所結聚，入手詎敢褻**。良年。**摩挲讀遺銘**，《古樂府》：「新買五尺刀，懸著中樑柱。一日三摩挲，劇於十五女。」**千春字不湼**。彝尊。**始知延陵佩，曾掛徐君碣**。耒。《史記・吳世家》：「季子聘魯，過徐，徐君好季札劍。季札心知之，為使

上國，未獻。及使還至徐，徐君已死，解劍繫之徐君冢樹而去。」**金碧爭毫芒**，杜牧詩：「波底上陽金碧明。」**風雨**〔註27〕**助鳴咽**。湘。**歲久蠟就頹，中作黍米缺**。良年。《吳越春秋》：「闔閭請干將鑄劍。干將采五山之鐵精，六合之金英。候天伺地，陰陽同光，百神臨觀，天氣下降，而金鐵之精不銷。干將曰：『昔吾師作冶，金鐵之類不銷，夫妻俱入冶爐中，然後成物。』其妻莫邪曰：『吾何難哉？』乃斷髮剪爪，投於爐中，使童男童女三百人鼓橐裝炭，金鐵刀濡，遂以成劍，陽曰干將，陰曰莫耶。干將匿其陽，出其陰獻之。闔閭既得寶劍，適會魯使季孫聘於吳，闔閭以莫耶獻之。季孫拔劍之鍔，中缺者大如黍米。歡曰：『美哉，劍也！夫劍之成也，吳霸；有缺，則亡矣。我雖好之，其可受乎！』不受而去。」**段同鍛。冶難為良**，《周禮》：「攻金之工，築氏執下齊，冶氏執上齊，鳧氏為聲，栗氏為量，段氏為鑄器，桃氏為刃。」又：「鄭之刀、宋之斤、魯之削、吳越之劍，遷乎其地，而弗能為良，地氣然也。」**青白氣先竭**。彝尊。《周禮》：「凡鑄金之狀，金與錫黑濁之氣竭，黃白次之；黃白之氣竭，青白次之；青白之氣竭，青氣次之。然後可鑄也。」**首廣信參分，身重裁七鋝**。朱。**丸丸初莖長**，《詩》：「松栢丸丸。」**衍衍漸後設**。湘。謝脁詩：「衍衍清風爛。」《博雅》：「衍衍，行也。」《周禮》：「桃氏為劍，臘廣二寸有半寸，兩從半之。以其臘廣為之莖圍，長倍之。中其莖，設其後。參分其臘廣，去一以為首廣而圍之。身長五其莖長，重九鋝，謂之上制，上士服之；身長四其莖長，重七鋝，謂之中制，中士服之；身長三其莖長，重五鋝，謂之下制，下士服之。」《注》：「臘謂兩刃。莖謂劍夾，人所握鐔以上也。」《疏》：「兩刃者，兩面各有刃也。設，大也，謂從中以卻稍大之，後大則於把易制也。」《小爾雅》：「倍舉曰鋝，鋝謂之鍰。」宋咸曰：「舉三兩，鋝六兩。」**制類銅虎符**，《史記·孝文帝本紀》：「初與群〔註28〕國守相為銅虎符、竹使符。」《注》：「符以代古之圭璋，從簡易也。」**質並蒼水玦**。良年。按：《禮》云：「大夫佩水蒼玉。」「蒼水」二字疑倒。**其文雜蟲魚**，《書苑菁華》：「蟲書，魯秋胡婦浣蠶所作，亦曰雕蟲篆。」又：「周法魚書，因素鱗躍舟所作。」**其體蔓瓜瓞**。彝尊。《詩》：「綿綿瓜瓞。」**蜿蜒蛟螭繾，錯落星宿列**。朱。**當其鑄始成，見者皆骨裂**。湘。**洪鐘無聲拂**，張衡《西京賦》：「洪鐘萬鈞。」《說苑》：「干將莫邪，拂鐘不錚。」陳琳《答東阿王牋》：「秉青萍干將之器，拂鐘無聲，應機立斷。」**堅玉應手切**。良年。《列子》：「昔西戎獻周穆王昆吾之劍，切玉如切泥。」**拭用華土良**，《晉書·張華傳》：「初，吳之未滅也，斗牛之間常有紫氣。張華問豫

〔註27〕「風雨」，《曝書亭集》作「雨風」。
〔註28〕「群」，《史記》卷十《孝文本紀》作「郡」。

章雷煥，煥曰：『寶劍之精，上徹於天耳。』華曰：『在何郡？』煥曰：『在豫章豐城。』華即補煥為豐城令。煥到縣，掘獄屋基，得一石函，中有雙劍，並有刻題，一曰龍泉，一曰太阿。其夕，斗牛間氣不復見焉。煥以南昌西山北岩下土以拭劍，光芒豔發。遣使送一劍並土與華，留一自佩。或謂煥曰：『得兩送一，張公豈可欺乎？』煥曰：『本朝將亂，張公當受其禍。此劍當係徐君墓樹耳。靈異之物，終當化去，不永為人服也。』華得寶劍，愛之，〔註29〕常置坐側。華以南昌土不如華陰赤土，報煥書曰：『詳觀劍文，乃干將也，莫邪何復不至？雖然，天生神物，終當合耳。』因以華陰土一斤致煥。煥更以拭劍，劍益精明。華誅，失劍所在。煥卒，子華為州從事，持劍行經延平津，劍忽於腰間躍出墮水，使人沒水取之，但見兩龍各長數丈，沒者懼而反。須臾光彩照水，波浪驚疑〔註30〕，於是失劍。華歎曰：『先君化去之言，張公終合之論，此其驗乎！』」**淬以江水洌。** 彝尊。《浦元別傳》：「君性多奇思，於斜谷為諸葛亮鑄刀三千口。刀成，自言漢水鈍弱，不任淬用；蜀江爽烈，是謂大金之元精。命人於成都取江水淬刀。以竹筒納鐵珠滿中，舉刀斷之，應手虛落。」**一充君子服，**《禮》：「國家未道，則不充其服焉。」**遂使雌雄別。** 耒。《烈士傳》：「楚王命莫邪鑄雙劍，止以雌進。聞劍悲鳴。或曰：『劍有雌雄，憶其雄故鳴。』王怒，殺莫邪。」**神靈相護持，鬼物盡蹩**蒲結切。**躠。** 湘。張衡《南都賦》：「蹩躠蹁躚。」《玉篇》：「蹩躠，旋行貌。」**試宜借諸離，**《戰國策》：「專諸之刺王僚也，彗星貫日。要離之刺慶忌也，蒼鷹〔註31〕擊於殿上。」〔註32〕**相必經歐薛。** 良年。《越絕書》：「客有能相劍者薛燭，越王召而問之曰：『吾有寶劍，請以示之。』王使取純鉤，薛燭曰〔註33〕揚，其華淬如芙蓉始出。觀其鈑，爛如列星之行。觀其光，渾渾如水之溢於塘。觀其斷，岩岩如瑣石。觀其才，煥煥如冰釋。『此所謂純鉤耶？』王曰：『是也。客有直之者，有市之鄉二、駿馬千四、千戶之都二，可乎？』薛燭曰：『不可。當造此劍之時，赤菫之山破而出錫，若耶之溪涸而出銅，雨師掃灑，雷公擊橐，蛟蛇捧鑪，天帝裝炭，太一下觀，天精下之。歐冶乃因天之精神，悉其伎巧，造為大刑三、小刑二，一曰湛盧，二曰純鉤，三曰勝邪，四曰魚腸，五曰巨闕。吳王闔閭得其勝邪、魚腸、湛盧。闔閭

〔註29〕「華得寶劍，愛之」，《晉書》卷三十六《張華傳》作「華得劍，寶愛之」。
〔註30〕「疑」，《晉書》作「沸」。
〔註31〕「鷹」，底本作「蠅」，據《戰國策》改。
〔註32〕節略有誤。《戰國策·魏四》：「夫專諸之刺王僚也，彗星襲月；聶政之刺韓傀也，白虹貫日。要離之刺慶忌也，倉鷹擊於殿上。」
〔註33〕按：此處疑有誤。《越絕書》卷十一《外傳記寶劍》：「王取純鉤，薛燭聞之，忽如敗。有頃，懼如悟，下階而深惟，簡衣而坐望之。手振拂揚，其華捽如芙蓉始出。」

無道，子女死，殺生以送之，湛盧之劍去之如水。行秦過楚，楚王臥而寤，得吳王湛盧之劍。今赤堇之山已合，若耶溪深而不測，群神不下，歐冶既死。雖復傾城量金，珠玉竭河，猶不能得此一物。有市之鄉二、駿馬千匹、千戶之都二，何足言哉？』適楚羞湛盧，制越定姑蔑彝尊。《衢州志》：「衢州，春秋為越西鄙姑蔑。」神物不虛歸，杜甫詩：「神物有所歸。」抗首想前哲。耒。《左傳》：「賴前哲以免也。」紛紜春秋季，推刃相篡竊。湘。《公羊傳》：「父受誅，子復讎，推刃之道也。」《注》：「一往一來曰推刃。」何為藐千乘，脫屣意不屑。良年。《漢書·郊祀志》：「誠得如黃帝，吾視妻子如脫屣耳。」遠繼讓王風，《莊子》有《讓王》篇。近慕子臧節。彝尊。《左傳》：「吳子諸樊既除喪，將立季札。季札辭曰：『曹宣公之卒也，諸侯與曹人不義曹君，將立子臧。子臧去之，遂弗為也，以成曹君。君子曰：能守節，君義嗣也。誰敢奸君，有國非吾節也。札雖不才，願附於子臧，以無失節。』固立之，棄其室而耕，乃舍之。」投分寄縞帶，潘岳詩：「投分寄石友。」《左傳》：「吳公子札聘於鄭，見子產，如舊相識，與之縞帶，子產獻紵衣焉。」達音在樂闋。耒。顏延之詩：「達音何用深，識微在金奏。」《左傳》：「吳公子札來聘，請觀於周樂。」《禮》：「有司告以樂闋。」寸心義所要，存沒傷中訣。湘。丁廙妻《寡婦賦》：「痛存沒之異路。」留贈物則微，高誼泉壤徹。良年。《世說新語》：「殷仲堪喪後，桓玄問仲文：『卿家仲堪，定似〔註34〕何似人？』仲文曰：『雖不能休明一世，足以映徹九泉。』」古樹風蕭蕭，杜甫詩：「無由覿雄異，大樹日蕭蕭。」下為狐兔穴。彝尊。杜甫詩：「墓久狐兔陵。」何期陵谷變，《詩》：「高岸為谷，深谷為陵。」土花未云齧。耒。李賀詩：「三十六宮土花碧。」依然出人間，百代共傳閱。湘。題字勘孔碑，《南畿志》：「季札墓在申港。孔子表其墓曰：『嗚呼！有吳延陵季子之墓。』謂之十字碑。唐殷仲容摹本，宋郡守朱顏石刻。」《一統志》：「季子墓在江陰縣申浦南，距武進縣七十里。孔子題其碑曰：『嗚呼有吳延陵季子之墓。』歲久湮沒。宋守朱彥復取孔子所書十字刻碑表識。」吾衍《學古編》：「延陵季子十字碑，人謂孔子書。其文曰：『嗚呼有吳延陵君子之墓。』按：古帖止云『嗚呼有吳君子』而已。篆法敦古，似乎可信。今妄增『延陵之墓』四字，除『之』字外，三字是漢人方篆，不與前六字合，且又音君子，字作季子，漢器蜀郡洗郡字半刅正與此碑君字同，蓋用此法也。以季字音君字，顯見其謬。」裝炭談越絕。良年。接末驚窮猿，《越絕書》：「范蠡謂越王曰：『臣聞越有處女，出於南林，國人稱善，願王請之。』越王乃使使聘之，問以擊劍之術。處女將北見於王，道逢一翁，自稱曰袁公，問於處女：『吾聞子善劍，願一見

〔註34〕「似」，《世說新語·賞譽第八》作「是」。

之。』女曰：『妾不敢有所隱，惟公試之。』於是袁公即杖箖箊竹，竹枝上頡橋末，墮地，女即接末。袁公則飛上樹，變為白猿，遂別去。見越王，越王號曰越女，命教軍士。」**干霄飲雌蜺。**彝尊。《漢書・天文志》：「抱蚖持蜺。」《注》：「雄為虹，雌為蜺。蜺讀曰齧。」《南史・王筠傳》：「沈約制《郊居賦》，構思積時，猶未都畢。示筠草，筠讀至『雌霓連蜷』，約撫掌欣抃曰：『僕嘗恐人呼為霓。』」注：「上霓，五的反。下霓，五兮反。」宋之問詩：「丹壑飲晴霓。」《夢溪筆談》：「嘗見垂虹下溪澗飲者，雨頭皆垂潤中。」蜺同霓。**雄思崆峒倚，**杜甫詩：「防身一長劍，將欲倚崆峒。」**利想犀兕截。**耒。王褒《聖主得賢臣頌》：「巧冶鑄干將之樸，水斷蛟龍，陸剸犀革。」**是物洵希有，寧許膜眼別。**湘。《涅槃經》：「有盲人詣良醫，醫即以金鎞刮其眼膜。」**博物頼張華，**張華有《博物志》。**造書辨臣頡。**良年。衛恒《書勢》：「黃帝之史，沮誦、蒼頡，眺彼鳥跡，始作書契。」鄭愔詩：「造書臣頡往，觀跡帝羲來。」**豈為馮生彈，**《戰國策》：「馮煖見孟嘗君，得置傳舍。居有頃，自彈其劍鋏，曰：『長鋏歸來乎！食無魚。』」**聊效莊叟映。**彝尊。《莊子》：「夫吹管也，猶有嗃也；吹劍首者，映而已矣。」《注》：「劍，環頭小孔，吹之映然如風過也。」映，許劣切。**感我壯士懷，慷慨中腸熱。**耒。**持之祓不祥，可以當桃苃**〔註35〕。湘。《禮》：「君臨臣喪，以巫祝桃苃執戈，惡之也。」《左傳》：「楚人使公親襚，穆叔使巫以桃苃先祓殯。」韓愈《諫佛骨表》：「古者諸侯行弔於其國，先以桃苃祓除不祥。」

雪牕聯句〔註36〕

寒威凌夾牕，《周禮》：「四旁兩夾牕。」**夜色不可撜。**彝尊。**初疑弦月駐，**《詩》：「如月之恒。」《箋》：「月上弦而就盈。」《疏》：「月體正半昏而中，似弓之張而弦直，謂上弦也。」《曆書》：「月至八日，上弦；至二十三日，下弦。」**載驚鄰燭爇。**蔡湘。**漏鼓凍欲沉，荒雞號已漸。**彝尊。《管輅別傳》：「雞一二更鳴者為荒雞。」《晉書・祖逖傳》：「中夜聞荒雞鳴。」**攬衣訝手皸，**《漢書・趙充國傳》：「將軍士寒，手皸瘃。」《注》：「皸，折裂也。瘃，寒創也。」**出戶怯風颳。**湘。**朔氣何稜稜，**白居易詩：「水風霜氣夜稜稜。」**同雲猶淰**音閃。**淰。**彝尊。《詩》：「上天同雲，雨雪雰雰。」杜甫詩：「山雲淰淰寒。」注：「淰淰，狀雲物散而不定也。」**饑鷹距未擊，**《說文》：「距，雞距也。雞鬥則用距。」杜甫詩：「饑鷹未飽肉。」**啅**

〔註35〕「苃」，四庫本《曝書亭集》作「列」。

〔註36〕《曝書亭集》無「聯句」。

雀羽齊斂。湘。杜甫詩：「啅雀爭枝墮。」**老樹壓更高，遙岑明復睒**。彝尊。
《太玄經》：「明復睒天，中獨爛也。」睒音閃。**灑壑遏冰泉，浮空露仄廠**。湘。
《說文》：「廠，山石之厓巖，人可居。象形。」 廠，呼早切。**僧閒梵未放**，杜甫
詩：「梵放時出寺。」**磴滑樵愈險**。彝尊。**怳若玉井峰，蓮花冠郊陝**。湘。 《西
嶽記》：「華山上有蓮花、明星、玉女三峰，尤勝。」《華山記》：「山頂有池，生千葉蓮
花。」韓愈詩：「太華峰頭玉井蓮，花開十丈藕如船。」薛稷詩：「驅車越陝郊。」按：
孟子以其郊於大國也。郊陝亦此意。**中田從射兔**，《詩》：「中田有廬。」**北園宜載
獫**。彝尊。《詩》：「載獫歇驕。」**銼**〔註37〕**冷生濕煙**，杜甫詩：「土銼冷疏煙。」
注：「蜀人呼釜為銼。」王建詩：「暖氣生濕煙。」**草枯覆叢蔪**。湘。《說文》：「蔪，
相蔪苞也。」音漸。**近須爐火圍，遠愛酒旗閃**。彝尊。**就市沽芳馨，傳杯瀉
澂灩**。湘。《正韻》：「澂灩，水溢貌。」**元叔囊垂空**，見前《漫感》。**平仲豆猶掩**。
彝尊。《禮》：「晏平仲祀其先人，豚肩不掩豆。」**旅思話歸吳，扁舟懷入剡**。湘。
見前《和曹使君憶姚州酒歌》。**束薪硯初炙**，《〈魏志・倉慈傳〉注》：「《魏略》曰：
『顏斐為京兆太守，課民當輸租時，車牛各因便致薪兩束，為冬寒冰炙筆硯。』」**裴
几翰斯染**。彝尊。《晉書・王羲之傳》：「嘗詣門生家，見棐几滑淨，因書之，真草相
半。後為其父誤刮去，門生驚懊累日。」阮籍謝惠連詩：「朋來當染翰。」〔註38〕《注》：
「翰，筆也。」**形兼洛陽臥**，《汝南先賢傳》：「時大雪，積地丈餘。洛陽令出按行。
至袁安門，無有行跡，謂安已死。令人除雪入戶，見安僵臥。問何以不出，曰：『大雪
人皆饑，不宜干人。』令以為賢，舉為孝廉。」**跡異昌黎貶**。湘。韓愈《左遷至藍
關示姪孫湘》詩：「一封朝奏九重天，夕貶潮陽路八千。」又：「雲橫秦嶺家何在，雪
擁藍關馬不前。」**撒鹽擬詎工**，《世說新語》：「謝氏內集講書。俄而雪驟下，太傅
欣然曰：『白雪紛紛何所似？』兄子朗曰：『撒鹽空中差可擬。』兄女道韞曰：『未若柳
絮因風起。』」**授簡賦何諂**。彝尊。謝惠連《雪賦》：「歲將暮，時既昏。寒風積，
愁雲繁。梁王不悅，遊於兔園。乃置旨酒，命賓友。召鄒生，延枚叟。相如未至，居
客之右。俄而微霰零，密雪下。王乃歌北風於衛詩，詠南山於周雅。授簡於司馬大夫，
曰：『抽子秘思，騁子妍辭，侔色揣稱，為寡人賦之。』」**郢曲有和歌**，宋玉《對楚
王問》：「客有歌於郢中者，其始曰《下里》、《巴人》，國中屬而和者數千人；其為《陽
春》、《白雪》，國中屬而和者，不過數十人。」**殊鄉聊自慊**。湘。

〔註37〕「銼」，四庫本《曝書亭集》作「挫」。
〔註38〕按：出謝惠連《秋懷詩》，非阮籍詩。

來青軒 《帝京景物略》：「香山寺，殿五重，崇廣略等。斜廊平簷，翼以軒閣。世宗幸寺，曰：『西山一帶，香山獨有翠色。』題軒曰來青。」《畿輔通志》：「香山在順天府西北三十里，神宗題曰來青。」

天書稠疊此山亭，往事猶傳翠輦經。李商隱詩：「望斷平時翠輦過。」莫倚危欄頻北望，十三陵樹幾曾青。明十三陵：成祖長陵、仁宗獻陵、宣宗景陵、英宗裕陵、憲宗茂陵、孝宗泰陵、武宗康陵、世宗永陵、穆宗昭陵、神宗定陵、光宗慶陵、熹宗德陵、懷宗思陵，在順天府昌平州。

鮑家寺白松歌 先生《日下舊聞》：「鮑家寺即延壽菴也。寺有古松十株。」

鮑家寺中九白松，扶疎宛似桂之樹。司馬相如《上林賦》：「垂條扶疎。」《注》：「扶疎，分布貌。」曹植詩：「桂之樹，桂之樹，桂生一何麗佳。」密葉陰連古殿寒，霜皮晝偃盤根互。杜甫《古柏行》：「霜皮溜雨四十圍。」我來繫馬風泠〔註39〕然，劉琨詩：「繫馬長松下。」《莊子》：「列子御風而行，泠〔註40〕然善也。」入門四顧喜欲顛。巢敧迴見鶴鶬坐，杜甫詩：「黃鸝並坐交愁濕。」《古樂府》：「烏生九子，端坐秦氏桂樹間。」幹老不數蛟龍纏。王維詩：「種松皆作老龍鱗。」長廊飯僧僧未至，孟浩然詩：「長廊飯僧畢。」松子松花飄滿地。高適詩：「松花松子常滿地。」半嶺平銜夕照曛，杜甫詩：「烏蠻落照銜赤壁。」雙林遠勝春浮翠。《傅大士傳》：「大士捨宅於松下建寺，因雙樹名雙林。」《水經注》：「波羅奈國有恆水東南流，佛轉法輪處在國北二十里，樹名春浮，維摩所處也。」其餘四株皆可娛，矯矯離立空牆隅。《禮》：「離坐離立。」杜甫詩：「四松初移時，大抵三尺強。別來忽三載，離立如人長。」枝柯雖殊無異色，知是歲寒霜雪俱。山僧怪我摩抄久，茗盌簾前一招手。韓愈詩：「茗盌纖纖捧。」王季友詩：「獨坐長松是阿誰，再三招手起來遲。」此樹今來二百年，問餘歲月能知否。

贈歌者陳憐二首

樂府新傳夜度娘，《古今樂府》：「《夜度娘》，倚歌也。辭云：『夜來冒霜雪，晨去履風波。雖得敍微情，奈儂身苦何。』」吳衫白紵越羅裳。柳宗元詩：「春衫裁白紵。」詳前《白紵詞》。杜甫詩：「越羅與楚練。」貢師泰詩：「薄寒偏透越羅裳。」愁看玉面燈前出，梁簡文帝詩：「朱唇玉面燈前出。」笑問銀鉤若個藏。《辛氏

〔註39〕「泠」，底本作「冷」。據《曝書亭集》改。
〔註40〕「泠」，底本作「冷」。據《莊子·逍遙遊》改。

三秦記》：「鉤弋夫人手拳而有國色，世人藏鉤之戲法此也。」岑參詩：「醉坐藏鉤紅燭前，不知鉤在若個邊。」

千鍾已分醉如泥，見前《夏至日》。授色留實曲轉低。見前《閒情》。想像天河猶未落，長鳴不聽汝南雞。《漢舊儀》：「汝南出長鳴雞。」《古樂府・雞鳴歌》：「汝南晨雞登壇喚。月沒星稀天下旦。」〔註41〕徐陵《烏棲曲》：「惟憎無賴汝南雞，天河未落猶爭啼。」

和程邃龍尾硯歌為方侍御亨咸作即送其入粵自注：「硯有『辛卯米芾』四字〔註42〕，舊藏黃公道周家。」 程字穆倩，新安人。方字邵村。桐城人。順治丁亥進士。

龍眠柱史饒硯癖，《江南通志》：「龍眠山在安慶府桐城縣西北五〔註43〕里。」《唐六典》：「《周官》宗伯屬官御史，掌邦國都鄙及萬民之治令，以贊冢宰。凡治之者，受法令焉。以其在殿柱之間，亦謂之柱下史。老聃嘗為之。秦改為侍御史。」篋藏龍尾開深窟。《江南通志》：「龍尾山在徽州婺源縣東一百里，石可作硯。」胡文煥《洞天清錄》：「歙溪龍尾舊坑色淡青黑，湛如秋水，並無紋。以水濕之，微似紫。乾則否。細潤如玉，發墨如汎油，並無聲，久用不退。或有隱隱白紋，成山水星斗雲月異象，水濕則見，乾則否。此是卵石，故難得。大者極不過四五寸，多作月硯，就其材也。或有純黑如角者，東坡最貴重。不減端溪、下岩。南唐時方開龍尾舊坑，今已無之。新坑麄燥，有大盈三尺者。」雀臺古瓦詎比數，《文房四譜》：「魏銅雀臺遺址，人多發其古瓦，琢硯甚工，貯水數日不燥。世傳云：昔人製此臺，其瓦俾陶人澄泥，以絺綌濾過，加胡桃油埏埴之，故與眾瓦異。」石末未許青州誇。《六一居士集》：「濰州青州石末研，皆瓦硯也，甚善。發墨非石硯之比。然稍粗者損筆鋒。石末本用濰州石，前世已記之，故唐人惟稱濰州。今二州所作皆佳，而青州尤擅名於天下矣。」《文房四譜》：「青州石末硯，受墨而費筆。龍尾石，得墨而久不燥。」黝如純漆久欲脫，《爾雅》：「黑謂之黝。」魏文帝《與鍾大理書》：「竊見玉書，稱美玉白如截肪，黑譬純漆。」〔註44〕粹若水玉堅新刉。音叉。司馬相如《上林賦》：「水

〔註41〕按：《雞鳴歌》：「東方欲明星爛爛，汝南晨雞登壇喚。曲終漏盡嚴具陳，月沒星稀天下旦。」

〔註42〕《曝書亭集》此處有「印」字。

〔註43〕「五」，《江南通志》卷十五《輿地志・山川五・安徽・安慶府》作「十」。

〔註44〕見《御定佩文韻府》卷十四之四、卷二十二之九、卷九十三之六、卷九十三之七，《御定駢字類編》卷六十七、卷二百八。

玉磊砢。」《注》：「水玉，水精也。」《廣韻》：「刳，剖物。」**中央私印尚可識，流傳乃自元章家。**《宋史·米芾傳》：「米芾，字元章。」**騷人生平**〔註45〕**記辛卯，**《正字通》：「屈原作《離騷》，今謂詩人為騷人。」米芾《畫史》：「余家最上品書畫，用玉印六枚：『辛卯米芾』、『米芾之印』、『米芾氏印』、『米芾印』、『米芾元章印』、『米芾氏』，已上六枚白字，有此印者皆絕品。」〔註46〕**初度肇錫名何嘉。**屈原《離騷》：「皇覽揆余於初度兮，肇錫余以嘉名。」《注》：「初度之度，猶言時節也。」**十稃**〔註47〕**音敷。彙開見八八，**《廣韻》：「稃，穀皮也。」《說文》：「米，粟實也。象禾實之形。」《注》：「穬，顆粒也。十其稃彙，開而米見也。八八，米之形。」**兩已相背無㧾音誇。邪。**《爾雅》：「鬴㦸，彰也。」《注》：「鬴文如斧，㦸文如兩，已相背。」《正字通》：「㦸之狀如亞。亞，古弗字。《增韻》云：『兩已相背形。』」《周禮·夏官》：「形方氏掌制邦國之地域，而正其封疆，無有華離之地」《注》：「華讀為㧾哨之㧾，正之使不㧾邪離絕。」《疏》：「㧾者，兩頭寬中狹。邪者，謂一頭寬一頭狹。」按：黃濤筆記云：「元章自署姓名，米或為芉，芾或為㦸。二句乃米㦸二字隱語也。」**當其片石始入手，重之豈易黃金車。**《吳志·孫權傳》：「童謠曰：『黃金車，斑斕耳。闓昌門，出天子。』」**雲峰糢糊潑急雨，雪繭夭矯騰修蛇。**楊萬里詩：「紙如雪繭出玉盆。」**東都淪後內庫發，**《宋史·地理志》：「東京，汴之開封也。梁為東都，後唐罷，晉復為東京，宋因周之舊為都。」**重寶盡**〔註48〕**失同紛麻。赤瑚玉英半缺折，**《楚辭》：「采鍾山之玉英。」**物理所貴韜其華。流傳迄今六百載，山骨完好無纖瑕。**《韓文公集·石鼎聯句詩》：「巧匠斲山骨。」**黃公昔年在漳浦，以此注易緯蒼牙。**《〈後漢書·樊英傳〉注》：「《易緯》、《稽覽圖》、《乾鑿度》、《坤靈圖》、《通卦驗》、《是類謀》、《辨終備》也。」《說文注》：「凡讖緯，皆言將來之驗也。」朱仲芸《注易通卦驗》：「燧皇始出，握機矩，表計實，其刻曰蒼牙。」《明史·黃道周傳》：「道周，字幼平，漳浦人。精天文曆數、《皇極》諸書。所著《易象正》、《三易洞璣》，學者窮年不能通其說，而道周用以推驗治

〔註45〕「平」，《曝書亭集》作「年」。

〔註46〕按：剪裁有誤。米芾《畫史》：「余家最上品書畫，用姓名字印，『審定真蹟』字印、『神品』字印、『平生真賞』印、『米芾祕篋』印、『寶晉書』印、『米姓翰墨』印、『鑒定法書之印』、『米姓秘玩之印』。玉印六枚：『辛卯米芾』、『米芾之印』、『米芾氏印』、『米芾印』、『米芾元章印』、『米芾氏』，已上六枚白字，有此印者皆絕品。」

〔註47〕「稃」，《曝書亭集》作「桴」。

〔註48〕「盡」，《曝書亭集》作「散」。

亂。」〔註49〕嗚呼聚散勢所必，精靈呵護靡幽遐。韓愈《送李愿歸盤谷序》：「歌：『鬼神守護兮，呵禁不祥。』」房融有硯譯梵字，遺跡尚爾矜僧伽。吳萊《南海古蹟記》：「南越王弟建德故宅，在西城內。吳虞翻移交州時，有園池。唐六祖慧能剃髮受戒，寺有壇，壇有菩提樹。房相國融譚《楞嚴經》，有筆授軒大硯，融自刻『大唐神龍改元七月七日天竺僧般刺密諦自廣譯經出』。此硯堅潤可愛，藏殿內。」《翻譯名義》：「『僧伽，梁云小師子。』又：『秦言眾多、比丘、一處、和合，是名僧伽。』」平公巨璞本光滑，少陵野老猶諮嗟。杜甫《石硯》詩：「平公今詩伯，秀發我所羨。奉使三峽中，長嘯得石硯。巨璞禹鑿餘，異狀君獨見。其滑乃波濤，其光或雷電。」《雍錄》：「少陵原在長安縣南四十里，去杜陵十八里。杜甫家焉，故自稱杜陵老，亦曰少陵也。」杜甫詩：「少陵野老吞聲哭。」況茲貞質世鮮兩，杜甫《石硯》詩：「貞質未為賤。」宜為有識群高奢。司馬相如《子虛賦》：「盛推雲夢，以為高奢。」前歸大滌後麗谷，顧祖禹《方輿紀要》：「大滌山在杭州府餘杭縣西南十八里。」按：黃公道周曾講學於杭州大滌山，所著有《大滌函書》。麗谷，未詳。謂桐城方侍御也。顛人地下應哈呀。《世說補》：「蘇長公在維揚，一日，設宴客，皆一時名士。米元章亦在坐。酒半，元章忽起立，自贊曰：『世人皆以芾為顛，願質之子瞻。』公笑答曰：『吾從眾。』」黃海布衣嗜奇最，《九域志》：「新安黃山有雲如海，稱黃海，一稱雲海。」吟成古調歐淫哇。《晉書·潘尼傳》：「抑淫哇，屏鄭衛。」盤空硬語難驟讀，韓愈詩：「橫空盤硬語。」詩膽直欲凌劉叉。劉叉詩：「詩膽大於天。」謂余吾歌子當和，答云四座且莫譁。我昔南遊度大庾，見前《度大庾嶺》。羚羊峽口戈船劃。《西京雜記》：「昆明池中有戈船數百艘。」庾信詩：「戈船聊試遊。」手披煙液入岩穴，《楚辭》：「窺煙液之所積。」硱音困。磳音增。硊音愧。硂危上聲。圍周遮。《楚辭》：「嶔岑碕礒兮，硱磳硊硂。」《注》：「並石貌。」劉禹錫詩：「山圍故國周遮在。」石紋蘊秀各異狀，就中最美數青花。有時精氣凝作眼，碧者鶺鴒黃者鴉。火輪奔處界微白，宛似蕉葉抽春芽。其餘瑣細盡當辨，黃龍翠羽兼丹砂。先生《說硯》：「端州於今為肇慶府，山石多可製硯，惟水岩最上。《水經》：『鬱溪東至高要縣為大水。』蓋蒼梧至是五百里，有羚羊峽以束之，峽勢將盡，其左折而北趨，有峰曰朝天岩，端溪之水出其陰。溪長一里許，廣不盈丈。自水口北行三十步，有穴。凡取石，由穴而入。中漸廣，分三塗，穿洞半里，抵岩壁。岩高三尺。石分三品。上岩者，質純而豔，微紫；中岩者，質潤而凝，色漸

〔註49〕《明史》卷二百五十五。

青；下岩者，質淡而細，色近白。有眼，沉水觀之，若有蘋藻浮動其中者，是曰青花。試以墨，若熬釜塗蠟者然，斯為美矣。其餘紋不同。紫氣奔而迴磚，謂之火捺。聚而為輪，謂之金錢。紫氣既竭，白氣次之，謂之蕉葉白。凝綠，若灑汁，謂之翡翠。白凝於綠，纖而長者，謂之玉帶。黃氣互其上，若虹，謂之黃龍。若縷，謂之金線。點墨瘢相比，謂之雀斑。丹若粟者，謂之硃砂斑。剝蝕如蟲齧，謂之蟲蛀。旁色赭者，謂之鱔血邊。其為眼不同，有鸜鵒眼，有鴉眼，有象眼。黃謂之鴉，碧謂之鸜鵒。眼不貴黃也。員者為鸜鵒為鴉，長者為象眼，不貴長也。或三五其暈，或七九其暈，暈有奇而無偶者也。辨水岩者，必於是驗之，思過半矣。」**爭如此石鐵色古，稜角漸去成碨**音隈。**砐**。音鴉。郭璞《江賦》：「玄蠣磈磊而碨砐。」《注》：「不平貌。」**柱史聞之忽狂叫，便欲五嶺探雲霞。**裴淵《廣川記》：「大庾、始安、臨賀、桂陽、揭陽，是為五嶺。」〔註50〕**隋隄三月送君去，**《開河記》：「煬帝自板渚引河築街道，植以柳，名隋隄，廣一千三百里。」**柳絲藤蔓何毵毵。黯然銷**〔註51〕**魂萬里別，**江淹《別賦》：「黯然銷魂者，惟別而已矣。」**長言不覺肆滂葩。**韓愈詩：「狂詞肆旁〔註52〕葩。」

送越孝廉闈入楚兼作廬山之遊越本姓江，字辰六。新安人。康熙癸卯順天舉人。

蕪城相見惜蹉跎，《江南通志》：「蕪城在江都縣西四里。宋竟陵王誕亂後，城邑荒墟，參軍鮑照作《蕪城賦》，故名。」**又送雲帆楚澤過。**杜甫詩：「雲帆楓樹林。」司馬相如《子虛賦》：「楚有七澤。」許棠詩：「天臨楚澤遙。」**九疊屏風何處好，**《一統志》：「屏風疊在廬山，自五老峰而下，九疊如屏。」李白詩：「廬山秀出南斗旁，屏風九疊雲錦張。」**三湘芳草至今多。**顏延之詩：「三湘淪洞庭。」《注》：「三湘蓋謂三江也。」《寰宇記》：「湘潭、湘鄉、湘源，是為三湘。」《楚辭》：「何所獨無芳草兮，爾何懷乎故宇？」**尋山應得逢匡俗，**《豫章舊志》：「匡俗，字君孝。父東野王，共鄱陽令吳芮佐漢，定天下而亡。漢封俗於鄱陽，曰越廬君。兄弟七人，皆好道術，遂寓精爽於洞庭之山，故世謂之廬山。漢武南巡，封俗大明公。」**作賦還看壓景瑳。**《荊楚故事》：「楚襄王與唐勒、景差、宋玉遊雲夢之臺，王令各賦大言，

〔註50〕按：當作《廣州記》。《欽定古今圖書集成‧方輿彙編‧山川典卷一百五十二》：「裴淵《廣州記》謂大庾、始安、臨賀、桂陽、揭陽為五嶺。」

〔註51〕「銷」，《曝書亭集》作「消」。

〔註52〕「旁」，《送無本師歸范陽》作「滂」。

又賦小言。唐勒、景差未如宋玉，於是賜玉以雲夢之田。」《漢書·古今人表》：「唐勒。景瑳。」《注》：「瑳音子何反。即景差也。」**準擬歸來秋月滿，樽前同聽大堤歌**。見前《寄表弟查容》。

送柯大崇樸還里兼寄周篔　柯字寓匏，嘉善人。周字青士，嘉興人。

渡淮三月滯江都，送爾歸尋舊酒徒。十幅蒲帆鄉樹杪，周權詩：「東風十幅蒲帆飽。」李昌符詩：「忽驚鄉樹出，漸識路人多。」張喬詩：「春江樹杪船。」**夜船聽雨到南湖**。見後《鴛鴦湖櫂歌》。

送葉上舍舒崇之睢陽　葉字元禮。平湖籍，吳江人。康熙乙卯順天舉人。《文獻通考》：「神宗熙寧四年，釐太學生為三等：初入學為外舍，外舍升內舍，內舍升上舍。」河南歸德府，漢曰睢陽。

昔遊同鼓山陰櫂，杜甫詩：「南遊早鼓瀟湘柂。」**我年方壯君尚少。紅粧隔座送藏鬮**，見前《贈歌者陳憐》。李商隱詩：「隔座送鬮〔註53〕春酒煖。」**君醉宵眠我狂叫**。杜甫詩：「束帶發狂欲大叫。」**江湖轉眼遽離群，東尋百越西三雲**。柳宗元詩：「共來百越文身地。」蔣一葵《箋釋》：「粵與越同。吳越、南越、閩越之總名。按史，楚大敗越，殺王無疆，越以此散。諸侯子爭立，或為君，或為王，故為百越。」**幾回落拓來燕市，秋草金臺共夕曛**。見後《高處士》。**君今三十猶貧賤，吳楚山川遠遊遍。天涯聚散二十年，鄉里何曾一相見。酒人燕市愛君詩，置酒邀君必我期。城東城西夜漏午，呼童襆**〔註54〕**被恒相隨**。見後《秋涇行》。**謂當同醉椒花酒**，《晉書·列女傳》：「劉臻妻陳氏嘗正旦獻椒花頌。」庾信《正朝賚酒詩》：「柏葉隨銘至，椒花逐頌來。」《荊楚歲時記》：「正月一日，長幼以次拜賀，進椒酒。」**夜雨新年剪新韭**。《郭林宗列傳》：「友來，夜冒雨剪韭作餅。」杜甫詩：「夜雨剪春韭。」**豈意驪駒忽在門**，見後《贈鄭盡》。**贈行不待春楊柳。黃塵千里盧溝橋**，《一統志》：「盧溝橋在順天府西南三十五里。」**朔雲慘淡風蕭條。短衣匹馬睢陽去**，杜甫詩：「短衣匹馬隨李廣。」**正值梁園雨雪飄**。《一統志》：「梁園在開封府東南，一名梁苑。漢梁孝王遊賞之所。」**平臺滿目皆狐兔**，《漢書·文三王傳》：「梁孝王築東苑，方三百餘里，大治宮室，為複道，自宮連屬於平臺三十餘里。」《注》：「平臺在大梁東北，離宮所在也。」**對雪相如可重**

〔註53〕「鬮」，李商隱《無題》作「鈎」。按：李商隱《擬意》：「楚妃交薦枕，漢後共藏鬮。」
〔註54〕「童襆」，《曝書亭集》作「僮襆」。

賦。見前《雪賿》。若見當壚勸酒人，見前《當壚曲》。曹唐詩：「不見當時勸酒人。」也應憶我長安路。

曝書亭詩錄卷之四終

曝書亭詩錄卷之五

嘉興江浩然孟亭箋注

男壎聲先校

題竹垞壁

買斷竹垞將四載，王建詩：「買斷竹溪無別主。」園林新筍未經營。今來散帙時初夏，謝靈運詩：「散帙問所知。」忽見抽梢〔註1〕喜欲狂。杜甫詩：「為問南溪竹，抽梢合過牆。」北〔註2〕市有人酤濁酒，南鄰許我借匡牀。張衡詩：「在下蔽匡牀。」江村臥穩真堪樂，愁說燕雲射獵場。《宋史·地理志》：「燕山府路。宣和四年，詔山前收復州縣，合置監司，以燕山府路為名，山後別名雲中府路。」

送陳叟南歸

軍都關口朔雲凝，《昌平山水記》：「居庸關南口有城，南、北二門，《魏書》謂之下口，《北齊書》謂之夏口，《元史》謂之南口，亦謂之軍都關。」羨爾臨行匹馬登。歸向高陽逢舊侶，見前《夏日閒居》。銜杯試話十三陵。見前《來青軒》。

同劉侍郎芳躅入大房山時劉編修芳喆養痾山中四首芳躅字增美，宛平人。順治乙未進士。芳喆字宣人。順治辛丑進士。《畿輔通志》：「大房山在順天府房山縣西十五里，雄峻秀古，為幽燕奧室，故曰房。」《魏書·裴衍傳》：「世祖詔曰：『知欲養痾中嶽，練石松嶺。』」

上方層閣少經過，《畿輔通志》：「上方山在房山西南。」猶有樵人樹杪歌。試乞山僧老藤杖，杜甫詩：「兼將老藤杖，扶汝醉初醒。」天風扶上摘星陀。見後《望摘星陀》。

〔註1〕「梢」，四庫本《曝書亭集》作「稍」。
〔註2〕「北」，《曝書亭集》作「背」。

解道劉伶善閉關，顏延之《五君詠》：「劉伶善閉關，懷情滅聞見。」《注》：「言伶懷情不發，以滅聞見，猶閉關卻掃而無事也。」〔註3〕按：《漁隱叢話》云：「東坡送人守嘉州古詩，其中云：『峨眉山月半輪秋，影入平羌江水流。謫仙此語誰解道，請君見月時登樓。』此格本出於李謫仙，其詩云：『解道澄江淨如練，令人長憶謝玄〔註4〕暉。』蓋『澄江淨如練』即玄〔註5〕暉全句也。」先生句亦襲用此格。**田衣竹杖此躋攀。長安車馬紛無數，誰肯高居六聘山**。見後《六聘山中弔霍原》。

春風依舊野棠紅，麥飯僧廚餉客同。不用三車頻問法，《法華經》：「長者以牛車、羊車、鹿車立門外，引諸子出離火宅。」王勃《釋迦成道記》：「羊鹿牛之三車出宅。」《注》〔註6〕：「《法華》三車，喻也。羊車喻聲聞乘，鹿車喻緣覺乘，牛車喻菩薩乘，俱以運載為義。前二乘方便施設，惟大白牛車是實，引重致遠，不遺一物。」**白頭試話玉熙宮**。高士奇《金鼇退食筆記》：「玉熙宮在西安里門街北、金鼇玉蝀橋之西。明世宗嘉靖四十年十一月，萬壽宮災，暫御玉熙宮，神宗時，選近侍三百餘名於玉熙宮學習宮戲，歲時升座，則承應之各有院本，如《盛世新聲》、《雍熙樂府》、《詞林摘豔》等詞。又有《玉娥兒》詞，京師人尚能歌之，名《御製四景玉娥郎》。《嚴分宜聽歌玉娥兒詞》詩云：『玉娥不是世間詞，龍艦春湖捧御卮。閭巷教坊齊學得，一聲聲出鳳凰池。』注云：『上命閣臣應製作也。』他如過錦之戲，約有百回，每回十餘人不拘，濃淡相間，雅俗並陳。又如雜劇古事之類，各有引旗一對，鼓吹送上，所扮備極世間騙局俗態，並拙婦騃男，及市井、商賈、刁賴、詞訟、雜耍諸項。蓋欲深宮九重之中，廣識見博聰明，順天時，恤民隱也。水嬉之制，用輕木雕成海外諸國及先賢文武男女之像，約高二尺，彩畫如生，有臂無足而底平，下安卯枸，用竹板承之。設方木池，貯水令滿，取魚蝦萍藻實其中，隔以紗障，運機之人皆在障內游移轉動。一人鳴金，宣白題目，代為問答。惟暑天白晝作之，以銷長夏。明愍帝每宴玉熙宮，作過錦水嬉之戲。一日宴次，報至汴梁失守，親藩被害，遂大慟而罷，自是不復幸玉熙宮矣。吳偉業《琵琶行》有云：『先皇駕幸玉熙宮，鳳紙僉名喚樂工。苑內水嬉金傀儡，殿頭過錦玉玲瓏。一自中原盛豺虎，煖閣才人罷歌舞。插柳停撾素手箏，燒燈罷擊花奴鼓。』蓋指此也。迨入我

〔註3〕「懷情」，底本作「懷清」。據《六臣注文選》卷二十一及李周翰注改。
〔註4〕「玄」，底本作「元」。
〔註5〕「玄」，底本作「元」。
〔註6〕道誠《釋迦如來成道記注》卷下。

朝，遂廢不治。今改為內廄，豢養御馬。門前存一古樹，槎枒臃腫，生意盡矣。」〔註7〕

羊何此日和歌成，謝靈運詩題《登臨海嶠初發彊中作與從弟惠連可見羊何共和之》。沈約《宋書》：「謝靈運既東還，與族弟惠連、東海何長瑜、穎川荀雍、太山羊璿文章常會〔註8〕，共為山澤之遊，謂之四友。」夢草池塘句更清。見前《永嘉對月》。刻取谿亭雙櫟樹，千春長識謝公名。《水經注》：「若耶溪水上承礁硯麻溪，溪之下孤潭周數畝，甚清深。有孤石臨潭，乘崖俯視，猿狄驚心。寒木被潭，森沉駭觀。上有一櫟樹，謝靈運與從弟惠連常遊之，作聯句，題刻樹側。」

送喬舍人萊還寶應喬，丁未進士。舉鴻博，舉編修。官至侍讀。先生《喬御史讀書劄記序》：「公築室柘溪之陽，田衣山屐，不入城府。年八十，有雙鶴降於庭東南，隱居之彥咸賦詩記其事。叔子中書舍人曰萊，字子靜，與彝尊定交京師，世好彌篤。歲在癸丑，中書君以省公歸，彝尊送之宣武門右。」《一統志》：「寶應縣在揚州府高郵州一百二十里。」

今秋甲子雨不絕，《朝野僉載》：「俚諺曰：『春雨甲子，赤地千里。夏雨甲子，乘船入市。秋雨甲子，禾頭生耳。冬雨甲子，牛羊凍死。〔註9〕』」小池殘暑風淒淒。棧車難行瘦馬滑，《周禮》：「士乘棧車。」又：「輿人為車棧，車欲其弇。」《注》：「不革鞔而桼之曰棧車。」終朝兀坐愁雲低。宋之問詩：「兀坐去沉滓。」有客上書臨欲去，折簡招我斜街西。《魏志・王凌傳》：「卿以折簡召我，何敢不至，而乃引來乎？」房山香醪貯一石，《一統志》：「房山縣在順天府涿州城西北四十里。」杜甫詩：「香醪懶再酤。」浮以斛角暹羅犀。《穀梁傳》：「成公七年，郊牛日展斛角而知傷，展道盡矣，其所以備災之道不盡也。」《注》：「有司展察牛而即知傷，是展察之道盡，不能消災禦患，致使牛傷，有司之過也。斛，球球然，角貌。」按：斛同觲。《詩》：「兕觥其觩。」《注》：「觩，角上曲貌。」《一統志》：「暹羅國在占城極南，出犀。」定州瓷盌白如雪，《一統志》：「定州在真定府東北一百三十里。」

〔註7〕見《欽定古今圖書集成・經濟彙編・考工典卷五十一》。又見《欽定日下舊聞考》卷四十一，另多數語。

〔註8〕「太山羊璿文章常會」，《宋書》卷六十七《謝靈運傳》作「太山羊璿之以文章賞會」。

〔註9〕見《古今合璧事類備要》卷二、《御定佩文韻府》卷三十七之一。按：《朝野僉載》卷一作「冬雨甲子，鵲巢下地，其年大水。」《白孔六帖》卷二、《天中記》卷三、《御定駢字類編》卷一百二十六作「冬雨甲子，牛羊凍死，鵲巢下地，其年大水」。

《格物要論》〔註10〕：「白〔註11〕定器，土脈細，色白而滋潤者貴。有淚痕者是真。劃花者最佳，素者亦好，繡花者次之。宣和、政和者窯最好。」杜甫《乞大邑瓷盌》詩：「君家白盌勝霜雪。」**津門紫蟹團霜臍。**《一統志》：「天津闔在順天府良鄉縣北。」張廷銓《南征紀略》：「天津衛，故直沽地。」繆泳《黃圖雜誌》：「無名氏《直沽櫂歌》：『雲帆十幅下津門。』」又：「白魚紫蟹四時肥。」《廣雅注》：「蟹團臍牝，尖者牡。」蘇軾詩：「團臍紫蟹脂填腹。」〔註12〕黃庭堅詩：「想見霜臍當大嚼。」**坐中曹**自注：「舍人禾。」汪自注：「舍人懋麟。」**意氣古，杜詩韓筆名相躋。**杜牧詩：「杜詩韓筆愁來讀。」詳見後《題侯開國鳳阿山房圖》。**草堂圖畫凡幾幅，酒酣竝起爭留題。龍竿寺旁射陂曲，**《江南通志》：「龍竿院在寶應縣東八十里。」又：「射陽湖在寶應縣東六十里。《漢書》：『廣陵王胥有罪，其相勝之奏奪其射陽陂』，即此湖也。」**中分一水名柘溪。君家嚴君此遊息，**自注：「侍御可聘。」《明詩綜》小序：「可聘，字君徵。天啟壬戌進士。」《易》：「家有嚴君。」《禮》：「故君子之於學也，藏焉修焉，息焉遊焉。」**翠煙繚繞含晴霓。**宋之問詩：「丹壑飲晴霓。」**王官穀深城府隔，**《一統志》：「王官穀在平陽府臨晉縣東南七十里。」《唐書·司空圖傳》：「圖居中條山王官穀，遂隱不出，名亭曰休休，作文以見志。」《南史·何點傳》：「點不入城府，而性率到，好狎人物。」**武陵花發時人迷。**陶潛《桃花源記》：「晉太元〔註13〕中，武陵人捕魚為業。緣溪行，忘路之遠近。忽逢桃花林。漁人甚異之。捨船，從口入。其中往來種作，男女衣著，悉如外人。黃髮垂髫，並怡然自樂。見漁人，便要還家。自云先世避秦時亂，來此絕境，不復出焉。停數日，辭去。既出，得其船，便扶向路，處處誌之。及郡下，詣太守，說如此。太守即遣人隨其往，尋向所志，遂迷，不復得路。」**只今八十尚健飯，過橋不用扶青藜。郵籤此去秋未晚，**杜甫詩：「郵籤報水程。」**籬邊圓菊黃花齊。連江峭帆檻外落，**陸游詩：「小孤山畔峭帆風。」**一雙老鶴階前棲。衡門啟後綵衣入，**《詩》：「衡門之下。」《高士傳》：「老萊子孝養二親，行年七十，作嬰兒戲，著五色斑斕之衣舞。」杜甫詩：「遠傳冬筍味，更覺綵衣春。」**定使眼膜開金篦。**見前《孫少宰蟄室》。**桓山四鳥雖折翼，**自注：「時舍人有兄喪。」　見前《傷歌行》。**循陔庶免心酸嘶。**束晳

〔註10〕按：當作《格古要論》。見（明）曹昭《格古要論》卷下《古定器》、《御定佩文韻府》卷十七之五。

〔註11〕「白」，《格古要論》、《御定佩文韻府》作「古」。

〔註12〕《揚州以土物寄少游》。按：一說為秦觀詩，題《寄蓴薑法魚糟蟹》（寄子瞻）。

〔註13〕「元」，底本作「原」。

《補亡詩》：「循彼南陔，言採其蘭。眷戀庭闈，心不遑安。」陸厥詩：「酸嘶度揚越。」〔註14〕兼珍之膳娛永日，《後漢書・仲長統傳》：「養親有兼珍之膳。」靜觀節物移暄薆。《水經注》：「嚴晨肅月，燕麥暄薆。」〔註15〕嗟予〔註16〕旅食尚淹滯，懷鄉未得瞻秦稽。鈕世楷注：「顏延年詩：『曷月瞻秦稽。』」《注》：「秦稽謂秦望、會稽也。」〔註17〕送君沉吟數長路，寸心千里隨輪蹄。韓愈詩：「渙散馳輪蹄。」維揚秔稻美自昔，《江南通志》：「揚州府，明永樂中曰維揚府。」邇來厥土仍塗泥。《書》：「淮海惟揚州，厥土惟塗泥。」灣頭清水聞更決，《一統志》：「茱萸灣在揚州府城東北九里。」《揚州府志》：「茱萸灣一名灣口，今名灣頭。」《江南通志》：「清水湖在寶應縣南。」上流未築歸仁隄。《江南通志》：「歸仁隄在桃宿境內，黃河南岸。」千村廬舍總昏墊，《書》：「下民昏墊。」可知鴈戶猶悲啼。《丹鉛續錄》：「唐詩編氓有鴈戶，編氓謂流民也。」〔註18〕漕船萬斛挽不上，荒岡斷岸何由梯。太倉紅粟漸已貴，《漢書・食貨志》：「太倉之粟，陳陳相因，紅腐而不可食。」〔註19〕曷歸長水親鉏犁。見後《鴛鴦湖櫂歌》。王粲詩：「相隨把鉏犁。」期君歲暮白田上，《江南通志》：「白田渡在寶應縣南門外。」班草城南手重攜。《後漢書・陳留父老傳》：「道逢友人，共班草而言。」〔註20〕《注》：「班，布也。」

夢硯歌為汪舍人懋麟作汪字季用，號蛟門，江都人。康熙丁未進士。先生《十二硯齋記》：「中書舍人汪君季用僦宅宣武門之右，窮巷蕭然，饘粥不繼。君久病臥，夢入廣庭，得石硯一十二枚，寤而作歌，其友和之，君因名其齋，俾秀水朱彝尊作記。」

我怪汪舍人，臥疴嬾朝參。王羲之帖：「吾怪足下朝參少晚。」杜甫詩：「頗怪朝參懶。」謝靈運詩：「臥疴對空床。」眼前富貴非所好，惟於載籍偏沉酣。杜牧詩：「沉酣薰骨髓。」無錢可糴糴太倉米，杜甫詩：「日糴太倉五升

〔註14〕 出（南齊）釋寶月《行路難》，非陸厥詩。又，李白《幽歌行上新平長史兄粲》：「哀鴻酸嘶暮聲急」；杜甫《無家別》：「終身兩酸嘶」；孟郊《寒溪》其三：「默念心酸嘶。」
〔註15〕 《沁水》。
〔註16〕 「予」，《曝書亭集》作「余」。
〔註17〕 見《六臣注文選》卷二十六，此乃呂延濟注。
〔註18〕 楊慎《升菴集》卷七十二《鴈戶》、《丹鉛餘錄》卷六《鴈戶》、《譚苑醍醐》卷八《鴈戶》：「《唐書》編氓有雁戶，謂流民也。」
〔註19〕 《漢書》卷二十四上《食貨志》：「太倉之粟陳陳相因，充溢露積於外，腐敗不可食。」又，卷六十四下《賈捐之傳》：「太倉之粟紅腐而不可食。」按：《史記》卷三十《平準書》：「太倉之粟陳陳相因，充溢露積於外，至腐敗不可食。」
〔註20〕 《後漢書》卷一百十三《逸民列傳》。

米。」僮僕入市心懷慚。舍人舒膝方晝寢，杜甫詩：「吾兄睡穩方舒膝。」如蟲食蓼翻知甘。《楚辭》：「蓼蟲不徙乎葵藿。」《注》：「言蓼蟲處辛辣，食苦惡，不徙葵藿食甘美者也。」忽然夢入無人區，廣庭巨室何歅歅。音覃。張衡《西京賦》：「大廈歅歅。」《注》：「歅歅，深邃之貌。」中羅石硯十有二，一一就視煙雲含。鼉磯苦堅龍尾滑，《歐陽修集》：「登州鼉磯島中，距蓬萊百餘里，波濤深處有石之可硯者，金星雪浪，頗為世重。」蘇軾《龍尾硯銘》：「澀不留筆，滑不拒墨。」詳見前《和程邃歌》。洮音叨。又音桃。河水玉徒籃篸。音覃。曹昭《格古論要》〔註21〕：「嘗聞洮河綠石，色綠如藍，其潤如玉，發墨不減端溪、下岩石。此石出陝西臨洮府大河深水中，甚難得也。」《硯譜》：「洮河綠石性懶，不起墨，不耐久磨。」《集韻》：「籃篸，區薄也。」詎若羚羊峽中質，青花白葉波渟〔註22〕涵。見前《和程邃歌》。柳貫詩：「渟涵就深廣。」良璞得一亦已足，十二盡取毋乃貪。覺來伏枕賦長句，中心惆悵真難堪。為語舍人且莫貪，高要〔註23〕峽路吾能諳。見前《和程邃歌》。昔年著屐入岩穴，見前《山陰道歌》。親斲山骨施斧鑿。音讒。《韓文公集·石鼎聯句詩》：「巧匠斲山骨。」《說文》：「鑿，小鑿也。」黃金盡散要不惜，一百八石岩前擔。自從輕舟發大庾，篷牕一日摩挱三。見前《孫少宰墊室》。蘇軾詩：「篷牕高枕雨如繩。」榜人潛窺竊其九，《禮》：「命榜人。」余歸見者爭來撏。音鹽。眼看美好盡已去，何況夢寐侈空譚。舍人翻然釋惆悵，留余濁酒開新壜。統都感切。如漏鼓猶未起，《晉書·鄧攸傳》：「統如打五鼓。」注：「統，擊鼓聲。」起時月落天西南。

九言題田員外雯秋泛圖田字綸霞，亦字子綸，號漪亭，德州人。康熙甲辰進士。官至戶部侍郎。

田郎與我相識今十年，新詩日下萬舌爭流傳。王勃《滕王閣序》：「望長安於日下。」樓鑰詩：「萬眾讚揚同一舌。」杜甫詩：「新詩海內流傳徧。」黃塵撲面三伏火雲熱，王播詩：「二十年來塵撲面。」《曆忌釋》：「伏者何也？金氣伏藏之日也。金畏於火，故至庚日必伏。」《陰陽書》：「從夏至後第三庚為初伏，四庚為中伏，立秋後初庚為後伏，故謂之三伏。」盧思道《納涼賦》：「火雲黑而四舉。」每誦子作令我心爽然。開軒示我秋泛圖五丈，鴨頭畫出宛似吳中船。田《自題秋泛

〔註21〕見（明）曹昭《格古要論》卷中《洮河石》。
〔註22〕「渟」，四庫本《曝書亭集》作「亭」。
〔註23〕「要」，四庫本《曝書亭集》脫。

圖歌》：「中流破版鴨頭船。」《吳志》：「太傅諸葛恪製為鴨頭船。」**大通橋北官舍最湫了切。**隘，《畿輔通志》：「大通橋，一在東便門外，為盤察漕米分司；一在東安縣。」《左傳》：「景公欲更晏子之宅，曰：『子之宅近市，湫隘囂塵，不可以居。』」《注》：「湫，下也。」**箕筥斗斛囊橐群喧闐。**見後《送田少參》。**他人對此束縛不得去，田郎掉頭一笑浮輕漣。**郭璞《江賦》：「或頲彩輕漣，或焆曜涯鄰。」**疎花蒙籠兩岸渡頭發，**沈約詩：「竹樹近蒙籠。」**蹇驢蹴蹋百丈風中牽。**杜甫詩：「東家蹇驢許借我。」張衡《南都賦》：「蹴蹋蹁躚。」**五里十里長亭短亭出，**見前《送林佳璣》。**千絲萬絲楊枝柳枝眠。**《三輔故事》：「漢苑中柳狀如人形，曰人柳。一日三眠三起。」**當其快意何啻天上坐，**杜甫詩：「春水船如天上坐。」**酒杯入手興至吟尤顛。**孟浩然詩：「當杯已入手。」**慶豐牐口自有此渠水，**《水部備考》：「慶豐牐在都城東王家莊至大通橋八里。」**未知經過誰子曾泂沿。**謝靈運詩：「水涉盡泂沿。」**倉曹題柱名姓不可數，似子飛揚跌宕真無前。**《北史・侯景傳》：「長有飛揚跋扈之意。」《漢書・揚雄傳》：「雄為人跌宕。」**長安酒人一時賦長句，**《史記・刺客列傳》：「荊軻雖遊於酒人乎，然其為人沉深好書。」**我亦對客點筆銀光牋。**杜甫詩：「石闌斜點筆。」《丹陽記》：「江寧縣有紙官署，齊高帝造紙所也。嘗造凝光紙，賜王僧虔，一云銀光牋。」**篷牕寂寞不妨添畫我，從子日日高詠秋水篇。**《莊子》有《秋水篇》。

汪舍人戀麟以丁娘子布見贈賦寄 按：丁娘子布出松江府。

丁娘子，爾何人，織成細布光如銀。舍人笥中剛一疋，贈我為衣禦冬日。感君戀戀情莫踰，《史記・范睢列傳》：「綈袍戀戀，有故人之意。」重之不異貂襜褕。張衡詩：「美人贈我貂襜褕。」《說文》：「直裾謂之襜褕。」攜歸量幅二尺闊，《古樂府》：「吳中細布，闊幅長度。」未數星絘與荃葛。《漢書・江都易王傳》：「荃葛珠璣。」《注》：「荃，細布也。今南方筒布之屬皆為荃也。葛即今之葛布也。」〔註24〕曬卻渾如飛瀑懸，看來只訝神雲活。張說《和麗妃銘》：「楚宮選美，納良袂於神雲。」為想鳴梭傍碧牕，李頎詩：「鳴梭秋葉時。」摻摻女手定無雙。《詩》：「摻摻女手，可以縫裳。」浣時應值湔〔註25〕裙水，

〔註24〕卷五十三。按：顏師古《注》：「蘇林曰：『荃音詮，細布屬也。』服虔曰：『音蓀，細葛也。』臣瓚曰：『荃，香草也。』師古曰：服、瓚二說皆非也。許慎云：『荃，細布也』，字本作絟，音千全反，又音千劣反，蓋今南方筒布之屬皆為荃也。葛即今之葛布也。」

〔註25〕「湔」，四庫本《曝書亭集》作「濺」。

《北史・竇泰傳》:「渡河溮裙。」王初詩:「猶殘仙媛溮裙水,幾見星妃度襪塵。」
〔註26〕**漂處除非濯錦江**。《華陽國志》:「成都道西城,故錦官也。錦工織錦,濯
於江中則鮮明,濯他江則不如,故名曰錦裏城。」**長安城中盛衣馬,此物沉思**
六街寡。裁〔註27〕**作輕衫春更宜,期君再醉天壇下。**孫承澤《春明夢餘錄》:
「天壇在正陽門之左。」**天壇三月踏青時,**李綽《歲時記》:「上巳賜宴曲江,都
人於江頭禊飲,踐踏青草,曰踏青。」**領邊短鬢風吹絲。試尋油壁香車路,**
見前《山陰客舍》。**追逐紅褌錦髻兒。**《南史・周弘正傳》:「藏法師於開善寺講說,
門徒數百。弘正年少,未知名,著紅褌,錦絞髻,踞門而聽。既而乘間進難,舉坐
盡傾。」

鴛鴦湖櫂歌一百首有序

甲寅歲暮,旅食潞河,《明一統志》:「順天府沽水,一名西潞水,一名東潞
水。」《正字通》:「東潞,今之張家灣潞河驛。」言歸未遂。爰憶土風,成絕句
百首,語無詮次,以其多言舟楫之事,題曰《鴛鴦湖櫂歌》,《嘉興府志》:
「鴛鴦湖在秀水縣南三里,以其東西兩湖相接如鴛鴦,故名。」漢武帝《秋風詞》:「簫
鼓鳴兮發櫂歌。」聊比《竹枝》、《浪陶沙》之調,劉禹錫有《竹枝詞》、《浪淘
沙》詞。冀同里諸君子見而和之云爾。

蟹舍漁村兩岸平,張志和《漁歌子》詞:「松江蟹舍主人歡。」無名子《直沽
櫂歌》:「一燈明處有漁村。」**菱花十里櫂歌聲。儂家放鶴洲前水,**《廣韻》:「儂,
我也。吳人方言。」王維詩:「不如儂家任挑達,草屬撈蝦富春渚。」先生《靜志居詩
話》:「城南放鶴洲名曰裴島。南渡初,禮部侍郎朱敦儒之墅,洲名其所題也。」**夜半**

〔註26〕楊慎《升菴集》卷六十《仙媼》、《丹鉛餘錄》卷三:「北齊竇泰其母夢風雷暴
起,電光奪目,駭寤而驚汗,遂有娠。暮而不產,大懼。有巫媼曰:『渡河溮
裙,產子必易。』從之,生泰。宋胡宿《銀河》詩:『猶餘仙媼溮裙水,幾見
星妃度鞿塵』,用此事也。」
王士禎《分甘餘話》卷二:「北齊竇泰母期而不產,有媼教之曰:『渡河溮裙,
生子必易。』從之,生泰。胡文恭宿詩:『猶餘仙媼溮裙水,幾見星妃度襪塵。』」
按:「猶殘仙媛溮裙水,幾見星妃度襪塵」,出王初《銀河》。楊慎、王士禎誤
作胡宿詩。
另,(宋)姚寬《西溪叢語》卷下:「李義山《柳枝詩序》有『溮裙水上』之語。
《北史》:『竇泰母夢風雷,有娠,期而不產,甚懼。有巫者曰:度河溮裙,產
子必易。便向水所。忽見一人云當生貴子,可徙而南。母從之,俄而生泰。及
長,為御史中尉。』〔別見《荊楚歲時記》。〕」
〔註27〕「裁」,四庫本《曝書亭集》作「剪」。

真如塔火明。自注：「宋朱希真避地嘉禾。放鶴洲，其園亭遺址也。予伯貴陽守治別業於上，真如塔峙其西。」《府志》：「真如教寺在秀水縣南四里，唐至德二年立。大中十年，裴休齋，捨為寺，改為正德院。宋祥符元年，改真如教院。嘉祐七年，建仁王護國塔。」

沙頭宿鷺傍船棲，杜甫詩：「沙頭宿鷺聯拳靜。」柳外驚烏隔岸啼。庾信詩：「驚烏灑翼度。」為愛秋來好明月，湖東不住住湖西。

春城處處起吳歌，《晉書‧樂志》：「吳歌雜曲，並出江南。」《菽園襍記》：「吳中鄉村唱山歌，大率多道男女情致而已。」《水冬日記》：「吳人耕作，或舟行之勞，多謳歌以自遣，名唱山歌，頗合宮徵，兼可警勸。」夾岸疏簾影翠娥〔註28〕。楊巨源詩：「翠娥紅粉敞雲屏。」一葉舟穿粧閣底，韓愈詩：「共泛清湘一葉舟。」沈佺期詩：「紫岩粧閣透。」傾脂河畔落花多。自注：「傾脂河在楞嚴寺東，人家多跨水為閣。」《檇李詩繫》：「傾脂河，相傳西施傾脂水於此。」

寶帶河連錦帶斜，《府志》：「寶帶河在府治西二百步。錦帶河在府治西子城下。以其環抱府治，故名。」精嚴寺古黯金沙。《府志》：「精嚴講寺在府治北一百八十步。」《彌陀經》：「極樂國土有七寶蓮池，池底純以金沙布地。」王勃《淨慧寺碑》：「簷分石寶，地絡金沙。」牆陰一逕遊人少，開遍年年梓樹花。自注：「精嚴寺多梓樹。」

西埏里接韭谿流，自注：「西埏里載干寶《搜神記〔註29〕》，在嘉興縣治西，韭谿之水經其下。」一簣餅山古木秋。自注：「餅山，宋時酒務。」《名勝志》：「餅山高三丈。相傳宋時酒務在此，其罌缶所棄，積久成山。」《府圖記》：「餅山在府治後。」慣是爭枝鳥未宿，杜甫詩：「啅雀爭枝墜。」夜深啼上〔註30〕月波樓。自注：「月波，秀州酒名，載張能臣《天下名酒記》。樓係令狐挺所建，宋人集題詠詩詞甚多。」《嘉禾志》：「月波樓在郡治西北二里城上，下瞰金魚池。至和甲午，知州令狐挺立。」

檇李亭荒蔓草存，自注：「檇李亭址在金銘寺北。」《嘉興縣志》：「縣西三十里本覺寺有檇李亭。城內金明寺前舊亦立有檇李亭，石址尚存。」金陀坊冷寺鐘昏。自注：「宋岳珂為勸農使，居金陀坊，著《金陀粹編》。」　金陀坊在府治西南一里。

〔註28〕　「娥」，《曝書亭集》作「蛾」。
〔註29〕　「記」，四庫本《曝書亭集》無。
〔註30〕　「上」，四庫本《曝書亭集》作「破」。

張九成詩：「昏鐘發林杪。」**湖天夜上高樓望，月出東南白苧村。**自注：「寺南有樓，名湖天海月。」 《府志》：「白苧堰在嘉興縣東南三里。」

百尺紅樓四面牕，《府志》：「鴛鴦湖中有煙雨樓，五代時建，為一方勝景。」**石樑一道鎖晴江。自從湖有鴛鴦目，水鳥飛來定是**〔註31〕**雙。**按：陸龜蒙《和女墳湖》：「應是離魂雙不得，至今沙上少鴛鴦。」此云：「自從湖有鴛鴦目，水鳥飛來定是雙。」詩人觸景生情，不必實有其事。

倅廨偏宜置酒過，亭前花月至今多。自注：「陸游《入蜀日記》：『倅廨花月亭有小碑，乃張先雲破月來花弄影樂章，云：得句於此亭也。』《府志》：「宋州倅東廳在郡治東二十步，內有花月亭，宋倅張子野創。」**不知三影吟成後，**《宋書·張先傳》：「先字子野，詩格清麗，尤長於樂府，有『隔牆送過鞦韆影』、『雲破月來花弄影』、『浮萍斷處見山影』之句，時人號為張三影。」〔註32〕**可載甡娘此地歌。**自注：「張子野云：『往歲吳興守滕子京席上見小伎甡娘，後十年再見於京口。』」

女牆官柳遍啼鴉，《釋名》：「城上垣謂之女牆，言其卑小，比之於城，如女子之於丈夫也。」**小閣臨風卷幔斜。笑指孩兒橋下水，**自注：「孩兒橋在天寧寺東，石闌盡刻作孩兒。載魯應龍《括異志》。」《括異志》：「嘉禾北門有孩兒橋，橋欄四角皆石刻孩兒，因名之。歲時既久，遂出為怪。或夜出，叩近人門戶求食。或於月夜遊戲於市，人多見之。一夕，有膽勇者至，夜密伺，果見二三石孩兒，徐徐自橋而下，遂大呼有鬼，以刀逐至其處，斫去其頭，怪遂絕。」〔註33〕**雨晴漂出滿城花。**鈕世楷注：「李商隱詩：『日暮水漂花出城。』」

檣燕檣烏繞楫師，杜甫詩：「檣燕語留人。」又：「檣烏宿處飛。」無名子《直沽棹歌》：「檣燕檣烏立又飛。」左思《吳都賦》：「篙工楫師，選自閭禺。」**樹頭樹底挽船絲。**王建詩：「樹頭樹底覓殘紅。」**村邊處處圍桑葉，水上家家養鴨兒。**自注：「《樂府·阿子歌》注：『嘉興人養鴨兒，作此歌。』」

桃花新水湧吳艖，《水衡記》：「桃花水，二月三月水名。」周邦彥《汴都賦》：「越嶺吳艖。」**十五漁娃櫓自操。**劉方平詩：「採蓮從小慣，十五即乘潮。」周履靖詩：「赤腳漁娃晨入市。」**網得錢塘一雙鯉，不知魚腹有瓜刀。**自注：「錢塘

〔註31〕 「是」，《曝書亭集》作「自」。

〔註32〕 按：作《宋書》誤。《宋史》亦無張先傳。

〔註33〕 見《欽定古今圖書集成·博物彙編·神異典卷三百十九》、《經濟彙編·考工典卷三十四》。

杜子恭就人借瓜刀，其主求之，曰：「當即相還耳。」既而刀主行〔註34〕至嘉興，有魚躍入船中，破魚腹，得瓜刀。見《搜神後記》。」〔註35〕

穆湖蓮葉小於錢，顧祖禹《方輿紀要》：「穆溪在嘉興府東北四里。」張籍詩：「蓮葉出水大如錢。」**臥柳雖多不礙船。兩岸新苗纔過雨，夕陽溝水響緱田。**

金衣楚雀白鶒雞，《開元天寶遺事》：「明皇每於禁苑中，見黃鶯，常呼之為金衣公子。」《爾雅》：「鶬黃，楚雀。」《注》：「即倉庚也。」鈕世楷注：「《廣韻》：『吳人呼水雞為鶒渠。』」楊升庵外集：「鶒，庸渠，水鳥也。吳楚名為鶒雞。」**不住裴公島上啼。**自注：「裴島即放鶴洲，相傳裴休別業。**白馬未嘶雲屋外**，溫庭筠詩：「門外蕭郎白馬嘶。」皮日休詩：「鶴雛入夜歸雲屋。」**紅船先度板橋西。**

隄外湖光隄內池，蘇軾詩：「呼吸湖光飲山綠。」**露荷珠綴夜涼時。阿誰月底修簫譜**，《古詩》：「家中有阿誰。」**更按東堂舊日詞。**自注：「毛滂在秀州賦月波樓中秋詞，云：『露荷珠綴，照見鴛鴦睡。』月底修簫譜，樂府調名。東堂，滂集名也。」

鴨餛飩小漉微鹽，自注：「方回題竹杖詩：『跳上岸頭須記取，秀州門外鴨餛飩。』」《嘉興縣志》：「浙東用火哺鴨，其未成者，嘉興用香鹽炮之，名喜蛋，為春月佳味。」**雪後壚頭酒價廉。**岑參詩：「壚頭耐醉眠。」**聽說河魨新入市，蔞蒿荻筍急須拈。**《藝苑雌黃》：「張文潛《明道襍誌》云：『河魨，水族之奇味。世傳以為有毒，能殺人。予守丹陽及宣城，見土人戶戶食之，其烹煮但用蔞蒿、荻芽、菘菜三物。而未見死者。』」蘇軾詩：「蔞蒿滿地蘆芽短，正是河豚欲上時。」杜甫詩：「舍西柔桑葉可拈。」

城北城南盡水鄉，陸機詩：「余固水鄉士。」《注》：「水鄉謂吳也。」**紅薇逕**〔註36〕**外是回塘。**《府志》：「會景亭在嘉興縣東南澂湖濱宋尚書潘師旦園中，舊為宋世家柳氏莊，莊有南塢、海棠亭、白蓮沼、桃花亭、紅薇逕、茶溪、仙鶴亭、芙蓉塘、白苧橋、漁激等十景，賢會於此。」**千家曉閣紗牕拓**，杜甫詩：「笑舞拓秋牕。」**二月東風蕙艸香。**

西水驛前津鼓聲，自注：「西水驛在城西。」李端詩：「月落聞津鼓。」鄒祗謨《麗農詞》注：「津鼓，客行鼓也。」**原田角角**音谷。**野雞鳴。**《左傳》：「原田每

〔註34〕「行」，四庫本《曝書亭集》作「衍」，誤。

〔註35〕此係自注。

〔註36〕「逕」，《曝書亭集》作「徑」。

每。」溫庭筠詩：「雊聲何角角。」《漢書‧郊祀志》：「野雞夜鳴。」《注》：「野雞，雊也。呂后名雉，改曰野雞。」**薹心菜甲桃花里**，自注：「桃花里人多種菜為業。」《府志》：「油菜冬種春生，其蕊始發，摘食之，名薹心菜。」杜甫詩：「自鋤稀菜甲。」桃花里在城西南。**未到天明攉入城。**

姑惡飛鳴觸曉煙，自注：「姑惡，鳥名。蠶月最多。」蘇軾《五禽言》詩：「姑惡姑惡，姑不惡，妾命薄。」注：「姑惡，水鳥也。俗云婦以姑虐死，故其聲云。」**紅蠶四月已三眠。**《禮疏》：「蠶三俯三起，二十七日而老，謂之紅蠶。」李白詩：「吳蠶已三眠。」《蠶書》：「生明日，或桑或柘葉。晝夜五食，不食一日一夜，謂之初眠。又七日，眠如初。又七日，三眠。又七日，謂之大眠。」**白花滿把蒸成露**，自注：「野薔薇開白花，田家籬落間處處有之。蒸成香露，可以澤髮。」**紫葚盈筐不取錢。**葚熟則色紫而味甜，俗名桑果。杜甫詩：「紫葚甘經夏。」又：「河魚不取錢。」

村中桑斧響初停，張祜詩：「砍樹遺桑斧。」**溪上叢麻色漸青。**自注：「府城西北有麻溪。」**郡閣南風纔幾日**，杜牧詩：「秋風郡閣殘花在。」**荷花開滿鏡香亭。**自注：「鏡香亭在慈恩寺南。今廢。」

徐園青李核何纖，自注：「徐園李核小如豆，絲懸其中。」按：徐園李比檇李差大，產自徐長者園，故有是名。《嘉興縣志》云：「徐長者園在南城外。長者，宋人。通佛學，好道術。年八十餘，治園栽花，休老於此。」**未比僧廬味更甜。聽說西施曾一搯**，音恰。《說文》：「搯，爪刺也。」**至今顆顆爪痕添。**自注：「僧廬謂淨相寺，產檇李，每顆有西施爪痕。」曹溶《檇李》詩：「澦水蟠根奕葉長，筵前冰齒得仙漿。上林嘉種休相借，驗取夷光到甲香。」先生《檇李賦序》：「嘉興，古之檇李也。檇，遵為切。許慎《說文解字》：『從木，有所擣。』賈思勰《嫁李法》：『臘月中，以杖微打岐間，正月復打之，足子。』殆擣之義與？府治西南二十里舊有檇李城，今蕪沒。李，惟縣東南〔註37〕十里淨相寺有之。近苦官吏需索，寺僧多伐去，將來慮無存矣。考之圖經，俱不載，因體物成篇。」

藉袈橋上水松牌，《南方草木狀》：「水松葉如檜而細長。」張籍詩：「惟見松牌記象州。」**白石登登鴈齒階。**庾信《溫湯碑》：「秦皇餘石，仍為鴈齒之階。」**曾記小時明月夜，踏歌連臂竹鄰街。**自注：「竹鄰里，元陳秀民所居。藉袈橋在其東北。」竹鄰里在嘉興縣治西北，今名竹林巷。《漢官故事》：「十月五日，上靈女廟，連臂踏歌。」

〔註37〕《曝書亭集》卷一《檇李賦》無「南」字。

穀水由來出小〔註38〕湖，渚城壁塞總春蕪。戰場吳楚看猶在，折戟沙中定有無。自注：「《水經注》引《吳記》：『穀水出吳小湖，逕由拳縣。』渚城在今城北十五里。《水經注》又云：『浙江又東逕柴辟南，舊吳楚戰地，備候於此，故謂之辟塞。』杜牧詩：『折戟沉沙鐵未消，自將磨洗認前朝。』杜甫詩：「三伏炎蒸定有無。」

金魚院外即通津，自注：「《輿地紀勝》：『金魚院在嘉興縣西北。』」轉粟千艘壓水濱。年少女牆隨意望，縫衣恰對柁樓人。白居易詩：「飽食濃妝倚柁樓。」

懷家亭館相家湖，《府志》：「相湖在秀水東北九里。昔有相姓，居湖之濱，故名相家湖。」雪艇風闌近已蕪。猶有白蘋香十里，生來黃蜆蛤蜊麁。自注：「懷悅居相湖南闢柳莊，有水亭，名雪艇。湖中產蜆甚肥。」

學繡女兒行水潯，遙看三塔小如鍼。自注：「城西學繡里，俗傳西子入吳，刺繡於此。三塔，龍淵寺前塔也。」《括異志》：「景德禪院在城西門外，有白龍潭在寺前。以白龍穴於此，居人作三塔鎮之。」並頭菡萏雙飛翼，記取挑絲色淺深。

梅花小閣兩重階，屈戍屏風六扇排。梁簡文帝詩：「織成屏風金屈戍。」〔註39〕《輟耕錄》：「人家窗戶設鉸具，或鐵或銅，名曰環鈕，即古金鋪遺意，北方謂之屈戍。」溫庭筠詩：「屏倚故窗山六扇。」不及張銅爐在地，自注：「里有張鳴岐，製銅為薰爐，聞於時。」三冬長煖牡丹鞾。盧肇詩：「神女初離碧玉階，彤雲猶擁牡丹鞾。」

鶴湖東去水茫茫，一面風涇接魏塘。自注：「鶴湖在魏塘。清風涇即白牛涇。」《府志》：「鶴湖在嘉善縣西北三十里。」又：「清風涇在嘉善縣東二十四里。」又：「魏塘在嘉興縣東十里，達嘉善運道。」看取松江布帆至，《明一統志》：「白牛塘在松江府城西五十里。風涇地界嘉興。」鱸魚切玉勸郎嘗。《吳郡志》：「天下鱸魚皆兩腮，惟松江之鱸四腮。」杜甫詩：「白魚如切玉。」米芾詩：「玉破鱸魚霜破柑。」

蓮花細步散香塵，《南史·齊東昏侯紀》：「鑿金為蓮花以帖地，令潘妃行其上，曰：『此步步生蓮花也。』」曹植《洛神賦》：「凌波微步，羅襪生塵。」金粟山門禮佛頻。自注：「金粟寺在海鹽西南。」一種少年齊目斷，李白詩：「一種為人妻。」權德輿詩：「魂交復目斷。」不知誰是比肩人。自注：「林坤《誠齋襍記》：『海鹽陸東美妻有容止，夫婦相重，寸步不離，時號比肩人。孫權封其里。』」

〔註38〕「小」，四庫本《曝書亭集》作「水」。
〔註39〕《烏棲曲四首》其四，「戍」作「膝」。

織成錦衾碧間紅，自注：「里出善錦。」繚以吳綿四五通。班固《西都賦》：「繚以周牆，四百餘里。」白居易詩：「吳綿軟於雲。」《古詩》：「著我繡袂裙，事事四五通。」錦上鴛鴦三十六，李商隱詩：「誰與王昌報消息，盡知三十六鴛鴦。」雙棲夜夜水紋中。李商隱詩：「兩兩鴛鴦護水紋。」

天寧佛閣早春開，自注：「天寧寺在秀水縣治東北。」鳥語風鈴次第催。元稹詩：「鄉寺響風鈴。」怪道回船濕羅襪，嚴將軍墓踏青來。吳《志》：「漢將軍嚴助葬在天寧寺毘盧閣後。」李綽《歲時記》：「上巳賜宴曲江，都人於江頭禊飲，踐踏青草，曰踏青。」劉禹錫《竹枝詞》：「昭君坊中多女伴，永安宮外踏青來。」

長水風荷葉葉香，自注：「長水，秦時所鑿。」《府志》：「長水在治南三里。自由拳至峽石，亙五十餘里。」斜塘慣宿野鴛鴦。自注：「斜塘，地名。」《府志》：「平川在嘉善縣北二十四里，一名西塘，又名斜塘。」杜甫詩：「使君自有婦，莫作野鴛鴦。」楊維楨《西湖竹枝歌》：「船頭不宿野鴛鴦。」郎舟愛向斜塘去，妾意終憐長水長。

跧淵上聲。地垂楊絮未飄，《韻會》：「跧，體屈也。」庾信詩：「河邊楊柳百尺枝，別有長條跧地垂。」《本草》：「柳花一名絮。」蘭舟上巳祓除遙。任昉《述異記》：「木蘭川在潯陽江中，多木蘭。昔吳王闔閭樹之，用構宮殿。魯班因刻為舟。」許渾詩：「同醉蘭舟未十年。」《周禮》：「女巫掌歲時祓除，釁浴。」《注》：「如今三月三日上巳，往水上之類。」《韓詩章句》：「鄭國之俗，三月上巳之溱洧二水之上，執蘭招魂續魄，祓除不祥。」《漢書・禮儀志》：「三月上巳日，宮人並禊飲於東流水上。」《晉書・束皙傳》：「武帝嘗問摯虞三日曲水之義，虞對曰：『漢章帝時，平原徐肇以三月初生三女，至三日俱亡，村人以為怪，乃相攜之水濱洗祓，遂因水以泛觴，其義起此。』帝曰：『必如此談，便非好事。』皙進曰：『虞小生，不足以知此。臣請言之。昔周公成洛邑，因流水以泛酒，故逸詩云羽觴隨波。又秦昭王以三日置酒河曲，有金人奉水心之劍，曰：令君制有西夏。乃霸諸侯。因此立為曲水。二漢相緣，皆為盛集。』帝大悅。」射襄城北南風起，自注：「城北王江涇有射襄橋，俗譌為壽香橋，即射襄城故址。」《嘉禾志》「射襄城在嘉興縣北三十里。」直到吳江第四橋。《嘉興縣志》：「受聞湖、瀾溪諸水匯於王江涇，由平望入吳江界。」姜夔《過吳江》詞：「第四橋邊，擬共天隨住。」

宣公橋南畫鼓撾，自注：「陸宣公橋在城東。」陸游詩：「鼕鼕畫鼓祭蠶神。」酒船風幔挂鴉叉。杜甫詩：「風幔何時卷。」李商隱詩：「屏障玉鴉叉。」碧山銀盌勸郎醉，自注：「朱碧山，元時嘉禾銀工。」櫂入南湖秋月斜。自注：「宋聞人

滋《南湖草堂記》：『檇李，澤國也，東南皆陂湖，而南湖尤大。』《浙江通志》：「鴛
鴦湖，一名南湖。」

木樨〔註40〕花落搗成泥，陳景沂《全芳備祖》：「梫木，桂樹也，一名木樨。」
李商隱詩：「桂子搗成塵。」霜後新橙配作虀〔註41〕。陸游詩：「橙黃出臼金虀
美。」猶恐夜深妨酒渴，教添玉乳御兒梨。自注：「御兒玉乳梨，見《漢書注》。」
〔註42〕按：「御兒」今作「語兒」，在石門縣。詳見後七十六首。

畫眉墨是沈珪丸，自注：「沈珪，吳〔註43〕人。善製墨。諺云：『沈珪對膠，
十年如石。』載何薳《春渚紀聞》。」元好問《楊生玉泉墨》詩：「畫眉張遇可憐生。」
注：「宮中以張遇麝香小團為畫眉墨。」《北戶錄》：「前朝有呼墨為丸。梁科律：御墨
一量十二丸。」水滴蟾蜍硯未乾。《西京雜記》：「廣川王去疾好聚無賴少年，遊獵
畢弋無度。國內冢藏，一皆發掘。晉靈公冢有玉蟾蜍一枚，大如拳，腹空容五合水，
光潤如新，王取以為書滴。」休恨圖經山色少，自注：「郡城四望無山。宋鄭毅夫
《月波樓》詩『野色更無山隔斷』是也。」與郎終日遠峰看。《西京襍記》：「卓文
君姣好，眉色如望遠山。」《飛燕外傳》：「為薄眉，號遠山黛。」

三姑廟南豆葉黃，馬王塘北稻花香。自注：「三姑事見《括異志》。今長水
有廟，馬王塘在其北。」《括異志》：「華亭縣北七十里有澱湖山，上有三姑廟，每歲湖
中群蛟競鬥，水為沸騰，獨不入廟中。神極靈異。向年有漁舟艤湖口，忽見一婦人附
舟，云：『欲到澱山寺。』及抵岸，婦人直入寺去，舟中止遺一履。漁人執此履以往索
渡錢，寺僧甚訝之，曰：『此必三姑顯靈。』因相隨至殿中，果見左足無履，坐傍百錢
在焉，遂授漁人而去。」《嘉禾百詠》云：「神居陰陽護，尋國捍洪波。莫慮蛟龍怒，
年來畏叱呵。」秋衣薄處宜思妾，春酒熟時須餉郎。

小婦春風樓下眠，自注：「石門有春風樓。」《〈漢書·元后傳〉注》：「小婦，
妾也。」與論家計最堪憐。《古樂府》：「小時憐母大憐婿，何不早嫁論家計。」勸
移百福坊南宅〔註44〕，自注：「錢塘應才為嘉興學正，婢曰陸小蓮，百福坊人。」
百福坊在府治西北。多買千金圩上田。自注：「貝瓊元末避地千金圩。」《嘉興縣
志》：「千金圩在縣西南嘉會都。」

〔註40〕「樨」，四庫本《曝書亭集》作「犀」。
〔註41〕「虀」，《曝書亭集》作「虀」。
〔註42〕此係自注。
〔註43〕「吳」，《曝書亭集》作「禾」。
〔註44〕「宅」，《曝書亭集》作「住」。

小舫中流播燕梢，自注：「燕梢，小船名。」一螺青水練塘坳。自注：「長水東有練浦。一螺，青水名。」《府志》：「練浦一名練塘。」隨郎盡日鹽官去，《明一統志》：「杭州府海寧縣，吳王濞於此立鹽官，三國吳因置鹽官縣。嘉興府海鹽縣，陳省入鹽官縣。」莫漫將儂半邏拋。自注：「劉長卿詩：『半邏鶯滿樹。』今譌為『半路』。」《府志》：「半邏在海鹽縣西北三十五里，去嘉興為路之半。」

鎗金硯匣衍波牋，自注：「鎗，去聲。斜塘楊匯髤工鎗金鎗銀法，以黑漆為地，鍼刻山水樹石花竹翎毛亭臺屋宇人物，調雌黃韶粉，以金銀箔傅之。見陶宗儀《輟耕錄》。」《直方詩話》：「韋貫夢至宮中，有婦人授以牋，曰：『此衍波牋，煩賦宮中曉寒歌。』」日坐春風小閣前。鏤管簪花書小字，《南史·紀少瑜傳》：「少瑜嘗夢陸倕以一束青鏤管筆投之。」《法書要錄》：「袁昂《古今書評》云：『衛恒書，如插花美女，舞笑鏡臺。』」王彥泓詩：「含毫愛學簪花格。」李商隱詩：「勸君書小字。」把郎詩學魯訔編。自注：「杜詩編年自禾人魯訔始。」《海鹽縣圖經》：「魯訔，字季欽。於詩喜杜工部，嘗取其集，考其年，編次而箋釋之，為十八卷，世所傳《冷齋杜詩定本》是也。」

雨近黃梅動浹旬，《四時纂要》：「梅熟而雨曰梅雨。江東人呼黃梅雨。」《唐書·文宗紀》：「積陰浹旬。」舟回顧渚鬪茶新。《湖州府志》：「顧渚在長興縣，其地產茶。」蔡襄《茶錄》：「建安鬪茶，以水痕先者為負，耐久者為勝。故較勝負之說，相去一水兩水。」問郎紫筍誰家焙，《唐書·地理志》：「晉陵郡、吳興郡土貢：紫筍茶。」《國史補》：「湖州有顧渚之紫筍。」《茶經》：「焙：鑿地深二尺，闊二尺五寸，長一丈。上作短牆，高二尺，泥之。棚：一曰棧，以木構於焙上，編木兩層，高一尺，以焙茶也。茶之半乾升下棚，茶之全乾升上棚。」莫是前溪讀曲人。《唐詩鼓吹注》：「湖州有前溪。唐于競曰：『即南朝習樂之所。』《古樂府》：『晉車騎將軍沈玩作《前溪曲》。』」

秋燈無燄剪刀停，元稹詩：「殘燈無燄影幢幢。」冷露濃濃桂樹青。王建詩：「冷露無聲濕桂花。」怕解羅衣種罌粟，月明如水浸中庭。自注：「禾中產罌粟，相傳八月十五夜，俾女郎解衣播種，則花倍繁。」

繡線圖存陸晃遙，唐家花鳥棘鍼描。只愁玉面無人畫，須是傳神盛子昭。自注：「陸晃，禾人。有《繡線圖》。載《宣和畫譜》。唐希雅及孫宿皆善畫花鳥，墨作棘鍼。子昭，魏塘人。嘗畫崔鶯鶯像。」《畫史會要》：「盛懋，字子昭。善畫山水人物。」

去郭西南桂樹林，五畝之園一半陰。白居易詩：「十畝之宅，五畝之園。」笑插枝頭最深蕊，兩鬢如粟闢寒金。自注：「城西屠氏園有桂二本，垂蔭逾畝。每歲兩樹迭開金蕊一枝。」《酉陽雜俎》：「嗽金鳥出昆明國。魏明帝時，其國來獻此鳥。飴以珍珠及龜腦，常吐金屑如粟。宮人爭以鳥所吐金為釵珥，謂之辟寒金，以鳥不畏寒也。」

榆錢陣陣麥纖纖，《本草》：「榆白者名枌。未生葉時，先生榆莢，形狀似錢而小，色白成串，俗呼榆錢。」野菜花黃蠂易黏。記送郎船溪水曲，平蕪一點甌山尖。自注：「甌山在桐鄉。今為錢大理貢墓。」《府志》：「甌山在桐鄉縣北十七里，山形如甌，車溪之水出焉。」高適詩：「春色滿平蕪。」杜甫詩：「萬點蜀山尖。」

比翼鴛鴦舉櫂回，《爾雅》：「南方有比翼鳥焉，不比不飛。」雙飛蝴蝶遇風開。生憎湖上鸕鶿鳥，自注：「鸕鶿湖在海鹽縣西南。」駱賓王詩：「生憎燕子千般語。」百遍魚梁曬翅來。杜甫詩：「鸕鶿西日照，曬翅滿魚梁。」

龍香小柄琵琶彎，自注：「『琵』字，唐人多作仄音讀。」鄭嵎詩：「玉奴琵琶龍香撥。」〔註45〕注：「貴妃妙彈琵琶，有邏逤〔註46〕為槽，龍香栢為撥。」傅玄《琵琶賦》：「盤圓柄直，陰陽敘也。」按：方干詩：「語慚不及琵琶槽。」白居易詩：「四絃不及琵琶聲。」張祜〔註47〕詩：「宮奴一曲琵琶聲。」俱作入聲讀。切玉玲瓏約指環。繁欽詩：「約指一雙銀。」丁六娘詩：「從郎索素環。」試按花深深一曲，海棠開後望郎還。自注：「南宋太學服膺齋上舍鄭文，秀州人。妻孫氏寄《秦樓月》詞，一時傳播，酒樓伎館皆歌之。載《古杭襍記》。『花深深』、『海棠開後』，詞中語也。」孫氏《憶秦娥》詞：「花深深，一鉤羅襪行花陰。行花陰。閒將柳帶，試結同心。　耳邊消息空沉沉，畫眉樓上愁登臨。愁登臨。海棠開後，望到如今。」

酒市茶僚總看場，《山堂肆考》：「茗所曰茶僚。」金風亭子入春涼。俊遊改作烏篷小，史達祖詞：「漸疏了銅駝，俊遊儔侶。」姚宗典詩：「烏篷維柳枝。」蔡十郎橋低不妨。自注：「晏殊《類要》：『嘉興縣有金風亭。』蔡十郎橋載《至元嘉禾志》。」按：金風亭舊在嘉興縣西南二里。今廢。蔡十郎橋在南城門北一里餘。

〔註45〕《津陽門詩》。
〔註46〕按：此處所引脫「檀」字。
〔註47〕「祜」，底本誤作「祐」。

落花三月葬西施，_{李商隱詩：「腸斷吳王宮外水，濁泥猶得葬西施。」韓偓《哭}
_{花》詩：「夜來風雨葬西施。」}寂寞城隅范蠡祠。水底盡傳螺五色，湖邊空掛
網千絲。_{自注：「城西南金銘寺有范蠡祠，舊並塑西子像。湖中產螺，皆五色。」李}
_{商隱詩：「莫將越客千絲網，網得西施別贈人。」}

蘇小墓前秋草平，_{自注：「唐徐凝《嘉興逢寒食》詩：『惟有縣前蘇小墓。』}
_{王禹偁詩：『縣前蘇小有荒墳。』今縣南有賢娼〔註48〕巷。」陸廣微《吳地記》：「嘉}
_{興縣前有晉妓錢塘蘇小小墓。」}蘇小墓上秋瓜生。同心縮結不知處，_{《古樂府·}
_{蘇小小歌》：「妾乘油壁車，郎騎青驄馬。何處結同心，西陵松柏下。」}日暮野塘空
水聲。

風檣水檻盡飛花，_{陰鏗詩：「檣轉向風烏。」杜牧《李賀詩序》：「風檣陣馬。」}
_{杜甫詩：「水檻溫江口。」}一曲春波瀲灩斜。北斗闌干郎記取，_{《古樂府》：「月}
_{落參橫，北斗闌干。」按：闌干，橫斜貌。}七星橋下是兒家。_{自注：「春波、七星，}
_{二橋名。」二橋俱在郡東北。丁仙芝詩：「近浦是兒家。」}

天心湖口好花枝，_{自注：「天星湖在嘉興縣治東。」}便過三春採未遲。蝴
蝶雙飛如可遂，教郎乞夢冷仙祠。_{自注：「湖北有協律郎冷謙祠，禱夢者有奇}
_{驗。」先生《明詩綜》：「冷謙，字啟敬，嘉興人。洪武初，太常司協律郎。世傳仙去。」}

江樓人日酒初濃，_{《北史·魏收傳》：「俗曰：正月一日為雞，二日為狗，三日}
_{為羊，四日為豬，五日為牛，六日為馬，七日為人，八日為穀，九日為蠶，十日為麥，}
_{以陰晴為豐耗。」}一一紅妝水面逢。不待上元燈火夜，_{《白氏六帖》：「正月十}
_{五日為上元。」}徐王廟下鼓蓬蓬。_{自注：「徐王廟在府城東北。每歲人日穀日，挐}
_{舟擊鼓，士女往觀。」鈕世楷注：「姚桐壽《樂郊私語》：『徐彎，得道者，後委蛻仙去。}
_{有廟神，稱徐王，蓋悮以徐彎為徐王也。』」}

河頭時有浣衣人，處處春流漾白蘋。橋下輕舟來往疾，南經娛老北
蹲賓。_{自注：「娛老橋在城南，蹲賓橋在府治西。」}

芳草城隅綠映衫，鳳池坊北好抽帆。_{自注：「鳳池坊，婁機故宅。今郡學}
_{之前。」李賀詩：「抽帆歸來一日功。」}徐恬舊宅芹泥暖，_{自注：「徐恬宅見陸廣微}
_{《吳地記》。」《吳地記》：「嘉興縣西五百步有晉兵部尚書徐恬宅，捨為靈光寺。」}過
雨斜陽燕子銜。_{杜甫詩：「芹泥隨燕嘴。」楊廷秀詩：「燕銜芹根泥。」}

〔註48〕「娼」，《曝書亭集》作「倡」。

秋涇極望水平堤，歷歷杉青古閘西。夜半嘔啞柔櫓撥，胡宿詩：「江浦嘔啞鳳送櫓。」《古詩》：「柔櫓鳴深江。」**亭前燈火落帆齊。**自注：「秋涇橋在城北。杉青，閘名。落帆，亭名。」《府圖記》：「杉青閘在縣北五里，有落帆亭。」

屋上鳩鳴穀雨開，陸璣《詩疏》：「鵓鳩陰則屏逐其匹，晴則呼之，語曰『天將雨，鳩逐婦』是也。」《月令廣義》：「鳩鳴有還聲，曰呼婦呼婦，晴；無還聲，為逐婦，主雨。」〔註 49〕《群芳譜》：「清明後十五日，斗柄指辰為穀雨。三月中，雨為天地之和氣，穀得雨而生也。」**橫塘游女蕩舟回。**自注：「橫塘在城東。」李白詩：「吳兒多白皙，好為蕩舟劇。」**桃花落後蠶齊浴，**《蠶書》：「月當大火則浴其種。」**竹筍抽時燕便來。**自注：「俗名筍之早者曰燕來。」《府志》：「燕竹，燕來時生筍，故名。」

漏澤寺西估客多，《浙江通志》：「漏澤教寺在嘉興縣東北〔註 50〕二里。」劉禹錫詩：「連檣估客吹羌笛。」**樓前官道後官河。正值喧闐日中市，**《易》：「日中為市。」**楊花小伎抱箏過。**自注：「吳船女郎入市唱曲，號唱楊花。」李白詩：「南國新豐酒，東山小伎歌。」

五月新絲滿市廛，繅車鳴徹斗門邊。蘇軾詩：「繅車鳴處楝花風。」〔註 51〕**沿流直下羔羊堰，雙櫓迎來販客船。**自注：「羔羊堰在石門縣。」斗門在石門北。

魚梁沙淺鷺爭淘，處處村田響桔槔。《韻會》：「桔槔，汲水機。」**一夜城西苕水下，**《湖州府志》：「苕溪在府治西，出自天目。」先生《太守佟公述德詩序》：「嘉興，海環其東南，具區浸其西北，受苕、霅諸水，分注百川。」**酒船直泣小樓高。**

九里橋西落照銜，九里橋在嘉興縣西九里匯。杜甫詩：「烏蠻落照銜赤壁。」**櫻桃初熟鳥爭鵮。**音謙。韋莊詩：「櫻紅鳥競鵮。」《集韻》：「鵮，鳥啄物也。」**須知美酒烏程到，**鄒陽《酒賦》：「洛陽醽醁，烏程若下。」《郡國志》：「烏程，古

〔註 49〕《漁洋精華錄集注》卷七《北山約遊摩訶庵不果往卻寄》「天色慾雨鳩勃磎」，惠棟注：「《便民圖纂》：『鳴鳩有還聲，為呼婦，主晴；無還聲，為逐婦，主雨。』」（清）陳元龍《格致鏡原》卷七十九《鳥類》：「《田家雜占》：『鳩鳴有還聲者，謂之呼婦，主晴；無還聲者，謂之逐婦，主雨。』」

〔註 50〕卷二百二十八：「漏澤教寺。《至元嘉禾志》：『漏澤院在縣東二里三十步。』」

〔註 51〕《僕年三十九在潤州道上過除夜作此詩又二十年在惠州錄之以付過》。同詩又一說（宋）關澥作，題為「《絕句》」。按：（唐）王建《田家行》：「簷頭索索繅車鳴。」（宋）梅堯臣《送汝陰宰孫寺丞》：「黃鳥啄葚繅車鳴。」

烏巾程林居此，能醞酒，因以名縣。」《嘉興縣志》：「西北到湖州府烏程縣界五十里。」
遙見新塍一片帆。自注：「宋曾魯公監秀州新塍酒稅。今作新城，誤。」《府志》：
「新城市在嘉興縣西二十七里。」

馬場漁漵幾沙汀，自注：「彪湖一名馬場湖。宋潘師旦以南塢漁漵水十一處會
於春波門外，建會景亭。」《嘉興縣志》：「澎湖在縣城東南二里。」**宿雨初消樹更
青。最好南園叢桂發，畫橈長泊煮茶**〔註52〕**亭。**自注：「南園，余叔宜春令別
業。有桂樹四本，高俱五丈。蘇子瞻煮茶亭在水北。」《嘉興縣志》：「蘇軾與文長老三
過嘉禾，每於鴛湖汲水煮茶，後人建亭湖心以識之。」

青粉牆低望里遙，無名氏詞：「柳條金嫩不勝鴉，青粉牆頭道韞家。」**紅泥
亭子柳千條。**李白詩：「紅泥亭子赤闌干。」**郎船但逐東流水，西麗橋來北麗
橋。**《明一統志》：「西麗橋在府城西南。北麗橋在府城北。」

伍胥山頭花滿林，自注：「胥山在城東十八里。」《括異志》：「嘉興有胥山，
山高十五丈，周圍二里。舊經云：『伍子胥伐越，經營於此。』」**石佛寺下水深深。**
自注：「石佛寺，唐剎。」《括異志》：「寶聖石佛院在嘉興縣東南。唐至德二年，於寺
基掘得石佛四軀，至今現存。天聖中，賜名寶聖。人但呼石佛寺。」〔註53〕**妾似胥
山長在眼，郎如石佛本無心。**

花船新造水中央，白居易詩：「花船載麗人。」按：吾鄉遊船有紅色者。大曰
香船。小者雜以五彩山水人物，近底繪以青龍，名曰花船。前云「紅船先度板橋西」，
蓋亦指此。近時香船搭架起樓，亦曰樓船。而花船已無此名色矣。**曉發當湖泝漢塘。**
自注：「用里東為漢魏二塘。」《府志》：「當湖在平湖縣東三百步。」又：「漢塘在嘉興
縣東十里，入平湖境。」**聽盡鐘聲十八里，平林小市入新坊。**自注：「德藏寺
鐘初成，工戒以勿擊，俟行百里擊之。工行至新坊十八里，遽擊之，由是不能遠聞。
載《括異志》。」

蒲山草與薺山齊，自注：「蒲山、菜薺山俱在平湖。」按：二山俱在平湖東南
三十里。**澉浦潮來乍浦西。**《府志》：「澉浦在海鹽縣南三十六里。」又：「乍浦在平
湖縣東南三十里。」**白沃廟南看白馬，**自注：「白沃廟祀漢史君。」《括異志》：「古
老相傳，湖初陷，白沃史君躍馬疾走，不及，遂駐馬以鞭指，得東南一角，水至不沒，

〔註52〕「茶」，四庫本《曝書亭集》誤作「茶」。
〔註53〕按：此語見《說孚》卷一百十六，注出《括異志》；又見《說孚》卷三十一上、
　　　　《欽定古今圖書集成‧博物彙編‧神異典卷九十四》，注出《蔣氏日錄》。

因立廟。」又云:「兄弟二人,一在沙腰,一在乍浦,皆稱白沃廟。」**巫言風雨夜長嘶。**韋莊詩:「昭陵石馬夜空嘶。」

綠煙初洗兔華秋,片片魚雲靜不流。梁簡文帝詩:「魚雲望旌旗。」**山月池邊看未足,移船買酒弄珠樓。**自注:「山月池在平湖德藏寺。城東有弄珠樓。」

鸚鵡湖流碧幾灣,自注:「鸚鵡湖即柘湖。」《攜李詩繫》:「鸚鵡湖在平湖縣東南二十里。」**白龍湫水落陳山。**自注:「陳山上有白龍湫。見《括異志》。」《府志》:「龍湫山,一名陳山,在平湖東南三十里。」**遊人秦小娘祠過,**自注:「秦小孃,晉時人。祠在平湖東南二十里。」**社鼓聲邊醉酒還。**

阿儂家住秦溪頭,《異苑》:「鬼仙歌:登阿儂孔雀樓。」《府志》:「秦溪在海鹽縣南三十六里。」**日長愛櫂橫湖舟。霍雲寺東花已放,義婦堰南春可遊。**自注:「橫湖〔註54〕、霍雲寺俱在半邏東。義婦堰,漢許昇妻呂榮家,死黃巾之難,糜府君斂錢葬之。今訛為呂蒙冢。」 義婦堰在半邏南。

巫子峰晴返景開,傳聞秦女葬山隈。閒聽野老沙中語,曾有毛民海上來。自注:「樂資《九州志》:『鹽官縣有秦駐山。始皇經此,美人死,葬於山下。山之東海中〔註55〕有巫子山。』《水經注》:「光熙元年,有毛民三人集於縣,蓋汎於風也。」

橫浦東連白塔雲,自注:「白塔山在海中。」《嘉禾志》:「橫浦在海鹽縣東二里。」**下方鍾鼓落潮聞。**馬戴詩:「下方雲雨上方晴。」**結成海氣樓相似,**自注:「鹽官亦有蜃市。」《史記‧天官書》:「海旁蜃氣象樓臺。」陳藏器《本草》:「車螯是大蛤,亦名蜃,能吐氣為樓臺。海中春夏間依約島溆,常有此氣。」**煮就吳鹽雪不分。**杜甫詩:「蜀麻吳鹽自古通。」

勸郎莫飲黃支犀,《漢書‧平帝紀》:「黃支國獻犀牛。」 謂犀角酒杯。**勸郎莫聽花冠雞。**《南越志》:「雞冠四開如蓮花,鳴聲清徹。」**聞琴橋東海月上,烏夜村邊烏未啼。**自注:「聞琴橋在海鹽城東。烏夜村,何準宅舊址。」《輿地志》:「烏夜村,何準寓居。一夕,群烏啼噪,乃生女。他日復夜啼,推之,乃立后之時也。」《吳地記》:「海鹽縣東十一里有何后宅。」

鷹窠絕頂海風晴,烏兔秋殘夜並生。自注:「鷹窠頂在澉浦山椒,每十月朔,日月竝出海中。」《五經通義》:「日中有三足烏,月中有兔與蟾蜍。」左思《吳都

〔註54〕「湖」,底本作空格,據《曝書亭集》補。
〔註55〕「中」,《曝書亭集》作「口」。

賦》：「籠烏兔於日月。」**鐵鎖石塘三百里**，《晉書‧王濬傳》：「濬攻吳，吳人於江險磧要害之處，並以鐵鎖橫截之。」**驚濤齧盡寄奴城**。自注：「晉安帝隆安五年，孫恩犯海鹽，劉裕拒之，築城於海鹽故治。」李白詩：「漢水齧古根。」《南史‧宋武帝紀》：「諱裕，字德輿，小字寄奴，姓劉氏。」

    招寶塘傾水淺深，自注：「招寶塘在海鹽西南。」**會骸山古冢銷沉**。自注：「《九州要記》：『古有金牛入山，皋伯通兄弟鑿山取牛。山崩，二人同死穴中，因曰會骸山。』《府志》：「金牛山，一曰會骸山，在海鹽縣西南五十里。」**都緣世上錢神貴**，《晉書‧魯褒傳》：「褒傷時之貪鄙，乃隱姓名，而著《錢神論》以刺之。」**地下劉伶改姓金**。自注：「郡有劉伶墓，土人避錢鏐諱，改呼金伶墓。」《府志》：「劉伶墓在嘉興縣東二十七里。」

    曲律崑山最後時，□□□〔註56〕《列朝詩傳》：「梁辰魚，字伯龍，崑山人。善度曲，囀喉發響，聲出金石。崑有魏良輔者，造曲律，世所謂崑山腔者，自良輔始。而伯龍獨得其傳，著《浣紗》傳奇，梨園子弟喜歌之。」先生《明詩綜》：「梁伯龍雅擅詞曲，所撰《江東白苧》，妙絕時人。魏良輔能喉囀音聲，始變弋陽、海鹽故調為崑腔。伯龍填《浣紗記》付之。王元美所云『吳閶白面冶遊兒，爭唱梁郎雪豔詞』是已。同時又有陸九疇、鄭思笠、包郎郎、戴梅川輩，更唱迭和，清詞豔曲，流播人間，今已百年。傳奇家曲別本，弋陽子弟可以改調歌之，惟《浣紗》不能，固是詞家老手。」**海鹽高調教坊知**。王士禛〔註57〕《香祖筆記》：「《樂郊私語》云：『海鹽少年多善歌，蓋出於澉川楊氏。其先人康惠公梓與貫雲石交善，得其樂府之傳。今褉劇中《豫讓吞炭》、《霍光鬼諫》、《敬德不伏老》，皆康惠自製。家僮千指，皆善南北歌調，海鹽遂以善歌名。浙西今世俗所謂海鹽腔者，實發於貫酸齋，源流遠矣。』」**至今十棒元宵鼓**，《曲譜》有《十棒鼓》。**絕倒梨園弟子師**。《世說新語》：「王平子邁世有儁才，少所推服。每聞衛玠言，輒歎息絕倒。」《雍錄》：「開元二年置教坊於蓬萊宮側，上自教法曲，謂之梨園子弟。」

    春絹秋羅軟勝綿，折枝花小樣爭傳。李培詩：「五彩春衫繡折枝。」**舟移濮九娘橋宿，夜半鳴梭攪客眠**。自注：「濮院，元濮樂聞〔註58〕所居。濮九娘橋在焉。」   濮院在秀水縣西南三十六里出紬。

〔註56〕按：底本為空格，恐作「錢謙益」或「錢牧齋」。
〔註57〕「禛」，底本原作「正」。
〔註58〕「聞」，《曝書亭集》作「閒」。

郎牽百丈上官塘，《南史‧朱超石傳》：「宋武北伐，超石董舟師入河陽，軍人緣河南岸牽百丈，有漂度北岸者。」《演繁露》：「劈竹為瓣，以麻繩連貫為牽具，名百丈。」客倚篷牕晚飯香。杜甫詩：「翻疑柁樓底，晚飯越中行。」黃口近前休賣眼，《古樂府》：「上用滄浪天故，下為黃口小兒。」李白詩：「吳兒多白皙，好為蕩舟劇。賣眼擲春心，折花調行客。」船頭已入語兒鄉。《水經注》：「浙江又東逕御兒鄉。」《史記正義》：「『御兒』，今作『語兒』。」《嘉興縣志》：「女陽亭在縣西南。《越絕書》云：『女陽亭者，句踐入臣於吳，夫人從道產女此亭，養於就李鄉。句踐勝吳，更名女陽，更就李為語兒鄉。』」〔註59〕《吳地記》云：「語兒亭在縣南一百里。句踐令范蠡取西施以獻夫差，西施於路與范蠡潛通，三年始達於吳，遂生一子。至此亭，其子一歲，能言，因名語兒亭。」按：此語兒與女陽兩事矣。然《越絕》謂「更就李為語兒鄉」似非兩事。況越君臣臥薪嘗膽，以此玷污范大夫，可乎？又按：黃武六年，由拳西鄉有產兒能語，國詔為語兒鄉。則有別有一語兒事矣，定屬沿訛也。《府志》：「語溪在石門縣東南，一名語兒中涇。」

輕船三板過南亭，自注：「崇德，古南亭。」 崇德縣，康熙元年改為石門縣。錢起詩：「三板順風船。」蠶女提籠兩岸經。張仲素詩：「提籠忘採葉。」曲罷殘陽人不見，陰陰桑柘石門青。自注：「石門，春秋時，吳壘石以拒越。」錢起詩：「曲終人不見，江上數峰青。」按：徐禎卿《嘉禾道中》詩：「問水來天目，看桑過石門。」俞右吉曰：「道吾鄉風景者多矣。方萬里『出戶即乘船』，徐昌穀『看桑過石門』，語似淺而實切。今讀先生此詩，覺石門真景更描寫曲盡矣。」

走馬岡長夕照中，自注：「走馬岡在石門永新鄉，地有官窯，相傳吳越分疆處。」塘連沙渚路西東。自注：「語兒中涇，一名沙渚塘。」不知吳會誰分地，自注：「《吳會分地紀》，書名，見《太平御覽》。《吳郡志》：『吳會謂吳與會稽也。』」生遍茱萸一色紅。自注：「吳茱萸，禾郡土產。」

移家只合甓川居，自注：「閩人卓成大，元末僑居甓川。」按：甓川即甓溪，在嘉興縣東北二十里。釀就新漿雪不如。留客最憐鄉味好，孟浩然詩：「鄉味有槎頭。」屠墳秋鳥馬嘷魚。自注：「馬嘷城殆即《水經注》所云馬臯城也。魚可為臇。」沈戀嘉《秋鳥》詩：「陳山西麓海東頭，細網長竿帶綠韝。買得山禽如粉脆，屠墳十里稻花秋。」先生《靜志居詩話》：「吾鄉屠康僖墓在乍浦陳山濱海，宰木蓊鬱。每東風起，有海鳥外來，集於樹土，人張羅持竿捕之。大者曰𪃟毛鷹，亦曰鸒鶥，中

者曰花雞，小者曰鑽籬。剖其腹，有青椒。其骨甚脆，號為秋鳥。」《水經注》：「穀水之右有馬嗥城。」《浙江通志》：「馬嗥城在海鹽縣東南一百步。」《越絕書》：「馬嗥者，吳伐越，道逢大風，車敗馬失，騎士墮死，匹馬啼嗥，故名。」

郎家湖北妾湖南，兩槳綠流路舊諳。卻似釣鼇磯畔鷺，自注：「釣鼇磯在南湖中，龔太守勉所築。」**往來涼月影氂氂。**杜甫詩：「涼月白紛紛。」《詩》：「值其鷺羽。」《疏》：「白鷺頭上有毛十數枚，長尺餘，氂氂然與眾毛異。」

野王臺廢只空墩，自注：「白蓮寺隔水有顧野王讀書臺址。」《嘉興縣志》：「顧野王讀書臺在雙溪橋北屠蕭里田中，俗名顧節墩。」按：野王讀書臺，一在華亭顧林亭，一在嘉興，一在海鹽硤石山。顧，秀州華亭人，故所在有之。**翁子墳荒有墓門。**自注：「朱買臣墓在甪里街北。」《漢書·朱買臣傳》：「字翁子。吳人也。」**捨宅尚傳裴相國，**自注：「真如寺，相傳裴休宅。」**移家曾住趙王孫。**自注：「趙王孫謂孟堅也，居廣陳里。」《輟耕錄》：「趙彝齋，宋宗室子，諱孟堅，字子固，彝齋其自號也。居嘉興之廣陳里。」《府志》：「廣陳里在平湖縣東北二十七里。」

秋晚東林落木疏，白蓮僧寺水中居。自注：「白蓮寺即東林施水院。」《府志》：「白蓮講寺在嘉興縣東八里。」**昏鐘不隔漁莊火，**自注：「漁莊在其北。」張九成詩：「昏鐘發林杪。」**古殿猶存日本書。**自注：「寺壁有日本國人題名二處。」周篔《白蓮寺日本書歌》：「云是當年日本船，乘風遠自扶桑至。波濤失所歸不能，獸奔鳥竄難深治。千里東南戰血腥，紛紛奸宄因為利。城郭荊榛井邑墟，可憐梵刹來屯次。去日書留寺壁間，蒼茫莫解其中意。想見提刀握管時，情難去住雙垂淚。」

蘄王戰艦已無蹤，《宋史·韓世忠傳》：「孝宗朝追封蘄王。」戰艦，未詳。按：宋高宗建炎三年，苗傅、劉正彥作亂，世忠至秀州，稱病不行，而大修戰具，當為此時所留遺也。**婁相高墳啟舊封。**自注：「縣東三十里，一冢甚高，是婁機墓。中有石室，為盜所發。」《宋史·婁機傳》：「字彥發，嘉興人。累進參知政事。」**曾見朋遊南渡日，北山堂外九株松。**自注：「北山草堂，沈氏宅。其石壘自南宋。」按：北山艸堂在嘉善縣。項玉筍《北山艸堂記》：「去郡二十里餘曰北山沈氏草堂也，初石聯鑿池累石，手植九松，今高百尺，合數圍。」陳恂《麟溪沈氏九松歌》：「麟溪沈氏之松勝錦里，相傳南渡移家植於此。九松天矯羅北山，北山堂枕麟溪水。麟溪子姓十九傳，約略與松五百年。」

仲圭舊里足淹洄〔註60〕，《圖繪寶鑑》：「吳鎮，字仲圭，號梅花道人。嘉興

魏塘鎮人。」曲徑橫橋一水隈。小楹春風誰酹酒，佛香長和墓門梅。自注：「吳鎮墓在嘉善縣治北梅花庵。」高適詩：「佛香時入院。」杜甫詩：「花氣渾如百和香。」《詩》：「墓門有梅。」

懷蘇亭子草成蹊，自注：「懷蘇亭在府治。」六鶴空堂舊蹟迷。自注：「六鶴堂，宋知州鄧根建。」《府志》：「六鶴堂在府治後。」惟有清香樓上月，自注：「府廨有清香樓。見《異聞總錄》。」夜深長照子城西。自注：「子城，載《閒總括異志》。今目為子牆腳。」《志府》：「子城即府治牆也。」

稗花楓葉宋坡湖，自注：「宋坡湖即賁湖。」皮日休詩：「姬繞荒田泣稗花。」《府志》：「賁湖在海鹽縣西三十里，元名宋坡湖。」路轉潮鳴山翠無。百里鹽田相望白，自注：「《吳郡記》：『海濱廣斥，鹽田相望。』」至今人說小長蘆。自注：「檇李舊號小長蘆，見周必大《吳郡諸山錄》。」

桑邊禾黍水重圍，時有秋蟲上客衣。三過堂東開夕照，自注：「三過堂，蘇子瞻遺跡。」《府志》：「秀水縣西二十七里本覺禪寺，即古檇李亭地。唐大中間，有臨海僧翼來宿亭下，感夢結庵。事聞，賜名報本。宋熙寧中，蜀僧文長老主院，蘇軾三過訪之。宣和中，改為神霄玉清萬壽宮。慶元元年，僧本覺勒《三過詩》於石，奏請為本覺禪寺。嘉定十七年，僧元澄建三過堂。」滿村黃葉一僧歸。自注：「黃葉庵，釋智舷所築。」□□□〔註61〕《列朝詩傳》：「智舷，字葦如，號秋潭。秀水金明寺僧。嘉興梅溪人。晚構黃葉庵於西郊，自稱黃葉老人。」唐詩：「僧歸黃葉林邊寺。」

百花莊口水沄沄，杜甫詩：「沄沄逆素浪。」中是吾家太傅墳。自注：「百花莊在城北十五里，先文恪公賜塋在焉。」當暑黃鸝鳴灌木，《詩》：「黃鳥于飛，集于權木。」經冬紅葉映斜曛。

鴨觜小船淺水通，荻花門巷蕭蕭風。荊南豫北鬭新釀，張協《七命》：「乃有荊南烏程，豫北竹葉。」不比吾鄉清若空。自注：「清若空，亦秀州酒名。見《武林遺事》。」

秋水尋常沒釣磯，秋林隨意敞柴扉。八月田中黃雀啅，杜甫詩：「啅雀爭枝墜。」九月盤中黃雀肥。自注：「黃雀味甚腴，產陶莊馬瞳。」柯維貞《小丹丘客談》：「吾鄉稻熟時，張羅以捕黃雀，北則陶家莊，南則馬家瞳，所產獨肥。喻物者比之披綿，朵頤者侈為珍饌。」

〔註61〕按：底本為空格，恐作「錢謙益」或「錢牧齋」。

江市魚同海市鮮，南湖淩勝北湖偏。四更枕上歌聲起，泊遍冬瓜堰外船。自注：「唐張祜曾領嘉興冬瓜堰稅。」《嘉禾志》：「冬瓜堰在嘉興縣北二里。」〔註62〕

妾家城南望虎墩，《弘治志》：「望虎墩在府城東南二十五里。」郎家城北白牛村。自注：「陳舜俞居秀州，嘗跨白牛往來，自號白牛居士。」《嘉禾志》：「白牛市在嘉興縣東北六十里。」白牛不見郎騎至，望虎何由過郭門。

百步橋南解纜初，自注：「去郡城東北三里有百步橋。」謝靈運詩：「解纜及流潮。」香醪五木隔年儲。自注：「馬永卿《嬾真子》：『蘇秀道中有地名五木，出佳酒。』」不須合路尋魚鮓，自注：「陸遊日記：『合路賣鮓者甚眾。』」合路在杉青閘北五里。但向分湖問蟹胥。自注：「《一統志》：『分湖產蟹。』」《府志》：「分湖在嘉善縣西北三十三里。」《〈周禮〉注》：「青州之蟹胥。」《釋名》：「蟹胥，取蟹藏，使骨肉解散，胥胥然也。」

石尤風急駐蘇灣，自注：「蘇灣近吳江境上，陳舜俞墓在焉。」宋武帝《丁都護歌》：「願作石尤風，四面斷行旅。」司空曙詩：「無將故人酒，不及石尤風。」注：「石尤風，打頭逆風也。」逢著鄰船販橘還。祇道夜過平望驛，平望驛在吳江縣南五十里，江南、浙江分界處。不知朝發洞庭山。《明一統志》：「洞庭山在蘇州府西一百三十里太湖中。」《江南通志》：「洞庭山所產柑橘特佳。」

父老禾興舊館前，自注：「望雲門北舊有禾興館。」郡城北門名望雲門。香秔熟後話豐年。《府志》：「香秔味香烈，最早。」樓頭沽酒樓外泊，杜甫詩：「樓頭喫酒樓下眠。」半是江淮販米船。自注：「唐李翰《嘉興屯田政績記》：『嘉禾一穰，江淮為之康。嘉禾一歉，江淮為之儉。』」

茅屋東溪興可乘，自注：「東谿，從叔子蓉別業。」《嘉興縣志》：「東溪在縣西北七十里。」竹籬隨意掛魚罾。三冬雪壓千年樹，四月花繁百尺藤。

舍南舍北繞春流，杜甫詩：「舍南舍北皆春水。」花外初鶯囀未休。《梁書·蕭子顯傳》：「早雁初鶯，開花落葉。」畢竟林塘輸甪里，《嘉興縣志》：「六里街在東城外，長有六里。或曰甪里以陸魯望號甪里先生也。」愛攜賓客醉仙樓。自注：「山樓，從叔子葆所居。四方賓客至者，必集於此。」

〔註62〕《至元嘉禾志》卷五：「冬瓜湖堰在縣北三里。考證：舊堰官張祐死後，時裴洪慶命其子領之。張祐之子守冬瓜，此事詳見於《金華子雜記》。」

溪上梅花舍後開，《嘉禾志》：「梅會里，石晉時鎮遏使王逵之居也。植梅百畝，聚貨市易。今稱梅溪，亦曰王店。」《府志》：「梅溪在嘉興縣南四十里。」市南新酒醱音撥。新醅。李白詩：「恰似葡萄初醱醅。」《韻會》：「酘謂之醱。」《廣韻》：「醅，酒未漉也。」尋山近有夋基宅，《府志》：「夋山有夋仙，名基，得導引術，尸解於此，故名。」《嘉興縣志》：「夋山在縣西南嘉會都千金圩，半屬本縣，半屬桐鄉。」看雪遙登顧況臺。自注：「余近移家長水之梅谿，夋山在其〔註63〕西，橫山在其南，皆可望見。顧況讀書臺在橫山頂。」《府志》：「桐鄉縣東五里曰大橫山，其北曰小橫山。」《唐書·顧況傳》：「字逋翁，蘇州人。」

歸人萬里望邱〔註64〕為，自注：「邱〔註65〕為，郡人。王維送之詩云：『五湖三畝宅，萬里一歸人。』」白酒黃壺瓠作巵。自注：「里中黃元吉冶錫為壺，極精緻。近日鄉人多用匏樽。」虞兆湰《天香樓偶得》：「近來造酒家以白麵為麴，並春白秫，和潔白之水為酒，久釀而成，極其珍重，謂之三白酒。」先生《明詩綜》：「巢鳴盛，字端明，嘉興人。崇禎〔註66〕丙子舉人。肥遯深林，絕跡城市。時群盜四起，鏐鐵銀鏤之器無得留者。於是繞屋種匏，小大凡十餘種，長如鶴頸，纖若蜂腰。杯杓之外，室中所需器皿，莫非匏者。遠邇爭傚之，檇李匏樽不脛而走海內，孝廉作長歌詠焉。」來往櫂歌無不可，西溪東泖任吾之。自注：「西溪在府城西三里，鮑恂所居。東泖在平湖。」《府志》：「泖在平湖縣東北三十里。由泖港蜿蜒至橫泖，是為東泖。」

檻邊花外盡重湖，到處杯觴〔註67〕興不孤。安得家家尋畫手，杜甫詩：「畫手看前輩。」谿堂遍寫讀書圖。自注：「黃子久有《由拳讀書圖》。」

〔註63〕「其」，四庫本《曝書亭集》無。
〔註64〕「邱」，《曝書亭集》作「丘」。
〔註65〕「邱」，《曝書亭集》作「丘」。
〔註66〕「禎」，底本作「正」。
〔註67〕「杯觴」，四庫本《曝書亭集》作「悲傷」。

曝書亭詩錄卷之六

嘉興江浩然孟亭箋注

男壎聲先校

題畫竹二首

疎筠個個倚風輕，《六書本義》：「个，竹一枝也。」《史記·貨殖傳》：「竹竿萬个。從竹省半為意。」忽憶鄉園宿雨晴。三畝宅西桐樹北，《淮南子》：「任一人之能，不足以治三畝之宅。」此時新筍又應生。

雪禽未染唐希雅，《宣和畫譜》：「唐希雅，嘉興人。有《雪禽圖》六。」《圖繪寶鑑》：「唐希雅妙於畫竹，作翎毛亦工。」怪石須添趙大年。《宣和畫譜》：「趙令穰，字大年。藝祖五世孫也。有《怪石筠柘圖》。」興發欲尋潭柘寺，春流決決響山泉。自注：燕京無竹，惟潭柘寺東院一林。《帝京景物略》：「潭柘寺去都西北九十裡。」蘇軾詩：「稍聞決決流冰穀。」

懷上方山〔註1〕 見前《同劉侍郎芳躅入大房山》。

百丈霞梯潤戶扃，李益詩：「霞梯赤城遙可分。」孔稚圭《北山移文》：「潤戶摧絕，絕無與歸。」層崖依舊入天青。花源未有秦人住，見前《送喬舍人》。屐齒曾同謝客經。見前《山陰道歌》及《永嘉除日》。謝客謂劉侍郎芳躅。殷上聲。地昏鐘催夜月，鈕世楷注：「《晉書·高仙芝傳》：『軍中咸呼曰枉，其聲殷地。』」杜甫詩：「秋聽殷地發。」過橋春水續寒汀。精藍近結支纖侶，戴表元詩：「今日精籃方丈地。」詳見《寒夜》。《高僧傳》：「支謙受業於支亮，支亮受業於支讖。世稱『天下博知，不出三支』。」〔註2〕准擬松根煮茯苓。《淮南子》：「千年之松下有

〔註1〕按：《曝書亭集》原作《懷上方山二首》。此為第二首。
〔註2〕《欽定佩文韻府》卷四之一。按：《欽定古今圖書集成·明倫彙編·氏族典卷四十一》：

茯苓。」杜甫詩：「知子松根長茯苓，遲暮有意來同煮。」

贈吳明府山濤《錢塘縣志》：「吳山濤，字岱觀。領崇禎〔註3〕己卯鄉薦，授陝西成縣令。三年致仕，終老吳山。畫不入蹊徑，揮毫自如。當出關日，賦《西塞》詩三十篇，因自號塞翁。」

　　詩人吾愛塞翁好，風格西陵別擅場。《顏氏家訓》：「古人之文，宏材逸氣，體度風格，去今實遠。」《咸淳臨安志》：「西林橋在延祥觀西。」田汝成《西湖遊覽志》：「西林橋，一名西泠，又名西陵。」袁宏道《西湖雜記》：「西陵橋，一名西泠，或曰即蘇小結同心處。方子公曰：『陵作泠，蘇小恐誤。』余曰：『白公《斷橋》詩：柳色春藏蘇小家。斷橋去此不遠，豈不可作西陵故實邪？』」按：錢塘詩人陸圻麗京、柴紹炳虎臣、孫治宇臺、陳廷會際叔、張綱孫祖望、毛先舒馳黃、丁澎藥園、沈謙去矜、吳百朋錦雯、虞黃昊景明號西泠十子。《國史補》：「唐人讌集賦詩，必推一人擅場。郭曖尚升平之盛集，李端擅場。送別劉相巡江淮，錢起擅場。」**嗜酒肯淹千里駕，罷官為起七歌堂。**杜甫有《寓居同谷縣作歌七首》。先生《知伏羌縣事蔣君墓誌》：「司府誣，列君罪狀，巡撫以為過，奏彈文曰：『蔣薰處凋殘之地，雖無奇政及民，然性近迂闊，賦詩立碑，宜加處分，為曠職之戒。』先是知成縣事，錢塘吳君山濤岱觀以同谷在境內，建七歌堂，作栗主以祀杜甫，亦為巡撫所糾。先後罷官，傳者以為佳話。」〔註4〕**雲山畫出無前輩，**杜甫詩：「畫手看前輩，吳生遠擅場。」**暑雨燈殘話故鄉。用里菜畦猶未賣，**《漢書・食貨志》：「菜茹有畦。」「用里」，詳見《鴛鴦湖櫂歌》。**歸時休只戀餘杭。**顧祖禹《方輿紀要》：「隋置杭州，唐因之，亦曰餘杭。」

懷鄉口號四首

　　醞音飫。**舫西偏盡竹梧，紫微山石盡教鋪。**《一統志》：「紫微山在杭州海寧縣東北六十里。」**兒孫鄉里堪娛日，不用千金買佛奴。**自注：「醞舫，余齋

名。元濮樂閒以中統鈔一千錠買歌兒汪佛奴。」按：佛奴，濮娶為妾。濮死，佛奴獨居尼寺，終其身。載《輟耕錄》。

墨林遺宅道南存，《嘉興府志》：「項元汴博物好古，尤精繪事。家藏丹青墨蹟，意得輒臨摹題詠其間，自號墨林山人。嘗得鐵琴一，上有天籟字，下有孫登姓氏，因以名閣。」 **詞客留題尚在門。**自注：「項處士元汴有天籟閣，蓄古書畫甲天下。其閣下有皇甫子循、屠緯真諸公題詩，尚存。」**天籟圖書今已盡，**先生《項子京畫卷跋》：「予家與項氏世為婚姻。所謂天籟閣者，少日屢登焉。乙酉以後，書畫未燼者盡散人間。近日士大夫好古，其家輒貧，或旋購旋去之，大率歸非其人矣。」**紫茄白莧種諸孫。**《南史·蔡撙傳》：「齋前自種白莧、紫茄，以為常餌。」

舊遊俞〔註5〕**繆日過從，**俞汝言，字右吉。繆永謀，字天自。**三李銜杯興最濃。**先生《李氏族譜序》：「吾友良年武曾與兄繩遠斯年、弟符分虎譚藝，一時言詩者稱三李焉。」〔註6〕**明月綠牕期沈約，**崔顥《題沈約八詠樓》詩：「梁日東陽守，為樓望越中。綠窗明月在，青史古人空。」**白鹽赤米問周顒。**《南史·周顒傳》：「王儉問顒曰：『卿山中何所食？』顒曰：『赤米、白鹽、綠葵、紫蓼。』」自注：「憶右吉、天自、斯年、武曾、分虎、山子、青士也。」 沈進字山子。周篔字青士。

司農泉石向來耽，徐穉同遊飲必酣。夢想谿山真意好，憂天修竹水亭南。自注：「曹侍郎秋岳倦圃有谿山真意軒。徐穉指敬可也。」孫樵《出蜀賦》：「嵌嵓嵓而查牙兮，上攢羅而憂天。」 曹溶號秋岳。徐善字敬可。

讀葉司城封嵩遊草賦贈王士禛〔註7〕《葉慕廬墓誌》：「葉君井叔，諱封。先世王氏，籍浙西之嘉興。父嗣於葉，始氏葉，徙居武昌縣。順治丁亥進士。康熙中，除延平府推官。改知登封縣。戊午，舉博學鴻儒。報罷歸里，自號退翁。自登封入為兵馬指揮。」

客居通潞春復冬，《一統志》：「通州在順天府東四十五里，本漢潞縣故城。東南八里，王莽置有通潞亭。」**有如饑鳥仍投籠。平生夢寐在五嶽，垂老未覩嵩陽峯。**《河南通志》：「河南府登封縣，隋曰嵩陽。嵩山在縣北十里，五嶽之中嶽也，亦名嵩高山。」**峯頭玉女定笑我，**葉封《嵩山志》：「玉女峰峰北，石形如女。」李白詩：「嵩陽玉女峰。」注：「嵩山上有玉女峰。」**那不控鶴鞭癡龍。**《列仙傳》：「王子喬，周靈王太子晉也。好吹笙，作鳳鳴。遊伊洛間，遇道士浮丘公，接以上嵩高山

〔註5〕 「俞」，四庫本《曝書亭集》作「余」。
〔註6〕 《曝書亭集》卷四十。
〔註7〕 「禛」，底本作「正」。

四十餘年。後於山上見桓良，曰：『告我家，七月七日待於緱氏山。』至是，果乘白鶴至山巔，望之不得到，舉手謝時人而去。」孫綽《遊天台山賦》：「王喬控鶴以衝天。」《幽冥錄》：「洛下婦人推其夫入深洞中，有人長三丈，引過九處。栢樹下見一羊，令跪捋羊鬚。初得一珠，長人取之。又得一珠，長人又取之。後一珠令啖之，甚療饑。出問張華，曰：『羊為癡龍。初一珠，食之與天地等壽。次者延年，後者充饑而已。』」**瓊漿勿飲良可惜**，《搜神後記》：「嵩高山北有大穴。晉初，嘗有人誤墮穴中。尋穴而行，忽曠然見明。有二人對坐圍棋，局下有一杯白飲。墮者告以饑渴，棋者曰：『可飲此。』墮者飲之，氣力十倍。棋者曰：『從此西行，有天井。但投身入井，自當出。若餓，取井中物食之。』墮者如言，乃出。歸，問張華，華曰：『此仙館也。所飲者，瓊漿。所食者，龍穴石髓也。』」**白髮滿鏡徒愁容**。溫庭筠詩：「愁容滿鏡前。」**葉君昔年宰登封**，《一統志》：「登封縣在河南府城東一百四十里。」**莓苔洗字尋石淙**。《河南通志》：「石淙山在登封縣東南三十五里。」先生《跋石淙碑》：「右唐武后夏日遊石淙詩並序，群臣和者一十六人，河東薛曜正書。久視元年五月，刊於平樂澗之北崖。斯遊，新、舊《唐書》本紀均未之書，計敏夫《唐詩紀事》亦不載，僅見之趙明誠《金石錄》及《樓大防集》而已。予友葉封井叔知登封縣事，撰《嵩陽石刻志》，始著於錄。顧刪去九首，覽者不無憾其缺漏。康熙己卯九日，獲披全文。井叔曩語予，澗壁面水，必穴崖棧木乃可摹拓，故儲藏家罕有之。」**霞梯高高八千丈**，李益詩：「霞梯赤城遙可分。」**筍轝踏遍青芙蓉**。張籍詩：「踏石筍轝輕。」李白詩：「青山削出金芙蓉。」**盧岩瀑飛一疋布**，《嵩山志》：「盧岩在太室東，唐盧鴻隱處。其岩削壁千仞，瀑布飛流而下，姿態萬狀，最為奇觀。」**鐵梁峽偃千年松**，《嵩山志》：「大鐵梁峽在中峰東山之過峽處。梁，峽脊也，俗稱鐵梁橋。小鐵梁峽在大鐵梁東一里許。」《抱朴子》：「大陵偃蓋之松。」《嵩高山記》：「嵩嶽有大松，或百歲千歲。採食其實，得長生。」**仙人十六時相逢**。《唐類函》：「《仙經》云：『嵩高山有太室，高三十餘丈，周圍三百步，自然明燭，相見如日月無異。中有十六仙人，雲月光童子。常在天台，時亦往來此中。人非有道，不得望見。』」**閒吹鸞管嚮明月**，李賀詩：「王子吹笙鵝管長。」**有時髻插三花穠**。《初學記》：「漢世有道士從外國將貝多子，於嵩高西麓種之，有四樹與眾木異，一年三花，白色香美。」**漸川俞叟與君往來熟**，葉封《嵩山志自序》：「予友俞子汝言自客洛來視予，俞子辭榮好道，志在名山，博識善衡鑒。予喜甚，延留署中，相為裁綴。」按：汝言，字右吉，秀水人。有《漸川集》。**言君愛奇恒未足。開筵為蒸玉面貍**，屠粹忠《三才藻異》：「玉面貍白面而尾似牛，亦名牛尾貍。專食百果。冬極肥。糟尾能醒酒。」**行藥曾騎雪色鹿。**

鮑照《行藥至城東橋詩》注：「因疾服藥，行而宣導之。」杜甫詩：「射殺林中雪色鹿。」樓異《少室三十六峰賦》：「繫馬白鹿，神仙眾兮。」注：「白鹿峯上多白鹿。或云仙鹿，其色皆白。」**測景還登測景臺，**《名勝志》：「測景臺在登封縣。周公定此地為土中，立土圭以測日。」《嵩山志》：「測景臺在告成鎮，有石，方可仞餘，聳立盈丈，上植石表八尺，刻其南曰『周公測景臺』。」**逍遙宛在逍遙谷。**《嵩山志》：「逍遙谷在金壺峰下，一名承天谷，即紫虛谷也。唐潘師正隱居處。」**偶然長嘯百里聞，**《晉書．阮籍傳》：「籍於蘇門山遇孫登，與商略今古及棲神道引之術，登皆不應。籍因長嘯而退。至半嶺，聞有聲若鸞鳳之音，響動巖谷，乃登之嘯也。」**每遇殘碑三日讀。**《世說新語》：「歐陽率更行見古碑，是索靖所書，駐馬觀之良久。而去數百步，復還下馬，佇立疲倦，則布毯坐觀，三日乃去。」**不見囊中金石編，何殊集古歐陽錄。**歐陽修《集古錄自序》：「予性顓而嗜古，故上自周穆王以來，下更秦漢隋唐五代，外至四海九州名山大澤、窮崖絕谷、荒林破冢、神仙鬼物、詭怪所傳，莫不皆有以為集古錄。」**崇文門西車轂擊，**《畿輔通志》：「京城門九，南曰正陽、曰崇文、曰宣武。」《史記》：「臨淄之塗，車轂擊，人肩摩。」**十里黃塵眯人目。**《莊子》：「簸糠眯目。」**下馬尋君道名姓，一笑情親為鄉曲。投我嵩陽詠百篇，勝聽哀絲與豪竹。**杜甫詩：「初筵哀絲動豪竹。」**近來海內工詩格，新城王君最雄獨。**宋犖《王公墓誌》：「公諱士禛〔註8〕，字子真，別字貽上，號阮亭。先世自諸城徙家新城。詩備諸體，不名一家。自漢魏以下，兼綜而集其成，而大抵以神韻為標準，以自然為極則〔註9〕。」**一見君詩許絕倫，同調由來賞心速。君今司城名借甚，**《漢書．陸賈傳》：「名聲籍甚。」《注》：「言狼藉甚盛。」**栗果少年齊足蹋。入門廳事半栽花，**《晉書．載記》：「石勒升其廳事。」《正字通》：「中庭曰廳，古作聽。凡官治所曰聽事。」**插架圖書尚連屋，**韓愈詩：「鄴侯家多書，插架三萬軸。」杜甫詩：「床上書連屋。」**作吏如君良不俗。閒從巷北期王君，更許高齋醉醽醁。**盛弘之《荊州記》：「淥水出豫章康樂縣，其間烏程鄉有酒官，取水為酒，酒極甘美，與湘東酃湖酒年常獻之，世稱醽淥酒。」 醽醁、酃淥同。**金箱圖畫恣臥遊，**見前《喜羅浮屈五過訪》及《華壇》。**豈必盧鴻草堂宿。**《唐書．隱逸傳》：「盧鴻，字顥然。開元初，備禮徵再，不至。五年，鴻至東都。復下制，許還山。賜隱居服，營草堂。鴻所居室，自號寧極云。」

〔註8〕「禛」，底本作「正」。

〔註9〕《西陂類稿》卷三十一《資政大夫刑部尚書阮亭王公暨配張宜人墓誌銘》作「而大指以神韻為宗」。

春暮何少卿招同故鄉諸子集古藤花下送譚十一孝廉兄之舒州何名元
英，字葳音，順治乙未進士。譚名瑄，字左羽，康熙己酉順天舉人。俱嘉興人。《江南通志》：「安慶府，唐曰舒州。」

　　古藤二本高刺音戚。簷，杜甫詩：「庭中藤刺簷。」氄毳亂掛驪龍髯。《晉書·郭璞傳》：「攀驪龍之髯，撫翠禽之毛。」主人築堂二十載，客到盡卷堂中簾。肥香徐來翠陰動，晴絲欲墮朱光炎。張衡《南都賦》：「曜朱光於白水。」今年經過物候早，三月已見繁花黏。殷文圭詩：「花黏繁鬪錦。」河豚未罷直沽市，見後《河豚歌》。牡丹定綠房山尖。《笛漁小稿》注：「綠牡丹惟大房山有之。」詳見後《喬侍讀一峰草堂看花歌》。春風不飲良〔註10〕可惜，急收筆架移書簽。杜甫詩：「筆架沾窗雨，書簽映隙曛。」相期鄉黨十數子，同時走送譚孝廉。一觴一詠少長集，王羲之《蘭亭序》：「一觴一詠，亦足以暢敘幽情」；又：「群賢畢至，少長咸集。」脫畧禮法無纖嫌。懸燈直教猛燭並，魏文帝詩：「猛燭繼望舒。」有酒但向深杯添。移時留髡盡送客，《史記·滑稽傳》：「淳于髡曰：『堂上燭滅，主人留髡而送客。』」。三人密坐清宵嚴。北城漏鼓聽漸數，下弦殘月光磨鐮。「下弦」，見前《雪牎》。韓愈詩：「新月似磨鐮。」捉臥甕人選新格，《晉中興書》：「畢卓為吏部郎，嘗飲酒廢職。比舍郎釀酒熟，卓因醉，夜至其甕間，取酒飲之。主者謂是盜，執而縛之。知為吏部也，釋之。」王士禎〔註11〕《池北偶談》：「昔見朱竹垞詩云：『捉臥甕人選新格。』初不解。及觀《通志》有趙昌言《捉臥甕人格》及《採珠局格》、《旋棋格》、《金龍戲格》等名，始悟所謂。」按：鄭樵《通志》云：「《捉臥甕人格》一卷，趙昌言撰。」馬端臨《文獻通考》云：「《捉臥甕人事數》一卷，李庭中撰，有趙昌言序。」今未見此書。馬謂李撰趙序，當無誤也。主猶鯨吸賓魚噞。牛廉切。杜甫詩：「飲如長鯨吸百川。」《淮南子》：「故天之且〔註12〕風，草木未動而鳥已潛〔註13〕矣；其且雨也，陰曀未集而魚已噞矣。」《字林》：「噞喁，魚出口貌。」人生離多合亦易，有淚肯對花前沾。舒州地勝山水兼，孫〔註14〕逖詩：「地勝林亭好。」孤城皖口跳波漸。《地理通釋》：「舒州，春秋時皖國，漢為皖縣。西有皖山皖水。」《一統志》：「皖口在安慶府城西一十里。」王維詩：「跳波自相濺。」芙蓉之池泛永日，《南史·庾杲之傳》：

〔註10〕　「良」，《曝書亭集》作「最」。
〔註11〕　「禎」，底本作「正」。
〔註12〕　「且」，底本作「旦」，據《泰族訓》改。
〔註13〕　「潛」，《泰族訓》作「翔」。
〔註14〕　「孫」，底本誤作「遜」。出孫逖《奉和李右相賞會昌林亭》，據改。

「杲之，字景行。王儉用為衛將軍長史。蕭緬與儉書曰：『盛府元僚，寔難其選。庾景行汎淥水，依芙蓉，何其麗也！』時人以入儉府為蓮花池，故緬書美之。」訟庭無事恒虛恬。庾闡詩：「寂坐挹虛恬。」鱘魚凝脂切黃玉，《一統志》：「安慶府出鱘鱠。」翠螺如畫圍蒼蒹。《詩》：「蒹葭蒼蒼。」乃知下第去亦得，絕勝六街衣馬塵容黔。

題元張子正林亭秋曉圖同高層雲 〔註15〕 賦 《圖繪寶鑒》：「張中，字子正，松江人。畫山水師黃一峯。」 高字二鮑，華亭人。康熙丙辰進士。

一峰畫品最緻密，顧嗣立《元詩選》小傳：「黃公望，字子久。本姓陸，世居平江之常熟。繼永嘉黃氏，遂徙富春焉。父年九十始得之，曰：『黃公望子久矣。』因以名字焉。後更名堅，自號大癡道人，或號大癡哥、一峰道人。畫山水師董巨源，而晚變其法，自成一家。其峰巒多礬石。筆墨高雅，人莫能及。」《水經注》：「林木緻密。」逾三百載流傳稀。今人摹仿目未睹，但取率畧屏紆威。謝朓詩：「威紆距遙甸。」梁簡文帝詩：「茲園植藝積，山谷久紆威。」殘山剩水不數點，杜甫詩：「剩水滄江破，殘山碣石開。」豈惟神異貌亦非。當時藝事許入室，杜甫《贈曹將軍丹青引》〔註16〕：「弟子韓幹早入室。」華亭張中稱庶幾。即如此圖乃學井西王生筆，黃公望又號井西道人。林亭曉色開熹微。陶潛《歸去來辭》：「恨晨光之熹微。」焜黃老綠下掩百竿竹，《古樂府》：「焜黃華葉衰。」孟郊詩：「商蒪將老綠。」是誰竹下結屋關荊扉。陶潛詩：「白日掩荊扉。」橋無一人行，樹無一鳥飛。斜川折溜凡幾轉，古寺突兀樓松圍。《抱朴子》：「樓松，偃蓋松也。」涼雲濛濛不可極，懸泉直下春林霏。歐陽修《醉翁亭記》：「日出而林霏開。」人家磧音跡。歷更高處，司馬相如《上林賦》：「下磧歷之坻。」《注》：「磧歷，沙石貌。」水榭八九相因依。崔湜詩：「水榭宜時涉。」謝靈運詩：「蒲稗相因依。」武陵桃花笑卑濕，見前《送喬舍人》。茲山避地堪茹薇。黃忠《與申屠蟠書》：「昔人之隱，雖遭其時，猶放聲絕跡，巢棲茹薇。」當知作者意獨得，能使留題數子傳聲徽。沈約詩：「聲徽無惑簡，丹青有餘絢。」客中三伏正苦熱，見後《詠柿》。對此羽扇都停揮。安得天風扶我縹緲度絕礓，與君攜手同振千仞岡頭衣。左思詩：「振衣千仞岡。」

〔註15〕 「層雲」，四庫本《曝書亭集》字號與詩題同。
〔註16〕 杜甫原題作《丹青引贈曹將軍霸》。

贈鄭簠 鄭字汝器，自號谷口，山農上元人。

　　金陵鄭簠隱作醫，八分入妙堪吾師。周越《書苑》：「八分者，秦羽人上谷王次仲飾隸書為之。鍾繇謂之章程書。」《蔡文姬別傳》云：「臣父邕言：『割程邈隸字，八分取二分；割李斯小篆，二分取八分；故名八分。』」**褐來賣藥長安市，諸公袞袞多莫知。**杜甫詩：「諸公袞袞登臺省。」**伊余聞名二十載，**《詩》：「伊余來墍。」**今始邂逅嗟何遲。自從鴻都石經後，**《後漢書·靈〔註17〕帝紀》：「始置鴻都門學生。」又，《蔡邕傳》：「熹平四年，奏求正定六經文〔註18〕字，靈帝許之，邕乃自書丹〔註19〕於碑，使工鐫刻立太學門外。於是後儒咸取正焉。」先生《跋蔡中郎鴻都石經殘字》：「中郎石經初非三體書法，而楊衒之、劉芳、竇泉、蘇望、方旬、歐陽棐、董逌等皆誤讀范史儒林傳。惟張績謂以三體參校其文，而書丹於碑，則定為隸，其說獨得之。」**工者疏密無定姿。任城學官闕里廟，**《山東通志》：「濟寧州，周為任、邿二國，秦屬東郡，漢置任城縣。」又：「闕里在曲阜縣城內，居魯兩觀闕右，故名。」**羅列不少漢人碑。**先生《郎中鄭固碑跋》：「泊舟任城南池之南，步入州學，見儀門旁列漢碑五，左二右三。郎中鄭君碑，其一也。」又，《書韓勑孔廟前後二碑并陰足本》：「闕里孔子廟庭，漢魯相韓勑叔節建碑二，金陵鄭簠汝器相其陷文深淺，手搨以歸。以余於金石之文有同好也，遠遺書寄余。」**簠也幽尋遍摹搨，**《遊宦紀聞》：「臨、摹、硬黃、響榻，是四者各有其說。臨謂置紙在旁，觀其大小濃淡形勢而學之，若臨淵之臨。摹謂以薄紙覆上，隨其曲折宛轉用筆，曰摹。硬黃謂置紙熱熨斗上，以黃蠟塗勻，儼如角枕，毫釐必見。響榻謂以紙覆其上，就明牖牑間映光摹之。」**羲娥星宿摵無遺。**韓愈《石鼓歌》：「孔子西行不到秦，掎摭星宿遺羲娥。」注：「羲娥謂日月也。羲和，日御。嫦娥，月御。」**郃陽酸棗法尤備，**先生《漢郃陽令曹全碑跋》：「萬曆中，郃陽縣民掘地，得漢曹全碑，以其最後出，字畫完好。漢碑之存於今者，莫或過焉。」〔註20〕又，《漢酸棗令劉熊碑跋》：「右漢酸棗令廣陵劉熊孟陽碑，上元鄭簠汝器所藏。碑文全泐，存字不及百名，筆法奇古，汝器以為絕品。」**心之所慕手輒追。**唐太宗《王羲之傳論》：「盡善盡美，其惟王逸少乎！玩之不覺為倦，覽之莫識其端，心慕手追，此人而已。」**黃初以來尚行草，**黃初，魏文帝年號。張懷瓘《書斷》：「魏初有鍾、胡二家，為行書之法。兼真者謂真行，帶草者謂草行。」**此**

〔註17〕「靈」，底本作「文」，據《後漢書》卷八改。
〔註18〕「文」，底本作「六」，據《後漢書》卷六十下改。
〔註19〕「丹」，底本作「冊」，據《後漢書》卷六十下改。
〔註20〕《曝書亭集》卷四十七。

道不絕真如絲。開元君臣雖具體，開元，唐玄宗年號。庾肩吾《書品論》:「學者鮮能具體，窺者罕得其門。」邊幅漸整趨肥癡。《黃山谷文集》:「唐初字學勁健，得晉宋風。開元後，變為肥厚。」《清暑筆談》:「如書畫家，不善使墨，謂之墨癡。」《南史·沈昭略傳》:「昭略常醉，逢王約，張目視之曰:『』汝是王約邪？何乃肥而癡？」寥寥知解八百禩，同祀。盡失古法成今斯。邇來孟津數王鐸，王字覺斯。明天啟壬戌進士。孟津人。□□□〔註21〕《王公墓誌銘》:「近代儒者不講六書之義，自李茶陵、楊新都後，幾為絕學。天啟間，孟津王公覺斯蔚起詞林，以六書為己任，如李監之生開元也。」流傳恨少無人披。太原傅山最奇崛，王士禎〔註22〕《池北偶談》:「太原傅山，字青主，一字公之它，工分隸。」魚頷鷹跱勢不羈。梁元帝《上東宮古蹟啟》:「遊霧重雲，傳敬禮之法；鳥頡魚頷，表揚泉之賦。鷟驚之勢，既聞之於索靖；鷹跱之巧，又顯之於蔡邕。」臨清周之恒，張庚《國朝畫徵錄》:「周之恒，字月如。臨清人，後移家江浦。工八分書。竹垞詩稱其『委屈得宜』者也。」委曲也得宜。勾吳顧芩粵譚漢，《史記·吳世家》:「太伯之奔荊蠻，自號句吳。」《注》:「以吳言句者，夷之發聲，猶言於越耳。」先生《明詩綜小序》:「顧芩，字雲美，吳縣人。精篆隸書。」曁歙程邃名相持，未若簠也下筆兼經奇。謝靈運《擬鄴中集詩序》:「劉楨卓犖偏人，為文最有氣，所得頗經奇。」袁昂《上武帝古今書評啟》:「張芝經奇，鍾繇特絕。」綿如煙雲飛欲去，屹如柱礎立不移。或如鳥驚墮羽翩，或如龍怒撐之而。《周禮》:「小首而長，搏身而鴻，若是者謂之鱗屬，以為筍。凡攫閷援筮之類，必深其爪，出其目，作其鱗之而。」《注》:「作，起也。鱗之而，頰之有䰒鬣處。」箕張昂萃各異狀，鈕世楷注:「王僧虔《書賦》:『沈若雲鬱，輕若蟬揚。稠必昂萃，約實箕張。』」屏幛大小從所施。平山堂成蜀岡湧，《方輿勝覽》:「平山堂在揚州城西北大明寺側。慶曆八年二月，歐陽公來牧是邦。為堂於大明寺庭之坤隅，江南諸山拱立，簷下若可攀取，目之曰平山堂。」《江南通志》:「蜀岡山在揚州府西城，相傳地脈通蜀。上有蜀井。一名崑岡。」又:「平山堂，康熙年間重建於蜀岡之西。」百里照耀連雲榱。工師躬扁一丈六，眾賓歎息相瞠眙。馬融《長笛賦》:「留際瞠眙。」須臾望見簠來至，井水一斗研隃糜。見後《送曹郡丞》。由來能事在獨得，筆縱字大隨手為。《南史·劉穆之傳》:「武帝書素拙，穆之曰:『此雖小事，然宣布四遠，願復留意。但縱筆為大字，一

〔註21〕按:底本空三格。引文出自《牧齋有學集》卷三十《故宮保大學士孟津王公墓誌銘》，故缺字恐為「錢謙益」。此係有意隱沒作者。

〔註22〕「禎」，底本作「正」。

字徑尺無嫌大，既足有所包，其勢亦偉。」帝從之。」**觀者但妬不敢訾，五加皮
酒浮千鴟**。譙周《巴蜀異物志》：「《文章草贊》云：『文章作酒，能成其味。以金買
草，不言其貴。』」注：「五加皮一名文章草，釀酒主益人。」《江南通志》：「五加皮，
今揚州府高郵以之造酒。」揚雄《酒箴》：「鴟夷滑稽，腹如大壺。」注：「鴟夷，韋囊
以盛酒，即今鴟夷勝也。」蘇軾詩：「金錢百萬酒千鴟。」**我聞此事足快意，目雖
未覯心已怡。安得留之數晨夕**，陶潛詩：「樂與數晨夕。」**醉時竊帚**音附。**醒
肩隨**。《晉書·衛恒傳》：「上谷王次仲始作楷法，至靈帝好書，時多能者，而師宜官
為最。大則一字徑丈，小則方寸千言，甚矜其能。或時不持錢詣酒家飲，因書其壁，
雇觀者以酬酒直，計錢足而滅之。每書輒削而焚其柎。梁鵠乃益為柎而飲之酒，候其
醉而竊其柎。鵠卒以書至選部尚書。」**盧溝橋北風已厲**，見前《送葉上舍》。**子今
南去生凌澌**。《風俗通》：「水流曰澌。」杜甫詩：「巴東之峽生凌澌。」**驪駒在路
留未得**，《大戴禮》：「《驪駒》，逸詩篇名。客欲去歌之。其辭曰：『驪駒在門，僕夫
具存；驪駒在路，僕夫整駕。』」**歲聿其暮云誰思**。《詩》：「歲聿其暮。」又：「云
誰之思。」**鍾山草堂定好在**，《一統志》：「鍾山在江寧府東北。」《文選注》：「汝南
周顒昔經在蜀，以蜀草堂寺林壑可懷，乃於鍾嶺雷次宗學館立寺，因名草堂，亦號山
茨。」**放溜且任吳中兒**。梁元帝詩：「征人喜放溜。」杜甫詩：「解水乞吳兒。」**華
陽瘞鶴字刻露**，歐陽修《集古錄》：「《瘞鶴銘》，題云華陽真逸撰，刻於焦山之足，
常為江水所浸。好事者多伺水落時摹而傳之，往往只得其數字，云『鶴壽不知其紀』
而已，世以其難得，尤以為奇。按《潤州圖經》，以為王羲之書字，亦奇特。然不類羲
之筆法，而類顏魯公，不知何人書也。華陽真逸是顧況道號，今不敢遂以為況者，碑
無年月，不知何時，疑前後有人同斯號者也。」先生《書張處士瘞鶴辨跋後》：「淮陰
張力臣乘江水歸壑，入焦山之麓，藉落葉而仰讀《瘞鶴銘》辭，聚四石繪作圖，聯以
宋人補刻字，倫序不紊，且證為顧逋翁書。自處士之圖出，足以息眾說之紛綸矣。」
鄧尉遺樹花參差。《江南通志》：「鄧尉山在蘇州府城西南七十里。漢有鄧尉者隱此。
西行歷鳥山、觀山、朝山、塢西、磧山、彈山、過長旂嶺、笠山、至玄墓，出入湖山間，
梅花時一望如雪。」**無錫城邊見嚴四**，名繩孫，自號勾吳嚴四。**示我長歌一和之。**

河豚歌《藝苑雌黃》云：「河豚新附《本草》，云：『味甘溫，無毒。』日華子云：『有
毒。』予按《倦遊雜錄》云：『河豚魚有大毒。肝與卵，人食之必死。暮春柳花飛，此
魚大肥，江淮人以為時珍，更相贈遺，饞其肉，雜蔞蒿、荻芽瀹而為羹。或不甚熟，
亦能害人，歲有被毒而死者。然南人嗜之不已。故聖俞詩云：春洲生荻芽，春岸飛楊

花。河豚當此時，貴不數魚蝦。而其後又云：炮煎苟失所，轉喉為莫邪。則其毒可知。《本草》以為無毒，蓋誤矣。』及觀張文潛《明道雜志》，則又云：『河豚，水族之奇味，世傳以為有毒，能殺人。余守丹陽及宣城，見土人戶食之，其烹煮亦無法，但用蔞蒿、荻芽、菘菜三物，而未嘗見死者。若以為土人習之故不傷，蘇子瞻蜀人守揚州，晁無咎濟南人作倅，每日食之，了無所覺。南人云：魚無頰無鱗與目能開合及作聲者有大毒。河豚備此四者，故人畏之。而此自有二種。色淡黑，有文點，謂之斑子，云能毒人，土人亦不甚捕也。子瞻在資善堂，嘗與人談河豚之美者，云：『也直那一死。』其美可知。或云子不可食。其大纔一粟，浸之經宿，如彈丸。人有中其毒者，以水調炒槐花末及龍腦，皆可解。』予嘗見漁者說所以取之之由，曰：河豚盛氣易怒，每伏水底，必設網於上，故以物就而觸之，彼將奮怒而上，遂為所獲。」

天津之水連北溟，見前《送喬舍人》。**七十二沽漩回汀**。孫廷銓《南征紀略》：「天津，故直沽地，東連海上。傍水村落，悉號曰沽。」杜甫詩：「沙苑交回汀。」《寶坻縣志》：「東南有七十二沽。」**漁師乘春漾極浦**，《禮》：「命漁師伐蛟取鼉。」《楚辭》：「望涔陽兮極浦。」舴音步。舠音了。**葉葉輕於萍**。《集韻》：「舴，船短而深。」《玉篇》：「舠，小船也。」**河豚此時舉網得，活東小大同賦形**。《爾雅》：「科斗，活東。」《注》：「活東，蝦蟇子也。」《本草綱目》：「河豚狀如科斗，大者尺餘。」**賣不值錢棄可惜，堆置更比凡魚腥。南人見之莞爾笑**，王士禎[註23]《居易錄》：「天津河豚最多，然惟南人嗜之。」**是物足勝通侯鯖**。《漢書·高帝紀》：「通侯諸將。」《注》：「舊曰徹侯，武帝諱曰通侯。」《西京雜記》：「五侯不相能，賓客不得來往。婁護豐辯傳食五侯間，各得其歡心，競致奇膳。護乃合以為鯖，世稱五侯鯖，以為奇味焉。」**葦蒲束取十百輩**，黃庭堅《謝送蟹》詩：「寒蒲束縛十六輩。」**馬馱車載兼手拎**。音零。《玉篇》：「拎，手懸撚物也。」**晨興主人食指動**，《左傳》：「楚人獻黿於鄭靈公，公子宋與子家相見。子宋之食指動，曰：『他日我如此，必嘗異味。』」**忽覩兩縛陳吾庭。客來疾呼莫莫莫**，司空圖詩：「休休休，莫莫莫。」**亟當投畀煩丁寧**。《詩》：「投畀豺虎。」《後漢書·郎顗傳》：「丁寧再三，留神於此。」**食熊者肥食黿瘦**，李賀詩：「食熊則肥，食黿則瘦。」**豆令人重榆則瞑**。嵇康《養生論》：「豆令人重，榆令人瞑，愚智所知也。」《博物志》：「食粉榆則眠不欲覺。」**彼猶無傷此獨甚，犯之不異衝鈴釘**。《正韻》：「鈴釘，矛名。」郭璞曰：「鶴䣈矛，江東呼為鈴釘。」**主人語客且安坐，吾言物理君試聽。人生一死各有候，韭英棗華木葉零**。《黃帝素問》：「脈至如散葉，是肝氣予虛也，木葉落而死。脈至如省客，省客者，脈塞而鼓，是腎氣予不足也，懸去棗華而死。脈至如

湧泉，浮鼓肌中，太陽氣予不足也，少氣味非英而死。」**即如飲啄亦分定**，諺云：「一飲一啄，莫非前定。」**鼎腹豈必堅關扃**。韓愈《石鼎聯句》：「豕腹漲彭亨。」蘇軾詩：「江干高居堅關扃。」**雖云甘脆腐腸藥**，枚乘《七發》：「甘脆肥醲，命曰腐腸之藥。」**不聞茹藿長延齡。茲魚信毒種乃別，腴胸有法食有經**。「腴胸」，見前《食鐵腳》。鄭樵《通志》：「崔浩《食經》五卷。馬琬《食經》三卷。」**或如燕子尾涎涎**，見卷二《贈張五》。《漢書·五行志》：「成帝時，童謠曰：『燕燕尾涎涎。』」《注》：「涎涎，光澤貌。」**或如束帶腰黃鞓**。音汀。《集韻》：「鞓，繫綬也。」**今之饋者皆不爾，安用荷鍤〔註24〕薶丘冥**。庾蘭詩：「翹首丘冥，企想玄哲。」**抉晴〔註25〕刮膜漉出血**，《本草綱目》：「吳人言河豚血有毒，脂令舌麻，子令腹脹，眼令目花，有『油麻子脹眼睛花』之語。」《古樂府》：「心中惻，血出漉。」**如鱉去丑魚乙丁**。《禮》：「鱉去丑，魚去乙。」《爾雅》：「魚枕謂之丁。」《注》：「枕在魚頭骨中，形似篆書丁字。」**磨刀霍霍切作片**，《木蘭歌》：「磨刀霍霍向豬羊。」**井華水沃雙銅鉼**。《本草注》：「井華水，平旦第一汲者是。」杜甫詩：「兒童〔註26〕汲井華，慣捷餅在手。」**薑芽調辛橄欖醉**，《格物論》：「河豚，橄欖、蘆根解其毒。」《集韻》：「醉，酒盞也。」**荻筍抽白蔞蒿青**。蘇軾詩：「蔞蒿滿地蘆牙短，正是河豚欲上時。」范成大詩：「荻芽抽筍河豚上。」**日長風和灶觚淨**，《困學紀聞》：「仲尼讀《春秋》，老聃據灶觚而聽。」**纖塵不到晴牕櫺**。《本草綱目》：「煮河豚忌煤炲落中。」**重羅之麪生醬和**，束晳《餅賦》：「重羅之麪，塵飛白雪。」日華《本草》：「醬殺一切魚肉菜蔬蕈毒。」**凝視滓汁仍清泠**。《周禮》「醴齊」，《注》：「醴，體也，成而汁滓相將。」**吾生年命非在卯**，《古詩》：「年命如朝露。」**奚為舌縮箸躕停。西施乳滑恣教啗**，《格物論》：「河豚腹中腴，目為西施乳。」**索郎酒釅**音驗。**未願醒**。《水經注》：「河東民有姓劉名墮者，宿擅工釀，採挹河流，醞成芳酎，於桑落之辰，故酒得其名。自王公庶友，牽拂相招者，每云『索郎有顧，思同旅語』。索郎反語為桑落也。」李白詩：「但願長醉不願醒。」**入唇美味縱快意**，杜甫詩：「當令美味入吾唇。」**累客坐久心方寧。起看牆東杏花放，橫參七點昏中星。**

兕觥歌自注：「觥為許文穆公餞趙太史定宇物，為何少卿賦。」先生《靜志居詩話》：「江陵奪情，事在萬曆五年七月。迨十月朔，彗星見，大內火。於是既望三日，吳編

〔註24〕「鍤」，四庫本《曝書亭集》作「插」。
〔註25〕「晴」，《曝書亭集》作「精」。
〔註26〕「兒童」，杜甫《大雲寺贊公房四首》其四作「童兒」。

修中行疏上。次日，趙檢討用賢疏上。又次日，艾員外穆、沈主事思孝疏上。江陵怒不可止，而諸公均受杖矣。許文穆以庶子充日講官，為吳、趙二公餞。鐫玉杯一，銘曰：「斑斑者何卞生淚，英英者何藺生氣，追之琢之永成器」，以贈吳公；犀杯一，銘曰：「文羊一角，其理沈黝。不惜剖心，寧辭碎首。黃流在中，為君子壽」，以贈趙公。玉杯今不見，犀者為吾鄉何少卿蕤音所得，余嘗飲此作歌。」按：錢塘章藻功吉士有《藏趙公兕觥記》，其序云：「萬曆五年，張居正父死奪情，編修吳中行、檢討趙用賢疏劾之，廷杖，即時驅出。庶子許國鐫杯二，玉以贈吳，犀以贈趙，各有銘。銘犀曰云云。潁陽生許國為定宇館丈題贈。後趙傳之門人黃端伯，黃傳之門人陳潛夫。兩賢皆殉國難。余，陳墴也，謹受而藏之，為之記。」是同時何、章二家兕觥各一，當必有一贋者矣。

覆玉盌，屏香螺，《西京雜記》：「香螺卮出南海。」庾信詩：「香螺酌美酒。」徹銀鑿落金叵羅。白居易詩：「銀含鑿落琖。」注：「鑿落琖，罌中鏤鐫者。」《北史·祖珽傳》：「神武宴僚屬，於坐失金叵羅，竇泰令飲酒者皆脫帽，於班髻上得之。」李白詩：「葡萄酒，金叵羅。」黃支之犀塵盡闢，班固《西都賦》：「黃支之犀。」詳見《鴛鴦湖櫂歌》。《嶺南表異錄》：「劉司封嘗言石駙馬毀舊屋，坐於下風，塵自分去，蓋其所服乃闢塵犀。」李商隱詩：「犀闢塵埃玉闢寒。」主人持觥客前席，《漢書·賈誼傳》：「文帝前席。」《注》：「漸促近聽說其言也。」請看觥上銘。為君陳夙昔，定陵沖年資相臣，神宗葬定陵。元老奪情眾怒嗔。《禮》：「君子不奪人之親，亦不可奪親也。」《吳志·孫權傳》：「嘉禾六年，詔曰：『夫三年之喪，天下之達制，人情之極痛也。賢者割哀以從禮，不肖者勉而致之。世治道泰，上下無事，君子不奪人情，故三年不逮孝子之門。』」杜甫詩：「每扶必怒嗔。」朝陽一鳳午門伏，《詩》：「鳳凰鳴矣，于彼高岡。梧桐生矣，于彼朝陽。」《唐史補》：「自褚遂良歿，諫者皆以為諱。時造奉天宮，李善感為御史，諫止之。時稱鳳鳴朝陽。」孫承澤《春明夢餘錄》：「午門即俗所謂五鳳樓也。」折檻寧辭逆鱗觸，《漢書·朱雲傳》：「雲上書求見，曰：『臣願賜上方斬馬劍，斷佞臣一人頭，以厲其餘。』上問：『誰也？』對曰：『安昌侯張禹。』上大怒，曰：『小臣廷辱師傅，罪死不赦。』御史將雲下，雲攀殿檻，檻折。呼曰：『臣得下從龍逢、比干遊於地下，足矣！未知聖朝何如耳？』左將軍辛慶忌免冠，叩頭殿下。上意解。後當修殿檻，上曰：『勿易！』因而輯之，以旌直臣。」「逆鱗」，見後《興化李先生壽詩》。歸時餞者滿都亭。珍重臨岐許文穆，神羊一角詎有雙。《後漢書·輿服志》：「法冠，或謂之獬豸冠。獬豸，神羊，能別曲直，故以為冠。」《異物志》：「獬豸一角，性忠直，見人鬥則觸不直者，聞人論則咋不正者。」流傳既久歸婁江，張公以之遺弟子。敢諫吾公趙公似，更

兼愛客無倦容。平原十日恒過從，《史記·范睢列傳》：「秦昭王為書遺平原君曰；「寡人聞君之高義，願與君為布衣之友，君幸過寡人，寡人願與君為十日之飲。」朝衣典盡且不顧。杜甫詩：「朝回日日典春衣，每日江頭盡醉歸。」快意但寫鳧花濃，皮日休詩：「竹葉島紆徐，鳧花波蕩漾。」注：「鳧花，酒名。」我浮此觥亦已數，尊前豈惜狂歌重。吾公邇年徙卿寺，羅隱詩：「官從幕府歸卿寺。」西披南牀誰鶚視。《初學記》：「中書省在右，因謂中書為右曹，又稱西披。」杜佑《通典》：「凡侍御史之例，不出累月則遷南省，故號為南牀。蓋食坐之南設橫榻，謂之南牀。」梁武帝《移京邑檄》：「鶚視爭先，龍驥並驅。」漢殿今無白獸樽〔註27〕，《三國志》：「魏武用漢儀，元日百官上壽，設白獸樽於庭。有獻直言者，發樽飲之。」滿飲黃流莫輕實。《詩》：「瑟彼玉瓚，黃流在中。」

同里李符遊於滇《一統志》：「滇池在雲南府城南，一名滇南澤。楚莊蹻略地，西至滇池，因王其地，號滇國。」**遇碧雞山道士**《一統志》：「碧雞山在雲南府城西南三十里。」**謂曰子前身廬山行腳僧也**「廬山」，見前《送越孝廉》。《傳燈錄》：「古靈禪師行腳回，參神鎖禪。師問曰：『汝行腳遇何人？』靈曰：『蒙百丈和尚指個歇處。』」陸游詩：「我是江南行腳僧。」**後十年當仍歸廬山符乃畫廬山行腳圖俾予題詩二首**

畫裏分明廬嶽僧，雲峰有約十年登。江湖到處勾留住，白居易詩：「未能拋得杭州去，一半勾留是此湖。」看爾入山能不能。

桃鄉一望水挼音那。藍，桃鄉在梅溪北。白居易詩：「直是挼藍新汁色。」梅堯臣詩：「城中水似青藍挼。」擬結鄰居共釣潭。休信碧雞狂道士，蘇軾詩：「莫作狂道士。」閒拋老屋在花南。李所居曰花南老屋。

彭城道中詠古〔註28〕《江南通志》：「《禹貢》徐州之域，本古大彭氏國。秦置碭郡，又置彭城縣，屬泗水郡。」

舊社枌音焚。榆改，《史記·封禪書》：「高祖初起，禱豐枌榆社。」《注》：「枌榆，鄉名。高祖里社。」《江南通志》：「枌榆社在豐縣東北十五里。」寒雲芒碭收。《史記·高祖本紀》：「秦始皇帝常曰『東南有天子氣』，於是因東遊以厭之。高祖即自疑，亡匿，隱於芒、碭山澤巖石之間。呂后與人俱求，常得之。高祖怪問之。呂后曰：『季所居上常有雲氣，故從往常得季。』」《江南通志》：「芒山在徐州碭山縣。碭山在

〔註27〕 「樽」，《曝書亭集》作「尊」。
〔註28〕 《曝書亭集》題作《彭城道中詠古二首》，此為第一首。

縣東南七十里。」**山風吹野火**，岑參詩：「東風吹野火。」**飛渡斬蛇溝**。輿圖：斬蛇溝在豐縣，漢高祖斬白蛇處。

清流關《江南通志》：「清流關在滁州西南二十五里。舊志云：『南唐置關，地尤險要。』」

  清流關厜醉平聲。羲，音危。《爾雅》：「崒者厜羲。」《注》：「厜羲猶崔嵬也。」**設險古來尚**。《易》：「王公設險，以守其國。」**細路緣秋毫**，杜甫詩：「微徑緣秋毫。」**石角竦殊狀**。丘遲詩：「嶄絕峰殊狀。」**捨我一兩車，拄此九節杖**。杜甫詩：「安得仙人九節杖，拄到玉女洗頭盆。」**初行井臼中**，杜甫詩：「蒼山入百里，崖斷如杵臼。」**俄出松果上**。韓愈詩：「松果連南亭。」**回睇眾山卑，連峰走頹浪**。梅堯臣詩：「韓柳激頹浪。」**入關少礧磈**，《正韻》：「礧磈，石也。」**客意始蕭放**。《晉書總論》：「目三公以蕭兀。」注：「謂蕭然自放，兀爾無名。」**平岡響楓葉，斷壁偃花當**。杜甫詩：「危沙折花當。」注：「當，花根也。」**南滁暑未銷**，《江南通志》：「滁河在州東南六十里。」**西澗水新漲**。《江南通志》：「西澗在州西。《揮塵》云『太祖入滁，以兵浮西澗』，即此。」**眺遠懷昔人，儒衣謁戎帳**。徐陵《為陳武帝與北齊廣陵城主書》：「戎帳艱辛，無乃為弊。」**君臣既深契**，杜甫詩：「灑落君臣契。」**一言判興喪。偏師越死地**，《左傳》：「彘子以偏師陷。」《孫子》：「置之死地而後生。」**於此躡上將**。王明清《揮塵後錄》：「太祖入滁之始也，趙韓王教村童於山下，始與太祖交際，用其計劃，俾為鄉導，提孤軍，乘月夜，指縱銜枚，取道於清流關側蘆子扝，浮西澗，入自北門，直搗郡治。皇甫暉方坐帳中燕勞將士，養銳待戰，倉黃聞變，初不測我師之多寡，躍其愛馬千里電奔東郊，太祖及於河梁，一劍揮之，人馬俱墜橋下，暉遂擒。姚鳳即以其眾解甲請降。自此兵威如破竹，盡取淮南之地。」《孫子》：「勁者先，疲者後，其法十一而至；五十里而爭利，則躡上將軍。」**遺跡雖已湮，過者心所向**。《史記·孔子世家·贊》：「雖不能至，然心嚮往之。」**山高而水清**，歐陽修《豐樂亭記》：「昔太祖皇帝嘗以周師破李景兵十五萬於清流山下，生擒其皇甫輝、姚鳳於滁東門之外，遂以平滁。百年之間，漠然徒見山高而水清。欲問其事，而遺老盡矣。」**獨立但怊**音超。**悵**。宋玉《高唐賦》：「悠悠忽忽，怊悵自失。」

題顧夫人畫蘭余懷《板橋雜記》：「顧媚，字眉生，又名眉。通文史，善畫蘭。追步馬守貞而姿容勝之，時人推為南曲第一家。有眉樓。是時，江南佮靡，文酒之宴，紅妝與烏巾紫裘相間，座無眉娘不樂。而尤豔顧家廚食品，以故設筵眉樓者無虛日。

未幾，歸合肥龔尚書芝麓。尚書雄豪蓋代，視金玉如沙泥糞土，得眉娘佐之，益輕財，好憐才下士〔註29〕，名譽盛於往時。客有求尚書詩文及乞畫蘭者，縑箋動盈篋笥，畫款所書橫波夫人者也。」又：「顧眉生既屬龔芝麓，竟以顧為亞妻。元配童氏，明兩封孺人。龔入仕本朝，歷官大宗伯。童夫人高尚，居合肥，不肯隨宦京師。顧遂專寵受封。嗚呼！童夫人賢節過鬚眉男子多矣！」龔名鼎孳，字孝升，號芝麓，名崇禎〔註30〕甲戌進士。

　　眉樓人去筆牀空，《樹萱錄》：「南朝呼筆管為牀。或云即筆架。」朱鶴齡《杜詩注》：「《釋名》：『床，裝也，』凡所以裝載者，皆謂之床。如糟床、食床、鼓床、筆床皆此義。」**往事西州說謝公。**《晉書·謝安傳》：「羊曇者，太山知名士也，為安所愛重。安薨後，輟樂彌年，行不由西州路。常因石頭大醉，扶路唱樂，不覺至州門。左右白曰：『此西州門。』曇悲感不已，以馬策扣扉，誦曹子建詩曰：『生存華屋處，零落歸山丘。』慟哭而去。」**猶有秦淮芳草色**，《江南通志》：「秦淮在江寧府上元縣東南。始皇斷方山長壟為瀆，故曰秦淮。」**輕紈匀染夕陽紅。**自注：「蘭名，見金漳《趙氏譜》。」

興化李先生清壽詩《一統志》：「興化縣在揚州府高郵州東一百二十里。」徐乾學《李映碧先生墓表》：「先生諱清，字心水，別號映碧。先世句容，徙居興化。天啟辛酉舉於鄉，崇禎〔註31〕辛未進士，筮仕司理寧波，擢刑科給事中。上疏語侵尚書甄淑，淑劾先生把持，詔鐫級，調浙江布政司照磨。淑敗，即家起吏科給事中。京師陷，弘光即位南京，遷工科都給事中。有司始諡愍帝為思宗，先生言廟號同於漢後主禪，請易之。又請補諡太子、二王及開國靖難迄累朝死諫諸臣，或以為迂。先生歎曰：『士大夫廉恥喪盡矣，不於此時顯微闡幽，激發忠義之氣，復何望耶？』先生事兩朝，凡三居諫職，章奏後先數十上，竝寢閣不行。尋遷大理寺左寺丞，遣祀南鎮。行甫及杭，而南都失守，乃由間道趨隱松江，又渡江寓居高郵，久乃歸故園，杜門不與人事，當道屢薦不起。晚年著書自娛，尤潛心史學，為史論若干卷，又刪注《南》、《北》二史，編次《南渡錄》、《諸忠紀略》等書，藏於家。」

　　世事有屈必有伸，吾思遜國忠節臣。詔書張目不肯草，《明史·方孝孺傳》：「孝孺，字希直，寧海人。惠帝即位，為侍講學士。燕兵入，帝自焚。孝孺被執下獄。成祖欲使草詔，召至，悲慟，聲徹殿陛。成祖降榻勞曰：『先生毋自苦。』顧左右授筆劄，曰：『詔天下，非先生草不可。』孝孺投筆於地，且哭且罵，曰：『死即死

〔註29〕按：《板橋雜記》原作「益輕財好客，憐才下士」。
〔註30〕「禎」，底本作「正」。
〔註31〕「禎」，底本作「正」。

耳，詔不可草。』成祖怒，命磔諸市。」**何得復作叩頭人**。《實錄》：「孝孺叩頭乞哀，上命執之，下於獄。」《明遜國臣傳》：「同時文學用事之臣際會功名，史有別書，以故彭惠安公《哀江南》詞有曰：『後來姦佞儒，巧言自粉飾。叩頭乞餘生，無乃非直筆。』」先生《遜志齋文鈔序》：「舊史之文，多有失其實者。當明文帝靖難師入寧海，方公首以縗絰見，悲憤激烈，寧斷其舌，赤其族，不肯少屈。史氏猶誣其叩頭，以乞餘生，況其他哉！」**一時史筆授曲學，壯夫氣短懦夫嗔。褒**〔註32〕**忠之典歲久闕**，《唐書》：「穆宗詔：『褒忠，所以勸臣節也。』」**草野論議徒紛綸。棗園先生家海湏**，按：棗園，李別業也。班固《東都賦》：「東澹海湏。」**早成進士官於鄞**。《一統志》：「鄞縣，寧波府附郭。」**披垣竹埤歷八舍**，《初學記》：「中書省稱西披。」劉楨詩：「隔此西披垣。」杜甫詩：「披垣竹埤梧十尋。」注：「竹埤者，披垣之上，編竹為儲胥，若城埤然。」《周禮》：「宮伯，掌王宮之士庶子凡在版者。掌其政令，行其秩敘，作其徒役之事，授八次八舍之職事。」庾信《周隴右總管長史贈太子少保豆盧公神道碑》：「內參常伯，榮高八舍。」**抗疏豈憚批龍鱗**。楊雄《解嘲》：「獨可抗疏，時道是非。」韓非《說難》：「夫龍之為蟲也，可擾狎而騎也。然其喉下有逆鱗徑尺，人有嬰之，則必殺人。人主亦有逆鱗，說之者能無嬰人主之逆鱗，則幾矣。」《戰國策》：「奈何以見陵之怨，欲批其逆鱗哉？」**曾聞過江上封事**，《文心雕龍》：「或上書，或奏狀，慮有宣洩，則囊封以進，謂曰封事。」**神人觀聽交歡忻。方黃鐵練名盡易**，《明史·黃觀傳》：「觀字伯瀾，貴池人。洪武二十四年，會試、廷試皆第一，授翰林修撰。累遷尚寶司卿、禮部右侍郎。建文初，與方孝孺等並親用。四年，奉詔募兵上游，且督諸郡兵赴援。至安慶，燕王已渡江入京師。未幾，下令暴左班文職姦臣罪狀，觀名第六。既而索國寶，不知所在。或言：『已付觀出收兵矣！』命有司追捕。觀至李楊河或謂宮已焚，失帝，新皇帝已即位三日矣。乃命舟至羅剎磯，朝服東向拜，投湍急處死。」又，《鐵鉉傳》：「鉉，鄧人。洪武中，由國子生授禮科給事中，調都督府。建文初，為山東參政。燕王攻濟南，鉉遣千人出城詐降。伏壯士城上，候王入，下鐵板擊之。別設伏斷橋。既而失約，王未入城。板驟下，王驚走。伏發，橋倉卒不可斷，王鞭馬馳去。憤甚，百計進攻。凡三閱月，卒固守不能下。燕王解圍北歸。帝聞大悅，擢山東布政使。尋進兵部尚書。四年，燕兵渡江，鉉屯淮上，兵潰。燕王即皇帝位，執之至，反坐廷中嫚罵。令其一回顧，終不可，遂磔於市。」又，《練子寧傳》：「名安，以字行，新淦人。洪武十八年，以貢士廷試對策，擢一甲第二，授翰林修撰。歷遷工部侍郎。建文初，與方孝孺並見信用。拜御史大夫。燕王即

〔註32〕「褒」，康熙本《曝書亭集》作「襃」。

位，練〔註33〕子寧至。語不遜，磔死。」《禮》：「公叔文子卒，其子戍請諡於君，曰：『日月有時，將葬矣，請所以易其名者。』」先生《靜志居詩話》：「顧公錫疇典禮容臺，始定議建文君諡。尋追贈死節諸臣。予諡文正者，方孝儒；諡文貞者，黃觀；諡忠襄者，鐵鉉；諡忠貞者，練子寧，共二十六人。此外得諡，又五十二人。首陳其說者，萬公元吉。佐其事者，李公清。**榜祠木末金川新**。陸游《入蜀日記》：「鍾山寶公塔西南有小軒曰木末，後人取王文公詩『木末北山雲冉冉』之句名之。」余賓碩《金陵覽古》：「木末亭有方正學祠，祠中門牖皆北向，今非復舊制。祠南為正學墓，門人廖鏞所收葬也。」《明史·恭閔帝紀》：「四年，燕兵犯金川門。」 金陵北門曰金川門。**電光石火雖暫照**，朱子《答張欽夫書》：「正禪家所謂石火電光底消息。」**猶勝霾**音蒙。同霿。**霿霾窮塵**。《爾雅》：「天氣下，地不應，曰霧。地氣發，天不應，曰霾。」《詩》：「終風且霾。」《注》：「霾，雨土。蒙，霿也。」鮑照賦：「埋魂幽石，委骨窮塵。」駱賓王詩：「陰山苦霧霾高壘。」**傳之百世終不湮，先生用意良苦辛**。古詩：「轗軻長苦辛。」**邇來閉戶三十載，著書更比當年勤。東京舊事孟元老**，孟元老《東京夢華錄序》：「僕昔從先人遊京師，卜居金梁橋西夾道之南。古有夢遊華胥之國，其樂無涯者。僕今追昔，回首悵然。目之曰《夢華錄》。」**北盟新編徐夢莘**。《宋史·徐夢莘傳》：「夢莘恬於榮進，每念生於靖康之亂，四歲而江西阻訌，母繈負亡去得免。思究見顛末，乃網羅舊聞，會稡同異，為《三朝北盟會編》三百五十卷。」**藏之名山自怡悅**，司馬遷《報任安書》：「僕誠已著此書，藏之名山，傳之其人。」陶弘景詩：「只可自怡悅。」**使者徵索推蒲輪**。《漢書·武帝紀》：「遣使者安車蒲輪，束帛加璧，徵魯申公。」《注》：「以蒲裏輪，取其安也。」**先生穩臥南溪濱**，《一統志》：「南溪在興化縣治南。」**白蕉之衫紫荷巾**。白居易詩：「短靴低帽白蕉衫。」曹唐詩：「風前整頓紫荷巾。」**三詔六聘催未起**，張履祥詩：「霍原六聘山，焦先三詔洞。」**衡門但與沙鷗親**。《詩》：「衡門之下，可以棲遲。」范仲淹《南溪馴鷗》詩：「耽彼沙上鷗，皎皎霜雪明。夜宿滄洲靜，日浴滄浪清。」詳見前《寒夜集燈公房》。**年今八十能抱真**，《參同契》：「惟昔聖賢，懷玄抱真。」**齒兒髮秀目綠筋**，《詩》：「黃髮兒齒。」任昉《王文憲集序》：「齒危髮秀之老。」《注》：「髮秀猶秀眉也。」《法輪經》：「老子兩目日光，方瞳綠筋。」《左誥》：「名在瓊簡者，目有綠筋。」**立譚古昔猶斷斷**。音闡。《禮》：「必則古昔。」《漢書·公孫賀等傳·贊》：「賢良茂陵唐生、文學魯國萬生之徒六十有餘人咸聚闕庭，舒六藝之風，陳治平之原，知者贊其慮，仁者明其施，勇者見其斷，辯者騁其辭，斷斷焉，行行焉，雖未詳備，

〔註33〕「練」，《明史》卷一百四十一作「縛」。

斯可略觀矣。」《注》:「齗齗，辯爭之貌。」**玉堂才子念明發，**《文獻通考》:「宋太宗飛白書玉堂之署四字，詔賜翰林。」《三輔黃圖》:「未央宮有大玉堂、小玉堂。」《漢書·楊雄傳》:「歷金門，上玉堂。」《左傳》:「高陽氏有才子八人，謂之八愷。高辛氏有才子八人，謂之八元。」《詩》:「明發不寐，有懷二人。」**四月正及懸弧辰。**《禮》:「子生，男子設懸弧於門左。」又:「士使之射，不能則辭以疾，懸弧之義也。」棗據詩:「士生則懸弧，有志在四方。」**袖懷蟠桃五寸核，**《十洲記》:「東海度索山有大桃樹，屈盤三千里，名曰蟠桃。」《漢武內傳》:「西王母以玉盤盛桃七顆，以四與帝，三自食。桃味甘美，帝輒錄其核，欲種之。母曰:『此桃三千年一實。』帝乃止。」《玉芝堂談薈》:「洪武乙卯夏五月，上御奉天門，召翰林臣，出示元內庫所藏巨桃半核，長五寸，廣四寸七分，前刻『西王母賜漢武桃』。命學士宋濂為記。」**目送海鶴千里津。棗園池水風漣淪，**《詩》:「河水清且漣猗。」又:「河水清且淪猗。」**欄**〔註34〕**藥四照花如茵。**元稹詩:「欄藥紫霞英。」王屮《頭陀寺碑》:「四照之花萬品。」《開元天寶遺事》:「許慎選放曠，不拘小節，與親友結宴於花圃中，未嘗具帷幄。設坐具，使僮僕輩聚落花鋪於坐下，曰:『吾自有花裀，何銷坐具?』」按:裀、茵通。《詩》:「文茵暢轂。」《漢書·丙吉傳》:「此不過污丞相車茵耳。」《注》:「茵，蓐也。」**五加皮酒粥麵厚，**見前《贈鄭簠》。蘇軾詩:「社酒粥麵醲。」**鳴薑鱠鯉羅兼珍。**韋琳《䱇賦》〔註35〕:「方當鳴薑動桂，紆蘇佩欓。」《後漢書·仲長統傳》:「養親有兼珍之膳。」**烏衣不改王謝里，**《金陵志》:「烏衣巷在秦淮南，王導、謝安居此，其子弟皆稱烏衣郎，故名」。**一門群從稱觴頻。**見前《祁六坐上》。**古來傳經藉遺老，耆儒往往上壽臻。**《後漢書·儒林傳》:「郡國耆儒皆補郎、舍人。」《莊子》:「上壽百歲，中壽八十，下壽六十。」**不見張蒼伏勝暨轅固，**《史記·張蒼列傳》:「張丞相蒼者，陽武人也。自秦時為柱下史，明習天下圖書計籍。」又，《儒林列傳》:「伏生者，濟南人也。故為秦博士。孝文時，欲求能治《尚書》者，天下無有。乃聞伏生能治，欲召之。是時伏生年九十餘，老，不能行，於是乃詔太常使掌故鼂錯往受之。」《注》:「伏生名勝。」又:「清河王太傅轅固生者，齊人也。以治《詩》，孝景時為博士。今上初即位，復以賢良徵固。諸諛儒多疾毀固，曰『固老』，罷歸之。時固已九十餘矣。」**博士江翁杜子春。**《漢書·儒林傳》:「博士江公世為《魯詩》宗。」《敘周禮廢興》:「河南緱氏杜子春，永平之初，年且九十。家於南山，能通其讀，頗識其說。鄭眾、賈逵往受業焉。」

〔註34〕「欄」，《曝書亭集》作「闌」。
〔註35〕《太平廣記》卷二百三十四作「䱇表」。

題周恭肅公畫牛二首先生《明詩綜》小序：「周用，字行之，吳江人。弘治壬戌進士。官至吏部尚書。諡恭肅。有《白川集》。十齡能畫，長師石田翁，得其指授。』余嘗見公畫，龍戲浪穿山，蜿蜒升降，百年絹素，雲霧猶濕。至寫平坡放犢，亦不減史道碩、厲歸真。」

白川畫龍兼畫牛，繞村急雨菰蒲秋。馬臻詩：「氣吞十里菰蒲秋。」百年紙墨黯無色，雲氣溟濛猶未收。

牧童橫笛吹不得，劉兼詩：「橫笛牛童臥蓼灘。」背面卻看溪上山。記得濫溪西去路，濫溪在吳江縣西。荻花楓葉淺沙灣。白居易詩：「楓葉荻花秋瑟瑟。」

古意報〔註36〕**高舍人士奇**　高字正公，號澹人。錢塘籍，平湖人。　特授中書。

奕奕九層臺，上官儀詩：「奕奕九成臺。」泠泠五絃琴。《史記·樂書》：「舜作五絃之琴，以歌南風。」《注》：「五絃者，無文武二絃，惟宮商角徵羽之五絃也。」威鳳刷其羽，見前《謁劉文成祠》。沈約詩：「刷羽泛清源。」歌舞樂帝心。《荀子》：「有鳳有凰，樂帝之心。」朝儀靈沼上，《書》：「簫韶九成，鳳凰來儀。」夕息高梧陰。覽輝千仞餘，賈誼《弔屈原賦》：「鳳凰翔於千仞兮，覽德輝而下之。」求友及遐深。《詩》：「嚶其鳴矣，求其友聲。」爰居本海處，《國語》：「海鳥曰爰居，止於魯東門之外二日。」詳見前《雜詩》。亦復辭煙潯。謝莊詩：「逶迤濟煙潯。」東門一戾止，《詩》：「魯侯戾止」。遊目嘉樹林。《楚辭》：「忽反顧而遊目。」阮籍詩：「上有嘉樹林。」和風動閶闔，百鳥啾啁吟。獨無笙簧舌，臆對難為音。賈誼《鵩鳥賦》：「鵩乃歎息，舉首奮翼，口不能言，請對以臆。」主人軫物微，《楚辭》：「出國門而軫懷。」《注》：「軫懷，痛念也。」飼花若黃金。杜甫詩：「采采黃金花。」食之非不甘，愧莫報以琛。見前《雀飛多》。寄言鸞鳳侶，釋此歸飛禽。

酬閻若璩《江南通志》：「閻字百詩。其先自太原徙淮安府山陽縣。淹貫經史，博〔註37〕而思精，最長於考訂，多闡先儒所未發。所著有《尚書疏證》。」

烈火燔帝竹，《竹譜》：「員丘帝竹，一節為船。」按：此蓋借作竹簡用也。秦鏡忽以淪。《西京雜記》：「高祖入咸陽宮，得方鏡，照見腸胃五臟。秦始皇常以照宮人，膽張心動者則殺之。」李白詩：「秦帝淪玉鏡。」番番濟南叟，後死耄而勤。《書》：「番番良士。」又：「耄期倦於勤。」腹笥傳少女，《後漢書·邊韶傳》：「腹

〔註36〕　「報」，《曝書亭集》作「投」。
〔註37〕　《江南通志》卷一百六十三《人物志·儒林一》作「學博」。

便便，五經笥。」**齒落餘空齦**。音銀。《韻會》：「齦，齒根肉。」**掌故穎川來，何繇聽其真**。衛宏《古文尚書序》：「伏生老不能正言，言不可曉也。使其女傳言教晁錯。齊人語多與穎川異，錯不知者凡十二三，略以其意屬讀而已。」《古詩》：「識曲聽其真。」**所怪張歐陽**，《隋書‧經籍志》：「伏生作《尚書傳》，授同郡張生，張生授千乘歐陽生。」**疑義嘿**〔註38〕**不申。金絲魯宮響，科斗蟠輪囷**。左思《吳都賦》：「輪囷虯蟠。」**俄遭巫蠱發，竹簡跡久湮**。孔安國《尚書序》：「秦始皇滅先代典籍，焚書坑儒，天下學士，逃難解散。我先人用藏其家書於屋壁。漢室龍興，開設學校，旁求儒雅，以闡大猷。濟南伏生，年過九十，失其本經，口以傳授，裁二十餘篇。以其上古之書，謂之《尚書》。百篇之義，世莫得聞。至魯共王好治宮室，壞孔子舊宅，以廣其居，於壁中得先人所藏古文虞夏商周之書及傳《論語》、《孝經》，皆科斗文字。王又升孔子堂，聞金石絲竹之音，乃不壞宅。悉以書還孔氏。科斗書廢已久，時人無能知者，以所聞伏生之書考論文義，定其可知者，為隸古定，更以竹簡寫之。會國有巫蠱事，經籍道息，用不復以聞。」《注》：「巫蠱，謂時江充誣戾太子厭蠱，故不覆奏聞天子。」**梅生千載後，一一紛羅陳。其餘航頭字**，捃居運切。**摭**之石切。**亦有因**。孔穎達《尚書正義》：「昔東晉之初，豫章內史梅賾上孔氏傳，猶闕《舜典》『自乃命以位』已上二十八字，世所不傳，多用王、范之注補之，而皆以『慎徽五典』以下為《舜典》之初。至齊蕭鸞建武四年，吳興姚方興於大航頭得孔氏傳古文《舜典》，亦類太康中書，乃表上之。事未施行，方興以罪致戮。至隋開皇初購求遺典，始得之。」《漢書‧藝文志》：「武帝時，軍政楊樸捃摭遺逸，猶未能備。」《注》：「捃摭，謂之。」**譬若完衣裳，安用重補紉**。《禮》：「衣裳綻裂，紉箴請補綴。」黃庭堅詩：「女兒衣袴得補紉。」**文從義艱晦**，韓愈《南陽樊紹述墓誌銘》：「文從字順各識職。」**體殊絕蹤塵。孔書既咸在，謨誥恒鮮新。何不正今譌，去險歸溫純**。《漢書‧楊雄傳》：「典謨之篇，雅頌之聲，不溫純深潤，則不足以揚鴻烈而章緝熙。」**此義誠難知，疑者頗相循。閭生并州彥**，《一統志》：「太原府。舜初以冀州地廣，分置并州，後省入冀。周置并州。」**徙宅清淮湄。昨年應詔至，旅食春明春**。《唐六典》：「京城東面三門，中曰春明，北曰通化，南曰延英。」杜甫詩：「旅食京華春。」**小心對縫掖**，《禮》：「衣縫掖志衣。」**餘勇剌古人**。《左傳》：「欲勇者賈余餘勇。」**示我一編書，其言狂且醇**。韓愈詩：「憐子狂且醇。」**諸家援王吳，百氏搜墨荀。幽室決窔**烏吊切。**奧**，《爾雅》：「西南隅謂之奧，東南隅謂之窔。」班固《答賓戲》：「守窔奧之熒燭。」**希音辨韶鈞**。江總《尚禪師碑

〔註38〕「嘿」，四庫本《曝書亭集》作「默」。

銘》：「空行已無，希音和寡。」韓愈詩：「澎湃聞韶鈞。」**雖為見者駭，猶勝徒呫**
嗶軏切。呻。《史記·魏其武安侯列傳》：「乃效女兒呫囁耳語！」《禮》：「今之教者，
呻其佔畢。」**吾生嬾述作，老矣潛悲辛。**杜甫詩：「到處潛悲辛。」**君非漢井**
丹，經義何紛綸。《後漢書·井丹傳》：「丹字大春。博學高論，京師為之語曰：『五
經紛綸井大春。』」**況有紈扇詠，**見前《贈沈華》。**贈我情彌親。客子寓招提，**
見前《寒夜》。**不出動盈旬。春冰玉河裂，**《一統志》：「玉河源自玉泉山，流經大
內，出都城東南，注大通河。」**草暖波粼粼。**《詩》：「揚之水，白石粼粼。」溫庭筠
詩：「門前溝水波粼粼。」**紅杏舒繁條，翠嵐壓重闉。**楊炯詩：「烽火壓重闉。」
相期出郭遊，西山恣回巡。見後《題王舍人西山遊記》。**並馬騁劇談，**劉峻《廣
絕交論》：「騁黃馬之劇談。」**九皇八伯民。**朱芸注：「賈公彥《周禮疏序》：『燧皇、
伏羲既有官，則其間九皇六十四民有官明矣。』」《路史》：「《太史公書》：『九皇氏沒，
六十四氏興；六十四氏沒而三皇興。』」《漢舊儀》云：『三皇，五帝，九皇，六十四氏，
凡八十有一姓，皆古帝王也。』『氏』或作『民』。」**醒即坐松石，醉即臥花茵。**
見前《興化李先生壽詩》。

和田郎中雯移居韻蒙齋《古懽堂詩話》：「己未，予領冬曹節慎庫。七月地震，自
橫街移居粉房巷。先至其處，督奴子搬家具。悶坐久，作詩一篇題壁上。俄漁洋至，
見而和之。次日，遍傳都下，和者百人。」

　　道南道北書一車，田郎與我齊移家。月俸雖分五斗粟，相呼野性同
麞霞。《楚辭》：「白鹿麞霞兮，或騰或倚。」《注》：「麞，麞也。霞，牝鹿也。」《南
史·阮孝緒傳》：「若使麞霞可駿，何以異夫驥騄。」**濁醪盈杯注淶水，**淶水，在
易州。酒有名。**煖湯濯足歌彭衙。**《元和郡國志》：「同州白水縣，漢彭衙縣地。
春秋秦、晉戰於彭衙是也。」杜甫《彭衙行》：「煖湯濯我足。」**風簾無額星炯碎，**
謝脁詩：「風簾入雙燕。」王建詩：「地衣簾額一時新。」杜甫詩：「清見光炯碎。」
短牆縱葺仍夭斜。白居易詩：「錢塘蘇小小，人道最夭斜。」注：「夭，伊耶切。」
窗前喜有兩棗樹，凝想滿眼他時花。曹唐詩：「崑崙凝想最高峰。」杜甫詩：
「來歲還舒滿眼花。」**誦子山薑詩句爽，**田《移居》原韻：「雨淋屋塌堆瓦礫，
牆腳殘立山薑花。」**有若暝坐翻金鴉。**王惲詩：「暝坐清興遠。」韓愈詩：「金鴉
既騰翥，六合俄清新。」注：「金鴉，日也。」蘇軾詩：「城頭初日始翻鴉。」**盤空**
硬語和未穩，韓愈詩：「橫空盤硬語。」**月黑漏鼓鼕鼕撾。**見後《給事弟宅》。
布衾不睡我亦爾，田《移居》原韻：「魚目鰥鰥瞪不睡，直從萬古尋羲媧。」**牽**
牛獨處嗤匏媧。曹植《洛神賦》：「歎匏瓜之無匹兮，詠牽牛之獨處。」按：王獻

之《洛神賦十三行帖》「匏瓜」作「炮媧」，故先生用以和韻。王士禛〔註39〕和田詩亦云「慎莫無匹悲炮媧」。

題李檢討澄中所藏明月蘆鴈圖二首李字渭清，號漁村，諸城人。舉博學鴻詞，授檢討，進侍講。

吾家水閣傍江斜，風荻侵簷一丈花。連鴈低飛渾不見，祇聽拍拍響圓沙。蘇軾詩：「春風在流水，鳧雁先拍拍。」杜甫詩：「宿雁起圓沙。」

遠岸風微宿雨殘，天邊忽湧爛銀盤。盧全《月蝕詩》：「爛銀盤從海底出。」盧河橋畔秋容好，《畿輔通志》：「盧溝河，本桑乾水，俗曰渾河，黃河別源也。」《一統志》：「盧溝橋在順天府西南三十五里，跨盧溝河，為京師八景之一，名曰盧溝曉月。」王英詩：「渾河東去日悠悠，斜月偏宜入早秋。」比似南湖一曲看。見前《樹萱篇》。

李檢討澄中惠鮮鰒音雹。**魚賦謝**〔註40〕《漢書·王莽傳》：「啗鰒魚。」《注》：「海魚也。」《後漢書·伏隆傳》：「詣闕上言，獻鰒魚。」《注》：「鰒似蛤，偏著石。」

海岱惟青州，《書》：「海岱惟青州。」水族不可算。張衡《西京賦》：「摷鯤鮞，殄水族。」有魚其名鰒，託命白石矸。《琴操·寧戚飯牛歌》：「南山矸，白石爛。」孔如螺者九，《廣志》：「鰒無鱗，有殼。一面附石，細孔雜雜，或七或九。」《本草》：「石決明一名九孔螺。」是鰒魚甲附石生。體且〔註41〕蚌之半。浮沉信潮汐，王充《論衡》：「氣升地沉，水溢而為潮；氣降地浮，水縮而為汐。」出沒昧昏旦。湲湲逐崩濤，枚乘《七發》：「沈沈湲湲，蒲伏連延。」《注》：「魚鱉顛倒之貌。」汨汨臨駭岸。枚乘《七發》：「混汨汨兮。」《字林》：「汨汨，亂也，沒也。」《樂府》：「崇雲臨駭岸。」〔註42〕漁師三五輩，《禮》：「命漁師伐蛟取鼉。」李商隱詩：「工人三五輩，輦出土與泥。」利刃挾新鍛。迎寒解衣褌，燎薪雜石炭。鈕世楷注：「《坦齋筆衡》：『石炭不知始何時。東坡作《石炭行》，言其冶鐵作兵器甚精，亦不著始於何時也。』〔註43〕按《前漢·地理志》：『豫章郡出石，可然為薪。』隋王邵論火事，其中有石炭二字，則知石炭用於世久矣。然今西北處處有之。」陳繼儒《眉

〔註39〕「禛」，底本作「正」。
〔註40〕「謝」，四庫本《曝書亭集》作「詩」。
〔註41〕「且」，《曝書亭集》作「具」。
〔註42〕「駭岸」，陸機《猛虎行》作「岸駭」。
〔註43〕按：此語實出（宋）朱弁《曲洧舊聞》卷四。

公秘笈》:「石炭即煤也，南人謂之煤，山西人謂之石炭。」**俄而投衝波**，李白詩：「下有衝波逆折之回川。」**若勇士赴難。滑苔裹獷**古猛切。**殼**，《南史．何胤傳》：「車螯蚶蠣，眉目內缺，慚渾沌之奇；獷殼外緘，非金人之慎。」按：獷，麄惡貌。**自恃兩堅悍**。韓愈《胡少府碑》:「年幾八十，堅悍不衰。」**彼石陷死地，嗟汝豈得竄。殺機伺巧發，一割乃中斷**。《本草綱目》:「石決明形長如小蚌而扁，外皮甚麄，細孔雜雜，內則光耀。生於石崖之上，海人泅水，乘其不意，即易得之。否則緊黏難脫也。」**黨附安可常，徒令見者歎。是物昔所珍，不數鵠鶂胖**。《禮》:「鵠鶂胖。」**彥回三十枚，曾鄙萬錢換**。《南史．褚彥回傳》:「淮北屬江南，無鰒魚。或有間關得至者，一枚直數千錢。人有餉彥回鰒魚三十枚，彥回雖貴，而貧薄過甚，門生有獻計賣之，云可得十萬錢。彥回變色曰:『我謂此是食物，非曰財貨，且不知堪賣錢，聊爾受之。雖復儉乏，寧可賣餉取錢也。』悉與親遊噉之。」**李君家諸城，古臺琅琊畔**。《山東通志》:「琅琊臺在青州府諸城縣東南一百五十里琅琊山下。」**封書敕官奴**，《漢書．淮南王傳》:「令官奴入宮中。」**鄉味來歲晏**。孟浩然詩:「鄉味有槎頭。」**荒途犯風雪**，左思詩:「荒途橫古今。」《東觀漢記》:「世祖蒙犯霜雪。」李德裕詩:「海上東風犯雪來。」**羸馬走顛汗**。韓愈詩:「羸馬顛且僵。」《漢書．公孫弘傳》:「無汗馬之勞。」柳宗元《乞巧文》:「臣到百步，喉喘顛汗。」**以之貽故人，腥涎尚未澣。疑有蠙珠存**，《書》:「淮夷蠙珠暨魚。」《本草》:「鰒魚大者如手，明耀五色，內亦含珠。」**無復朽索貫**。《書》:「若朽索之馭六馬。」《易》:「貫魚以宮人寵。」**饌法失嚴龜**，鄭樵《通志》:「《嚴龜食法》十卷。」**食經忘馬琬**。鄭樵《通志》:「馬琬《食經》三卷。」**庖廚異羹臛**，見前《食鐵腳》。**南北互譏囋**。才贊切。《南史．崔祖思傳》:「高帝置酒為樂，羹膾既至，祖思曰:『此味故為南北所推。』沈文季曰:『羹膾吳食，非祖思所解。』祖思曰:『炰鼈鱠鯉，似非勾吳之詩。』文季曰:『千里蓴羹，豈關魯、衛之事？』」《類篇》:「囋，譏也。」**於焉出新意，滓汁藉糟灌**。《周禮》「醴齊」，《注》:「醴，體也，成而汁滓相將。」劉伶《酒德頌》:「枕麴藉糟。」杜甫詩:「藉糟分汁滓。」按：蘇軾《鰒魚行》云:「中都貴人珍此味，糟浥油藏能遠致。」李時珍《本草綱目》云:「吳越人以糟決明、酒蛤蜊為美品。」則昔人有先之者矣。**雜雜筠筐排，一一桂火煆**。費𣇉詩：「香薪桂火炊彫胡。」**雖殊馬甲脆**，見後《送梁孝廉》。**足勝羊胃爛**。《後漢書．劉玄傳》:「時李軼、朱鮪抗〔註44〕命山東，王匡、張卬橫暴三輔。其所授官爵者，皆

〔註44〕「抗」,《後漢書》卷十一《劉玄傳》作「擅」。

群小賈豎，或有膳夫庖人，多著繡面衣、錦褲、襜褕、諸於，罵詈道中。長安為之語曰：『竈下養，中郎將。爛羊胃，騎都尉。爛羊頭，關內侯。』」**觀頤匪自養**，《易》：「頤。貞吉。觀頤，自求口食。彖曰：『頤，貞吉，養正而吉也。觀頤，觀其所養也；自求口實，觀其自養也。』」**比鄰呼酒伴**。杜甫詩：「走覓南鄰愛酒伴。」〔註45〕**饞**
扠音叉。**了陶盤**，韓愈詩：「饞扠飽活臠。」《正韻》：「扠，挾取也。」秦觀詩：「陶盤奉旨蓄。」**不食真鈍漢**。盧仝詩：「不唧溜鈍漢，何由通姓名。」

〔註45〕《江畔獨步尋花七絕句》其一。